古代歷史文化 研究輯刊

十六編

王明蓀 主編

第 **8** 冊

中古禮制建設概論：
儀注學、故事學與禮官系統

閻寧 著

國家圖書館出版品預行編目資料

中古禮制建設概論：儀注學、故事學與禮官系統／閻寧 著 ——
初版 —— 新北市：花木蘭文化出版社，2016〔民 105〕
目 2+214 面；19×26 公分
（古代歷史文化研究輯刊 十六編；第 8 冊）
ISBN 978-986-404-752-9（精裝）
1. 通禮 2. 中國
618　　　　　　　　　　　　　　　　　105014260

ISBN-978-986-404-752-9

9 789864 047529

古代歷史文化研究輯刊
十六編　第 八 冊　　　　　　　ISBN：978-986-404-752-9

中古禮制建設概論：儀注學、故事學與禮官系統

作　　者　閻　寧
主　　編　王明蓀
總 編 輯　杜潔祥
副總編輯　楊嘉樂
編　　輯　許郁翎
出　　版　花木蘭文化出版社
社　　長　高小娟
聯絡地址　235　新北市中和區中安街七二號十三樓
　　　　　　電話：02-2923-1455／傳眞：02-2923-1452
網　　址　http://www.huamulan.tw 信箱 hml810518@gmail.com
印　　刷　普羅文化出版廣告事業
初　　版　2016 年 9 月
全書字數　198347 字
定　　價　十六編 35 冊（精裝）台幣 68,000 元

中古禮制建設概論：
儀注學、故事學與禮官系統

閻寧 著

作者簡介

閻寧，1982 年出生，北京人。山東大學儒學高等研究院博士畢業，導師爲杜澤遜教授。現任教於南昌大學國學研究院，研究方向爲先秦禮學、儒學、中古禮制史。曾於《文史》、《北方論叢》等刊物發表相關論文數篇。

提　　要

　　本書主要從禮制史、思想史以及職官制度三個維度出發審視中古王朝禮制建設，相應提出了儀注學、故事學、禮官系統三個新的範疇：

　　儀注學涉及中古禮儀制度從理論架構、儀注寫定到實際行禮各個環節，本書所定義的儀注學包含以儀節排比爲主要形式的沿革禮、故事學及禮官系統三個層面，從而有別於傳統禮制史研究。故事學挖掘並詮釋中古文獻中「故事」這一之前學界並不重視的概念，進而圍繞這一概念形成了晉唐間儀注學得以展開的背景。在傳統禮學中「禮義」與「禮數」兩分的框架內，中古禮因故事之學的加入而在禮義層面呈現出不同於先秦禮文化的一面，並對後者有所補充。禮官則是指承擔制禮、議禮及參與實際行禮的知識群體，這一群體因其秉承的禮學知識及制度關注與先秦儒家有著千絲萬縷的聯繫，是儀注學研究在職官制度領域的延伸。作爲官僚體系的一部份，不同朝代禮官職能的不同以及歷代風格各異的禮官系統構建模式，是除禮學水平外影響儀注制定與實施的另一關鍵因素，禮官亦不等同於傳統禮學研究中的禮學家概念。

　　以上三者的提出不僅僅意味著對三種傳統研究視角的整合，將此三個新範疇作爲中古禮制建設的標識，更意在強調，先秦禮文化演進至中古，禮之儀節沿革、精神內涵以及行禮者知識結構三個方面均孕育產生出了某種獨特形態，這是單純從傳統三禮學或政治史研究視角無法給予完美解釋的。

目次

第一章　緒　論

　　本文研究的範圍是中古禮制史，試圖通過對晉唐間郊廟禮沿革中某些關鍵環節的復原及歷代禮官系統變遷的考察，透視先秦禮文化在中古時期的嬗變，同時對王朝禮制建設中所涉及問題也給予了相當的關注。

　　與之前此領域研究不同的是，本文提出了三個新的範疇，分別是：儀注學、故事學、禮官系統〔註1〕。儀注學涉及中古禮儀制度從理論架構、儀注寫定到實際行禮各個環節，本文所定義的儀注學包含以儀節排比爲主要形式的沿革禮、故事學及禮官系統三個層面，從而有別於傳統禮制史研究〔註2〕。故事學挖掘並詮釋中古文獻中故事這一之前學界並不重視的概念，進而圍繞這

〔註1〕　前輩學者對於職官領域中的禮官研究頗多可借鑒之處，然本文所謂「禮官系統」更著眼於在較長時間尺度上對不同王朝多種禮官組合方式及某單一禮官與其它諸種職官地位消長變動的考察。

〔註2〕　傳統禮文化研究領域，「三禮」、「五禮」是兩個最爲重要的概念，前者指禮學，即以《周禮》、《儀禮》、《禮記》爲主的主要從經學角度出發的研究。後者指禮制，即吉、嘉、賓、軍、凶五禮，也就是禮制史研究的主要課題。先秦後歷代禮文化研究領域的學者往往兩者兼顧，或側重禮制史研究。

　　此外，梁滿倉先生又提出了「四禮學」之說，即在禮學、禮制之外加上禮俗、禮行兩個概念，以構成完整的禮文化研究。不過筆者認爲，梁氏所言之禮行主要指歷代典禮制度的實踐，仍可歸入禮制研究。而禮俗的研究，因爲關涉到民俗，歷來是較爲獨立的領域。但當代研究者往往會關注俗禮與國家典禮的互動現象，如雷聞先生的《郊廟之外》（三聯書店，2009年版）、吳麗娛先生的《禮制變革與中晚唐社會政治》（中國社會科學出版社，2006年版）中都採用了類似的視角。西方研究者中，如葛蘭言所著《中國人的宗教信仰》（貴州人民出版社，2010年版）從民俗學、人類學出發考察民間禮與上層社會禮制的雙向互動。本文第二章在提出「故事學」這一概念時會涉及類似的問題，至於民間禮在儀節層面的情況則不再列入論述範圍。

一概念形成了晉唐間儀注學得以展開的背景。在傳統禮學中「禮義」與「禮數」兩分的框架內，中古禮因故事之學的加入而在禮義層面呈現出不同於先秦禮文化的一面，並對後者有所補充。禮官則是指承擔制禮、議禮及參與實際行禮的知識群體，這一群體因其秉承的禮學知識及制度關注與先秦儒家有著千絲萬縷的聯繫，是儀注學研究在職官制度領域的延伸。作爲官僚體系的一部份，不同朝代禮官職能的不同以及歷代風格各異的禮官系統構建模式，是除禮學水平外影響儀注制定與實施的另一關鍵因素。所以禮官不同於傳統禮學研究中的禮學家。

以上三個概念緊密聯繫，成爲我們探討中古禮制、禮文化的重要工具，而這三個概念本身的形成也是本文研究成果的重要組成部份。在下一節中將簡單介紹這三個概念的基本涵義，重點在於其與先秦禮學的淵源，而三者在中古時的內涵將在緒論的後三節及正文三章中有更爲詳盡的闡釋〔註3〕。

第一節　禮數與禮義：禮樂制度分化視角中儀注學與傳統禮制史研究

《禮記·郊特牲》：「禮之所尊，尊其義也。失其義，陳其數，祝史之事也。故其數可陳也，其義難知也，知其義而敬守之，天子之所以治天下也。」〔註4〕

《新唐書·禮樂志》：「由三代而上，治出於一，而禮樂達於天下；由三代而下，治出於二，而禮樂爲虛名。」〔註5〕

禮數與禮儀，又可稱之爲「禮之文」與「禮之本」〔註6〕。分別代表著禮的制度節文和精神實質兩個方面，簡單地講，也可視爲禮的形式與內容。古來制禮、習禮者圍繞禮數與禮儀的論述可謂汗牛充棟〔註7〕。言禮義者，《禮記·

〔註3〕 本文提出的儀注學及其三個層面分別涉及禮制史、思想史、職官制度三個領域。考慮到這三個概念之間有較爲緊密的邏輯聯繫，同時也爲了便於後文正式研究的展開，筆者擬在緒論一章花相對較多的篇幅來引入相關概念。對不同領域中前賢研究的評述也分在緒論各節，不再做集中介紹。

〔註4〕 《禮記正義》，中華書局影印《十三經注疏》本，1980年，第1455頁下欄。

〔註5〕 《新唐書》卷一一一，中華書局，1975年版，第307頁。

〔註6〕 見《禮記·祭法》。

〔註7〕 關於歷代學者對禮數與禮義問題的探討，可參看陳戌國先生著《中國禮制史·先秦卷》緒論第三節，湖南教育出版社，2002年版。

禮運》：「故禮者也，義之實也。」〔註8〕王國維先生認爲「周之制度典禮，乃道德之器械。」〔註9〕離開了禮的精神，所謂禮器名物、周旋度數均成了空洞的象徵符號。然禮義之體現又實離不開制度節文。朱熹云：「其善盤辟爲頌而不知經者有矣，未有不習於儀而能通其意者也。」〔註10〕葉適云：「雖然，籩豆，數也；數所以出義也。古稱孔子與其徒未嘗不習禮，雖逆旅芠舍不忘。……貫而爲一，孔子之所守也。執精略粗，得末失本，皆其所懼也。」〔註11〕由此可見，數與義兩者之於禮，實相輔相成，不可偏廢。

　　無論是「禮以義起」，還是「義出於數」，數與義之間的生成與轉化其實還關涉到禮如何成爲禮，亦即「禮」如何在社會、政治、文化系統中獲得其「合法性」地位。換言之，禮的力量來源於何處？筆者以爲至少存在以下三種途徑：首先，國家強制力，荀子所謂「君子非得勢以臨之，則無由得開內焉。」〔註12〕其次，習慣與習俗的力量，禮之產生即與民俗密不可分，愼子有「禮從俗，政從上」之說。最後，還有來自信仰與思想層面的力量，無論祭天、祭祖之禮背後必然有超驗思維的存在。要指出的是，就前面兩種途徑而言，禮的實現與法律並無不同〔註13〕。

　　以上三種因素制約著禮的發展。不同時代，三者間力量的消長與相互作用使不同時代的禮制呈現出不同的形態。隨之而來的還有禮對政治、社會、文化影響的強度與方式的改變〔註14〕。

〔註8〕　《禮記正義》，第1426頁下欄。

〔註9〕　《老清華講義‧古史新證》，湖南人民出版社，2010年版，第46頁。

〔註10〕　李如圭《儀禮集釋》陳汶《序言》，中華書局，1985年版。

〔註11〕　《宋元學案》卷五四《水心學案‧習學記言》，《黃宗羲全集》本，浙江古籍出版社， 1992年版，第五冊131頁。

〔註12〕　《荀子集解》，中華書局1988年版，第64頁。

〔註13〕　梁治平先生認爲，禮與法所遵循的精神本質都可以用儒家「義」的觀念來概括，二者之區別主要在於不同的推行手段。詳《尋求自然秩序中的和諧》，中國政法大學出版社，2002年版，第176頁。馬克斯‧韋伯則指出了基於日常慣例習慣法對社會法秩序構成的重要性。《法的秩序與倫理》，廣西師範大學出版社，2001年版，第211頁。關於中古禮法秩序的融合是本文關注的一個重點，參看故事學一節。

〔註14〕　帝制時代禮對政治的影響力和方式較之先秦時代已頗有不同，一些研究者卻忽視了這一點。美國學者魏侯瑋在其專著《玉帛之奠‧唐王朝正統化過程中的儀禮和象徵》中探討了唐代前三朝皇帝如何利用禮制、曆法、童謠之類的象徵事物，來體現李唐王朝的政治合法性。作者認爲唐代昊天上帝佔據了禮制的中心位置，祖先崇拜的政治意義衰落。此外，通過先秦帝王祭祀的系統

　　對於「禮以義起」，陳戌國先生有一個精彩的解釋，他認爲所謂「義」者，無非是制禮者自身的利益。先秦時代與帝制時代的制禮者，其意欲由禮獲得的利益以及推行禮的方式、力量均有很大不同。這裏，《新唐書‧禮樂志》的觀點顯示出了重要意義，所謂「治出於一」、「治出於二」之別，當代研究者闡釋爲「禮樂制度分化」。涵義即：西周時代的禮更接近於眞實的政治社會制度，而隨著社會分化進程的加速，禮儀制度與行政司法體系日益分離，禮儀不再與兵刑錢穀之類實際政務有關〔註15〕。

化和二后的任命，沒有血緣關係的政治祖先被納入統治合法性的表徵範圍。作者由此斷定，漢代「天下爲家」的禮制理念爲唐代「天下爲公」的觀念所取代。除了《玉帛之奠》，以考察禮制對王朝合法性爲取向的研究還有很多，後文將有討論。

這裏要指出的是，類似研究大多缺少對禮本身合法性的探討。與先秦時代相比，中古禮在國家強制力、習俗兩方面的支持力量並無顯著變化，而祭祀禮中來自信仰方面的支持力量卻大有下降。清人趙翼在談及天人關繫時認爲：「上古之時，人之視天甚近。迨人事繁興，情僞日起，遂與天日遠一日，此亦勢之無可如何者也。……漢興，董仲舒治《公羊春秋》，始推陰陽，爲儒者宗。……而後天之於人又漸覺親切。……降及後世，機智競興，權術是尚，一若天下事皆可以人力致而天無權。即有志圖治者，亦徒詳其法制禁令，爲人事之防，而無復有求端於天之意。故自漢以後，……但覺天自天，人自人，空虛寥廓，與人無涉。」儒家以神道設教，然則神道的超越性思維日益淡薄，禮的力量也不能不有所變化。

朱溢先生認爲魏氏的研究揭示漢唐禮文化差異，頗有創獲，而所謂「天下爲家」向「天下爲公」的轉換，則有過度詮釋之嫌。這一評價頗爲中肯。其實也可以說，魏氏試圖闡釋的仍是貴族政治日趨衰落的命題，但其選擇的論據在中古時代已不是那麼有力了。

從禮數出發闡明禮義與文學批評活動中從本文出發闡釋作者意圖其實頗有相通之處。弗萊在其名著《批評的解剖》一書中抨擊了他所謂的「小傑克‧霍納式」批評，這種理論模式熱衷於在文本中尋找社會、政治領域觀念介入的痕跡，弗萊頗爲尖刻的諷刺類似觀點無異於將不同食材從餡餅中取出並加以展示的做法，完全忽視了文學的系統性。而解決這一問題的方法是建立一種詩學體系，這種體系能夠描述出本文爲實現其目的使用了哪些策略。弗氏認爲這正如語言學家的任務除了詮釋語言中的具體句子，還要重建這些句子得以構成並發揮作用的規則系統。

與此相似，筆者認爲，建立儀注學的目的在很大程度上正是爲了揭示關於儀注設計的知識如何透過以上所說三種途徑而成爲禮制，以及中古制禮者在這一過程中共同遵守的「法則」。只有從這一體系性的視角出發，中古禮制史中經學的紛爭與政治利益的實現等因素才能得到合理的解釋。

〔註15〕可參看閻步克先生《士大夫政治演生史稿》，北京大學出版社，1996年版，第231頁。

　　禮樂制度分化的視角對於探討禮文化在不同時代的演變無疑有極重要的意義。可惜的是，當代禮制史研究者對這一思路的重視程度似乎尚有不足〔註16〕。本文即將開啓的儀注學研究則是在充分考慮了禮樂制度分化這一背景基礎上，從禮數與禮義兩個層面，考察中古禮生成與嬗變的機制〔註17〕。

一、儀注學：義數之間

　　《隋書·經籍志》云：「儀注之興，其所由來久矣。自君臣父子，六親九族，各有上下親疏之別。養生送死，弔恤賀慶，則有進止威儀之數。唐、虞已上，分之爲三，在周因而爲五。《周官》，宗伯所掌吉、凶、賓、軍、嘉，以佐王安邦國，親萬民，而太史執書以協事之類是也。是時典章皆具，可履而行。周衰，諸侯削除其籍。至秦，又焚而去之。漢興，叔孫通定朝儀，武帝時始祀汾陰后土，成帝時初定南北之郊，節文漸具。後漢又使曹褒定漢儀，是後相承，世有制作。然猶以舊章殘缺，各遵所見，彼此紛爭，盈篇滿牘。而後世多故，事在通變，或一時之制，非長久之道，載筆之士，刪其大綱，編於史志。而或傷於淺近，或失於未達，不能盡其旨要。遺文餘事，亦多散亡。」〔註18〕

　　《隋志》對儀注之學的定義，相比三禮之學，無疑是等而下之。這種類

〔註16〕 朱溢先生即認爲「儒家厚古薄今，把三代視爲理想社會，把三代以後看成是禮崩樂壞的不完美世界，是其思維定式，這種針對現實的批判並不意味著禮制在三代以後不重要，近年來刊佈的大量論著，充分證明了禮制的重要作用，以及禮制與政治、經濟、思想、文化、宗教等方面的關係。」參看其《隋唐禮制史研究的回顧與思考》，《史林》，2011 年第 05 期。
　　不過筆者以爲朱氏所論與「禮樂制度分化」的視角並不矛盾。中古禮中的重要性恰恰應當在「分化論」的視角中呈現。例如閻步克先生對歷代冕服制度的研究，就是將切入點置於經學史、服飾史、官階史的交界面上，對非實用的禮制考察，更突顯了宗經、復古、尊君、實用之間矛盾的尖銳性。參看氏著《服周之冕》，中華書局，2005 年版。
　　要指出的是，筆者以爲閻氏研究中對禮樂制度分化視角的重視非常值得借鑒，但其研究並沒有勾勒出中古禮文化獨立的品格，此問題也是本文討論的重點之一。

〔註17〕 要特別指出的是，儘管在論述中也許會造成這樣的印象，但筆者並不贊同將義與數視爲可分離的兩個部分。後文將指出，割裂了義與數的思路與中古禮樂制度分化觀點存在某種邏輯上的聯繫，二者又都可以視爲對荀學「義立而王」之說的響應。

〔註18〕 《隋書》卷三三，中華書局，1973 年版，第 971～972 頁。

似的看法在後世仍屢見不鮮，姜伯勤先生認爲：「儀注與禮學有密切關係，但卻又只能視作經學中禮學的因時制宜的一種變通。」〔註19〕

但如果將經學優於儀注的等級觀念先放到一邊，無論是先秦禮書還是中古儀注其實都是禮儀制度的文獻載體〔註20〕。那麼本文爲什麼要採用儀注這一概念而不用傳統的禮書、或即禮學呢？這當然不是簡單的概念上的改頭換面。首先，中古禮制中首先要面對的就是各種各樣的儀注材料，其次本文賦予儀注學不同於傳統禮制史研究的多重涵義，這些將在後文逐漸展開。此處要論述的是，《隋志》基於《三禮》對儀注貶低的背後，其實卻掩蓋了二者間的一個重要區別。那就是儘管學界對三禮寫定時間尚有爭議〔註21〕，但可以肯定，《三禮》經典結集成書距離其所記載禮制實行的年代已頗有一段時間〔註22〕。當孔

〔註19〕 《敦煌藝術宗教與禮樂文明》，中國社會科學出版社，1996年版，第29頁。
〔註20〕 儀注在中古文獻中指哪些典籍，還需加以辨析。吳羽先生將晉唐間關於禮學、禮儀的著作分爲三類：一爲關於三禮原典的著述，屬於傳統禮學範疇；二是儀注之書，以指導公私禮儀儀式爲目的；三是討論、解釋公私禮儀、禮制的著作，可稱之爲禮議之書。參看《今佚唐〈開元禮義鑒〉的學術源流與影響》，《魏晉南北朝隋唐史資料》，2010年，第26輯。
本文所用的儀注概念則基本包括吳文所論儀注與禮議兩類在內。之所以將中古大量禮議（論）之書也歸入儀注，原因有二。首先，禮議涉及儀注議定過程自然可歸爲廣義的儀注。其次，就內容講，以上兩類典籍亦並非涇渭分明。隋《江都集禮》不僅記當代禮儀也不乏君臣議禮故事。至於何承天《禮論》，在劉宋起著指導實際行禮，類似儀注的作用。
《隋書經籍志》除儀注類外，職官類尚錄有一批以「儀注」爲名書籍。這類著作研禮者往往很少提及。後文將指出此類以「朝儀」爲主要內容的官儀之書，側重由官制而言禮制的思路，其實與《周禮》頗有淵源。較之郊廟吉凶之禮，官儀與故事之學有著更爲密切的聯繫。此外，中古還有少量以儀注爲名，卻很難與傳統禮書並列，例如梁武帝出家而令沈約所撰《捨身儀注》，見《梁書·沈約傳》，《隋志》未收。這一儀注設計則與佛教有關，不過亦可見中古儀注確爲各種禮儀的文獻載體。順便提及的是，本文研究的儀注學主要以記錄國家典禮、制度爲主，私家儀注及書儀等不在研究之列。
〔註21〕 關於三禮及其中篇章寫作時間的考訂可參看沈文倬先生《略論禮典的實施與〈儀禮〉書本的撰作》一文，見《宗周禮樂文明考論》。王鍔：《禮記成書考》，中華書局，2007年版。
〔註22〕 沈文倬先生認爲「禮典的實踐先於文字記錄而存在。」鄒衡先生認爲「今存三禮雖然羼雜了不少戰國時代的禮制，又經過漢朝人篡改，但關於各級貴族的禮儀，主要是西周晚期至春秋早期流行的那一套嚴密的禮制的彙集。」其實朱熹早已指出「古禮非必有經，豈非簡策而後傳。」又云：「《儀禮》不是古人預作一書如此，初間只是以義起，漸漸相襲，行的好，只管巧，至於情文極細緻極周密處，聖人見此意思好，故錄成書。」至於三禮中後人摻入的

子開始稱頌「郁郁乎文哉」的周公之禮時，其實已是周禮開始衰變乃至走向崩潰的時代〔註23〕。在這個禮崩樂壞的背景下，儒家在禮義方面對周禮的觀念已有了重大突破〔註24〕。但涉及具體的制度節文，從孔子到孟子一系的儒家往往採取的是繼承和保守的態度〔註25〕。相比之下，中古儀注的撰定基本與王朝同步，從時間上看更具當下性，也更能直接的體現制禮者對當前禮制設計的思路〔註26〕。這與孔子在具體禮制設計方面，「述而不作，信而好古」的做法無疑有著很大的區別。所以儘管先秦禮書和中古儀注都有流傳後世、爲百代作則的含義，但與儒家闡釋《三禮》時堅守古制，批判當時禮樂秩序的取向不同，中古儀注其實更接近今文家所謂的「聖人制禮作樂，垂法後世」〔註27〕。雖然從作爲經典對後世傳承的角度講，歷代儀注，即便是被四庫館臣贊爲「粲然勒一代典制」的《開元禮》也無法與三禮相提並論〔註28〕。

部分，以及漢人解經之說，已屬於對周代眞實禮制的「二次建構」了。可參看閻步克先生《周服之冕》第三章《周禮冕制的興衰變異》。

〔註23〕可參看陳戌國：《中國禮制史・先秦卷》第五章「周禮的衰變——春秋時期」，第六章「周禮的崩潰——戰國時代」。

〔註24〕徐復觀先生認爲「禮在儒家手中，適應時代的要求」而「作出了本質的轉變」。例如「宗法中的『尊尊』，是尊血統中的尊。……但《中庸》上說『親親之殺，尊賢之等，禮所生也；……把有血統而來的親親尊尊的禮的骨幹，轉變在親親之中，卻限制以尊賢，以作爲禮所由生的根據。」參看其《兩漢思想史》第二章，華東師範大學出版社，2001年版。陳來先生則指出，春秋早期出現的各國持政者重視禮義勝於實際禮儀規範的現象，西周時作爲倫理的原則與規範的禮開始被理解爲政治的合理性與秩序，禮儀之辨有著極爲現實的社會背景。參看其《古代思想文化的世界：春秋時代的宗教、倫理與社會思想》，三聯書店，2009年版。

〔註25〕朱熹云：「孔子曰：『行夏之時，乘殷之輅。』已是厭周文之類了。……某怕聖人出來，也只隨今風俗。」
按，孔子修起禮樂，勢必不能全用周禮，然其改動之處應亦不多，《中庸》云：「吾學周禮，今用之。」朱子之說，其實是以後世儀注學來審視古禮。

〔註26〕中古歷代往往開國不久即有制禮之事，有意典禮的君主御極後往往修，如北魏孝文帝、梁武帝更親自參與儀注修撰。吳麗娛先生認爲，《大唐開元禮》開撰於開元二十年，反映了唐玄宗營造開元盛世的精神產品。參看其《營造盛典：大唐開元禮的撰作緣起》，《中國史研究》，2005年第3期。

〔註27〕如孫詒讓、黃侃等均以《周禮》爲周公所作。皮錫瑞及今人楊天宇先生等均主《儀禮》爲孔子手訂。諸家觀點可參見前引沈文倬文。

〔註28〕儒家言禮，對「禮樂之所出」即制禮者身份也很有講究。孔子所謂「天下有道則禮樂征伐自天子出，天下無道則禮樂征伐自諸侯出。」朱熹認爲「有位無德而作禮樂，所謂愚而好用。有德無位而作禮樂，所謂賤而好自專。居周之世而欲行夏殷之禮，所謂居今之世，反古之道。」對制禮者「名位」的

本文將儀注定義爲禮儀制度的文獻載體，儀注學就是中古禮官在儀注的制定、實施、流傳等環節體現的知識與技術，也包括後人對這些知識的認識。本文所提出儀注學主要涉及晉唐間的禮學與禮制。但儀注學並不等於二者的簡單相加，這至少可以從以下兩個層面理解：

首先，從具體行禮儀節層面看，儀注學更加注重對因革禮的研究〔註29〕，某種禮節在朝代間的傳承，環環相扣的如鏈條般緊密，通過對這種儀注沿革的復原，可以發現中古通行的大量禮制尤其是某些重要變禮的源頭並非始於先秦《三禮》。進而，當我們將沿革禮中的一環抽出，試圖解釋其如此設定的原因及其背後的禮義時，會發現傳統禮制史研究所採取的簡單比附當時政治形勢或某種禮學理論的解釋體系其實存在著一定的缺陷〔註30〕。

其次，在中古大量議禮、制禮及實際行禮活動中體現出的儀注學中，傳統禮學當然是其知識的重要組成部分。但並不意味著儀注學即是先秦禮經與傳注之學的移植與嫁接。作爲經典知識外，由於與禮官這一特殊群體聯繫在一起，儀注學其實亦具有某種職業技術的色彩〔註31〕。這體現在具體的儀節設計，並不完全是政治的工具〔註32〕，也不純爲學術的推演〔註33〕，更多地

關注，其實也反映了傳承禮學者命運。曹元弼先生云：「考諸左氏，卿大夫論述禮政多在定公初年以前。自時厥後，六卿亂晉，吳越迭興，而論禮精言唯出孔氏弟子，此外罕聞。」見其《禮經學》卷十二，上海古籍出版社1996年影印本。應當說先秦孔孟等大儒還多是有德無位，至於儒家眞正獲得爲王朝制禮的地位，已是叔孫通制漢儀之後了。

〔註29〕唐代對太常博士學術方面的要求除《三禮》之學外，還包括「漢以來歷代沿革」、「南朝諸家禮論」等，見《唐會要》卷六五《太常寺》，中華書局，1955年版。

〔註30〕以中古郊天禮爲例，研究者往往認爲王肅主張「天體爲一」，較鄭玄的「六天六帝」說更有利於王朝大一統鞏固政權。但事實上，通過本文研究，首先歷代郊禮中王肅、鄭玄學說更迭頻繁，更有二說參用的情況。其次，並非每次王肅學說佔優勢地位都伴隨著當政者對統一的訴求，或者說類似訴求其實是貫穿任何王朝始終的。如此可見，類似的解釋模式其實並不具備廣泛地適用性。

〔註31〕葛兆光先生很早就主張思想史研究中，除了對經典、精英知識的關注外，對類似占卜、巫術的實用技術應當加以研究。參看其《中國思想史》第三章緒論，復旦大學出版社，2009年，第388頁。

〔註32〕甘懷眞先生認爲「過去的研究多將郊祀禮視爲皇帝制度的工具與功能，相對忽略祭祀禮所蘊含的知識。……如此一來，儒教祭祀知識僅成爲『皇帝觀』的工具，我們將無法理解……儒教對於人間秩序的整體規劃。未來的研究或應加強對於儒教祭祀知識的析論。參看氏著《西漢郊祀禮的形成》。

情況是從因革禮出發，對禮經、傳注及行用已久禮制設計思路的擇從與改造。而儀注學的精髓恰恰體現在對三禮傳統、前代故事與當代實際的一種頗爲精妙的結合方式，很多時候中古的制禮者要在不改變過多歷代通行之制的情況下，通過儀節設計的改變比之前更好地體現禮義，無論「義」是古禮還是因時之宜。《宋書‧禮志序》云：「夫有國有家者，禮儀之用尚矣，然而歷代損益，每有不同，非務相改，隨時之宜故也。……豈三代之典不存哉，取其應時之變而已。」〔註34〕曾經參與梁初《五禮儀注》修撰的沈約，其論點很有參考價值。中古經學的發達其實足以在實際行禮領域復原《三禮》所記郊廟大典〔註35〕，而實際上歷代參與修禮的經學名家基本還是在遵用前代儀注成規的基礎上另謀變禮。這一過程中甚至包含對三禮的創造性使用乃至顛覆，這顯然是不能用過去研究所提出較爲簡單的省事便文或趨向實用之說來加以解釋的。此外，考察歷代禮官的知識構成，中古學者所依賴的不僅僅是先秦三禮及傳注之學，史學、文學乃至律令之學都參與到了中古儀注學建構之中〔註36〕。

以上所論主要涉及儀節沿革與設計層面，亦即作爲「禮之數」儀注學，完整的儀注學概念的形成還有賴於對故事學與禮官系統的建構，前者作爲背景，後者則關注儀注學知識在官僚政治體系中的實現。

二、故事學：義出於數

在中古禮制史領域，傳統禮學中「義與數」的問題可以轉變爲針對一種具體儀節解釋的有效性〔註37〕。中古時代儀注學對禮義的探討尤其重視從因

〔註33〕　刁小龍先生指出，鄭玄對《周禮》祭禮的詮釋，「非但無視兩漢祭祀之現實，更不顧漢儒通說，只是深刻體會把握《周禮》之基本邏輯理念，再將之貫穿經注之中，闕者爲之彌補，不協者爲之統一。」參看其博士論文《鄭玄禮學及其時代》，第 298 頁。

〔註34〕　《宋書》，中華書局，1974 年版，第 327 頁。

〔註35〕　皇侃、崔靈恩對《三禮》未載的天子郊天、宗廟九獻禮均有依據推演擬構之說，詳見《禮記‧郊特牲》孔穎達疏，第 1446 頁。

〔註36〕　這一點在歷代禮官的學術背景中有著很好的體現。

〔註37〕　當然對「禮義」的闡釋由於解釋者自身的背景、時代乃至目的不同而產生不同的層次。例如《禮器》言禮有「以多爲貴者」，亦有「以少爲貴者」，言禮義更近似於經典發凡起例。再如爲歷代禮官推崇的的叔孫通制漢儀事，朱熹認爲「不過尊君卑臣，如秦人之意而已，都無三代宴享底意思了。」今人丁鼎先生考察喪服制度中「叔嫂無服」，指出這體現了周人剷除群婚遺風，鞏固個體婚別之意。對現代人類學的運用是古代學者很難想到的。參看氏著《〈儀

革禮本身出發，一種儀節的意義除了傳統禮學賦予的解說及當下政治形勢等外在因素外，往往在其沿用、被沿用的歷史中得以呈現。這裏，因革本身成為解釋的一環提示我們先秦禮與晉唐禮間有著某種重要的界限或者說是背景的轉換，這就是禮樂制度分化。

先秦尤其是周代政治文化形態體現出的一個引人注目的特點就是禮文化或稱禮治的存在。學者們的研究表明，周禮呈現出一種無所不包的性質，後世已然分野的政治、親緣、文教系統在禮文化中以一種頗為精緻的形態混溶，換言之，此時的禮具有更多的實體性，是貫穿了政治、文化、經濟、軍事領域的不可或缺的社會制度。而三代以降的禮則越來越趨向僅僅表現為「繁文飾貌」的禮節，即《新唐書·禮樂志》所謂的「三代以下，治出於二」〔註38〕。本文所關注的晉唐間儀注勃興正是處在這樣一個禮樂與制度分化的時代。由此可以理解，為何在這一背景下，對具體儀節從政治、社會、學派角度進行解釋，有效性在不斷下降〔註39〕。

這裏實際要探討的是晉唐間禮在禮義層面的問題。關於中古禮的精神實質，此前學者的研究基本是以實用與復古這兩個取向為主〔註40〕，但實質都

禮·喪服〉考論》，社會科學文獻出版社，2003 年版。

〔註38〕《新唐書》，第 307 頁。

〔註39〕 簡言之，周禮籠罩下的先秦社會中政治、親緣、文教三系統，即尊、親、師三者所涉及領域高度重合，對其中任何一系的解釋都要參考另外二者。而隨著禮樂制度分化帶來的離心力，三者獨立性日益明顯，交集則愈少。例如上古官、學合一，而後世天子失官，學在四夷。此外，《中庸》「尊尊」之意漸與「親親」分離亦為顯證。

〔註40〕 朱溢先生在總結了隋唐禮領域研究現狀時指出，「禮制變革最終取決於經典記載、權威注疏、現實需要、權力格局、時人對經典的重新詮釋等因素的合力作用。」其中經典記載、權威注疏及對經典的重新詮釋可歸為學術的取向，而現實需要與權力格局則可歸為政治、社會取向。閻步克先生在冕服制度研究中提出了尊君與實用及宗經與復古兩個視角。這也可以概括大多數禮制史研究者在考察中古禮制時採用的思路。
從政治、社會角度出發的研究往往會重視中古禮在加強皇權合法性及根據需要省事便文等方面。魏侯瑋《玉帛之奠》對皇權合法性的討論已見前文。金子修一先生指出，「從《貞觀禮》到《顯慶禮》的變化，並非單單是受禮學說優劣之影響而產生的。而是依據王肅學說，支持天之唯一絕對性的緣故。」參見其《關於魏晉到隋唐的郊祀、宗廟制度》。姜伯勤先生也認為「郊祀禮祭拜統一天神昊天上帝，是為了加強對王權統一性、正統性的象徵。」「《大唐郊祀錄》中圜丘、方澤恢復了以景帝為配侑帝。這種做法無疑是為了進一步強調王室受之於天命。」參見其《敦煌藝術宗教與禮樂文明·唐貞觀、元和

是從先秦三禮傳統出發審視中古禮，對中古禮的認識往往是在古禮已劃定的框架內完成〔註41〕。考慮到《三禮》傳統的重要性，這種思路的選擇似乎並無不妥，且也確實獲得了豐碩的成果。但筆者認為，較之周禮彌散性而言，中古禮總體呈現為日漸封閉的系統，而在禮樂制度日漸分化的表象之下，一直存在一個隱而未彰的背景。這一背景以其獨特的方式將禮樂制度再度結合，幾乎成為了一種類似思維範式的存在，與先秦禮的概念相映成趣，這就是故事。

　　這一點是本文與閻步克、汪暉兩位同樣將中古禮樂制度分化背景納入研究的學者最大的不同，閻步克先生認為在先秦禮樂制度合一的「禮治」產生之後，中古時期禮與政治制度經歷了分離又再度結合的過程。筆者認為這一觀點似乎將先秦「禮治」演繹成了某種遵循自身發展規律而脫離了與歷代實際情境聯繫的範疇。〔註42〕尤其是閻先生在論述中古禮樂制度再度結合時指

間禮的變遷》，第442～458頁。梁滿倉先生在考察了魏晉南北朝五禮制度後指出，這一時期禮制在觀念層面上較之先秦禮有所突破，包括「禮之本」內容的具體化，「敬」的內容的增加，以及「隆殺」到「權變」，主要還是從政治需要及實用的視角出發。參看其《魏晉南北朝五禮制度考論》，社會科學文獻出版社，2009年。此外，在郊廟禮研究中，梁氏也提出一些導致禮制變革的新理論，本文之後將有詳細辨析。吳麗娛先生圍繞《貞觀禮》、《顯慶禮》、《開元禮》幾種重要禮書的操作與實踐進行的系列研究，指出幾種禮典都是朝廷政治與民生需要下的產物，在其《禮制變革與中晚唐社會政治》一書中仍是從政治、社會角度出發展開論述。

學者們經常採用的另一視角，即從禮學流變角度考察中古禮制，其中鄭、王之學往往占主要地位。如金子修一先生、陳戊國先生、梁滿倉先生均主實際行禮中南朝用王學、北朝用鄭學。此前提到過的甘懷真先生認為應該考察祭祀制度中儒家宇宙論方面的知識體系，但其具體研究仍基本在鄭、王學框架中。

〔註41〕從政治視角來審視中古禮。類似的研究基本可以概括為梁滿倉先生所說的「對以禮治國認識的強化」。從本質上講，與《禮運》所云「禮者，君之大柄也。」《荀子·大略》：「為政不以禮，政不行。」並無區別。但可以觀察到這一思路隱含的預設是，中古禮很大程度上是上古禮文化的延續，二者並無質的區別，前者的發展變化都是在後者劃定的框架、方向之中。

從實用角度來詮說中古禮文化的思路存在的問題是，這裏所謂的實用往往是與上古禮對比所得出的結論。但細加分析，會發現實用這個衡量標準其實有著時代性、相對性。上古禮在上古人眼中未必就不實用，中古禮在某些人眼裏仍然是繁文縟節。所以類似研究中所謂中古禮的實用傾向，更多的指的還是儀節方面較之先秦禮簡略。但正如之前已指出的，這種現象的成因並非全由當時制禮者主觀上意欲省事便文，而是制禮者遵循前代儀注故事的結果。

〔註42〕也就是說先秦「禮文化」概念自身就包含了其後來的發展的所有可能性，這

出，這次的結合與先秦不同，中古禮只是在禮義的層面又一次成爲了王朝秩序的「指導精神」，而禮數層面的具體制度節文，如《新唐書》所論，已經只是藏諸廟堂不用的虛文了。筆者認爲這種說法其實意味著禮義與禮數可以完全割裂，分別運作於政治體系之內〔註43〕，進而在某種意義上取消了禮義。

而故事作爲典籍中一個常見詞彙，其內涵一直被制度史、思想史研究者忽視。本文的研究將顯示，中古的故事是一個具有極大包容性的概念，故事既可以是可供借鑒的事件也可以是禮法領域的條文，既出現在日常行爲規範領域又常常與治體有關，作爲知識的故事學是中古時期任何涉足擬定典章制度的士大夫必備的修養。

對中古制禮者而言，儀注領域的故事同經學一樣具有「比例之學」的特點〔註44〕，但另一方面「故事」意味著對具體事例的重視，往往勝過對原則性理論的遵從。具體到儀注的議定，「故事」不僅僅是某種需要與禮經原則權衡合併的「先例」，而是在很多時候禮學的傳統必須服從故事這一思維範式，才可以進入儀注形成的過程。周禮的精髓在於代表君統的尊尊、親親、賢賢三者的和而不同〔註45〕，「故事」之學呈現更爲開放的系統，在禮法、行政等關乎制度設計的領域，學者們都在尋求著故事的依據。哪些事可以成爲故事、故事對當下的適用性、新故事的產生，故事學就呈現在這一系列活動中，與學術色彩更爲濃厚的經禮之學相比，故事之學更像是一種在傳統與現實、因循與變革、事與理之間抉擇的藝術。對故事這一概念的挖掘爲中古儀注學找到了背景，從思想史研究的角度來看，故事學本身則填補了晉唐間儒家思想

是否變成了某種類似黑格爾「絕對理念」自我展開式的概念演繹呢？事實上，閻先生自己也曾表示其研究有這方面的傾向，詳《服周之冕》。但是未見閻先生此後對這一觀點有過修正。

〔註43〕應當說，閻先生這一觀點與荀子「義立而王」之說在邏輯上十分接近，都是認爲禮義可以獨立於制度節文，甚至二者可以以相矛盾的形式共存。而汪暉先生則將這一思路導致的後果與唐宋轉型問題聯繫在一起考慮，著力闡發了宋儒在哲學層面重建天理，同時在制度規劃方面力求與「天理」達到某種統一的努力。

〔註44〕所謂「比例之學」指經學家在文獻不足的情況下利用經文義理來比附、擬構經文缺失的部分，這一方法在禮學中運用尤多，淩廷堪《禮經釋例·序》云：「文所不備者，以經義比例可得。」此外如焦循的《易經》研究，亦以發凡起例爲特色，說見呂思勉：《經子解題》，商務印書館，1925年版，第70頁。

〔註45〕參見汪暉：《論天理之形成》，第42頁。

發展（尤其是關乎制度設計）缺失的一環〔註46〕，進而對唐宋轉型、我國國民性的形成都有著深遠的意義〔註47〕。

三、禮官：禮樂與「名位」

先秦儒者的原型可以追溯到原始宗教中的祭司與巫祝〔註48〕，百家爭鳴時代，儒家則以其對禮樂制度的獨特理解、對先王之禮的的執著與諸家思想拉開距離〔註49〕，早期儒家在心性領域對禮義進行探索的同時，一直沒有忽視在禮數層面對具體儀節制度設定的構建工作，「行夏之時，乘商之輅，服周之冕」，特定的行為規範、禮儀器物與為邦之道有著必然的聯繫，所以「觚不觚」才成為夫子之歎，儒家這種獨特的信念，有的研究者甚至稱之為「禮制浪漫主義」〔註50〕，概指堅信治道與禮樂彝器間必然聯繫的近似非理性態度。

隨著社會分化進程的不斷加劇，周代混溶的禮治傳統終不免禮崩樂壞。而遵循先王禮樂制度即可達成治道的信念在儒家內部也發生了變化。與孟子疏於制度相比〔註51〕，荀子既重禮義之闡發，亦不廢言兵刑錢穀〔註52〕。

本文將禮官定義為傳承禮儀之學，以制禮、議禮及執禮為主要職能的官僚群體，將這一群體放至以上一系列傳禮的儒家流變譜系中觀察，會有很多有價值的發現。

〔註46〕　思想史研究一般認為較之玄學、佛學，中古儒家思想發展較為緩慢，除韓愈、李翱外幾乎少有創新型的思想家出現。參看《中國思想史》，第433頁。
〔註47〕　筆者按：由於計劃中的宋代儀注學部分無法完成，關於唐宋轉型中故事學的問題暫擬從略。
〔註48〕　可參看章太炎：《原儒》，《國故論衡》下卷。白川靜：《中國古代文化》，加地伸行等譯，臺灣文津出版社，1983年版，第312頁。牟復禮：《中國知識分子之根》，鳳凰出版集團，2004年版，第176頁。
〔註49〕　《老子》云：「夫禮者，忠信之薄也，忠信之薄也而亂之首也。」河上公注云：「禮者賤質而貴文，故正值日以少，邪亂日以生。」道家「重質」、「反樸」的立場而排斥禮樂。法家主張「凡治天下，必因人情，人情者有好惡，故賞罰可用。」同樣從人情出發，儒家言禮樂，法家則導向賞罰之「法術」。《商君書·更法》所謂「循禮者未足多是也。」
〔註50〕　《服周之冕》，第13頁。儒家類似的主張亦見於《墨子》，公孟子問墨子：「君子服然後行乎？行然後服乎？」墨子答以「行不在服。」公孟子卻堅定地認為「君子必古，言服，然後仁。」
〔註51〕　章太炎：《國學概論》，巴蜀書社，1987年排印本，第56頁。
〔註52〕　蒙文通：《古學甄微》，巴蜀書社，1987年版，第268頁。

　　前文已經談及，關於祭祀禮儀的知識在先秦儒家手中，無論從理論還是具體儀節層面都大大的精緻化、系統化。此後經歷秦代滅學，禮書散逸，禮學發展經歷曲折。但隨著漢武帝獨尊儒術，兩漢經學的發展，禮學無論在傳注還是實際制禮領域均再度發展。如果將六經視爲儒家最核心的知識，禮學在群經中的地位尤其重要〔註 53〕。而在中古時代，禮儀之學甚至成爲了經典儒學體系中最爲實用的知識〔註 54〕。

　　但從另一個角度來看，以上所描繪的禮在一代代儒家手中經典化、專門化的過程也是禮不斷喪失其信仰基礎的過程。這裏我們所說的信仰首先是指宗教、超驗式的，甚至今天看來是非理性的信仰。無論是孔子的「祭神如神在」、還是荀子的「君子以爲文、百姓以爲神、以爲文則吉，以爲神則凶」，儒家神道設教式的祭祀觀與原儒所處的宗教時代那種更爲眞實的信仰無疑有了很大差別〔註 55〕。從文明的進程來看，這無疑是一個從蒙昧到理性的轉變。但就主持儀式的祭司階層而言，神靈的逐漸遠去，留下的卻是禮學知識不斷完善背後信仰的日益稀薄〔註 56〕。

〔註 53〕《宋書》卷五五《傅隆傳》云：「原夫禮者，三千之本，人倫之至道。故用之家國，君臣以之尊，父子以之親；用之婚冠，少長以之仁愛，夫妻以之義順；用之鄉人，友朋以之三益，賓主以之敬讓。所謂極乎天，播乎地，窮高遠，測深厚，莫尚於禮也。其樂之五聲，《易》之八象，《詩》之《風雅》，《書》之《典誥》，《春秋》之微婉勸懲，無不本乎禮而後立也。其源遠，其流廣，其體大，其義精，非夫審哲大賢，孰能明乎此哉。」對禮之意義的闡發頗有代表性。清人皮錫瑞也認爲「六經之中，禮經最重。」《經學通論》，中華書局，1954 年版，第 1551 頁。

〔註 54〕葛兆光先生指出，《三禮》代表的禮儀學知識與《左傳》代表的歷史知識是儒家經典中流傳至中古時最爲實用的部分。詳其《中國思想史》第三章，第 256 頁。

〔註 55〕可參看劉源：《商周祭祖禮研究》第五章《從祭祖禮看商代後期前段的祖先觀念：強烈的鬼神崇拜》、第六章《從祭祖禮看周人的祖先崇拜：現實和理性的態度》，商務印書館，2004 年版。

〔註 56〕余英時先生認爲中國古代的士階層缺乏西方那樣的教會制度作爲依託，因而只能憑藉「思想上的信念」來呵護自身良知的純潔。詳《士與中國文化·道統與正統之間》，上海人民出版社，2003 年版。楊念群先生認爲余氏的「道統」理論缺乏歷史變化的視角，所謂「良知」的基本社會內涵，如何孕育和體現均缺乏對動機和社會條件的具體分析。參看氏著《中層理論：東西方思想會通下的中國史研究》，江西教育出版社，2001 年版，第 56 頁。
本文選擇「禮官」這一融合了歷代官僚體系的視角，而非廣義的禮學者或儒家群體。不可否認的是，諸如鄭玄、王肅、劉瓛這樣的大儒會對當代禮學者的知識結構產生深遠的影響，但是這種影響對於當時制度建設仍只能算是間

　　要指出的是，這裏我們並不是要以神性思維的有無來評判儒家的祭祀觀〔註57〕，事實上正是對鬼神世界的獨特立場構成了儒家思想的特色。此外，以上這種天人關係的日益疏遠主要局限在郊廟祭等吉禮領域，五禮中更多切重日常行爲規範的部分是否存在類似變動呢？在儒家早期所堅持的禮義與禮數的必然聯繫出現了鬆動，治道的實現不再寄望於一套先定的禮儀典章制度設計，荀子提出「義立而王」，王道與霸道的轉化，義加於霸道即爲王道，在禮的領域也就是禮以義起。漢唐以降禮樂制度分化的過程中，先秦禮中的德治原則，此時成爲了一種與道德無涉的制度實施〔註58〕。而禮義與禮數、道德與行爲規範分離在心學的論證中達到了極致。王陽明認爲，人們只要能保有眞正篤實的道德意識及情感，社會自然能夠選擇對應具體情況的適宜的行爲方式，儀式本身應當成爲道德修養的作用與表現〔註59〕。這裏道德本心的統攝修煉實際上可以與社會組織的具體運作分開，於是無論是道德還是禮義事實上都被放逐到了心性領域〔註60〕。

　　這裏已經可以看到，中古禮官面對的世界與之前儒家所面對的是何等不同，下面我們還需將視角拉近，考察禮官在中古官僚體系中的地位。應當說，與在禮法兼宗的框架下倡言王政的荀子相比，由於受到職能的局限，中古禮官很難觸及兵刑錢穀之類的朝政核心要務，其地位與其傳承的治國安邦之用禮學而言，還是頗有些尷尬的，這一問題可以從兩個方面來看待：

　　首先，制禮作樂對中古儒者而言，仍是非同尋常的榮耀，歷朝制禮往往選擇高級文官中資望、學識俱佳者主持，或徑用當世名儒〔註61〕。一些銳意典禮的帝王，如魏孝文帝、梁武帝還親自參與議禮、制禮。低級文官中，因長於禮學或議禮有見而得貴幸的亦不在少數〔註62〕。

接的性質。重要的是無論是禮學者成爲禮官，還是禮學成爲儀注學，知識及其傳承者都必須接受權力的改造，而不同的權力構架方式最終會決定一個王朝的禮儀面貌。

〔註57〕意大利學者馬里奧·佩爾尼奧拉在研究羅馬祭祀時曾提出「沒有神話的儀式」的概念，詳其《儀式思維》，呂捷譯，商務印書館，2006年版。

〔註58〕參看汪暉：《天理之形成》，第24頁。

〔註59〕對王陽明學說的總結，參看陳來先生著《有無之境——王陽明哲學的精神》，社會科學出版社，1999年版，第245、246頁。

〔註60〕在此可以發現，後世禮義與禮數的分離已經包含在荀學「義立而王」理論當中。

〔註61〕北周修禮用熊安生，梁初修《五禮儀注》學者幾乎均可見於《南史·儒林傳》，唐修《貞觀禮》由孔穎達主持。以上修禮者事跡後文均有詳說。

〔註62〕如梁之何佟之、唐之王彥威。

另一方面，從設官分職角度來看，無論是位列九卿之首的太常，尚書諸曹中的祠曹、儀曹，還是學官體系中的諸種博士，都遠離權力中心，其重要性無法與吏部、中書、門下這些要害部門相比，所以從中古職官遷轉途徑來看，禮官之職往往算不上清選，既非高門權貴爭奪的膏腴之地，也不是優遊文學之才迴翔養望之所。縱觀中古歷代禮官人選，排除用非其人的情況，大致還是以拙於吏道治術的「純學術」人才爲主。

以上兩方面看似矛盾，其實禮官概念還可細分爲兩個層次。我們稱之爲專職型禮官與非專職型禮官，身居政務要職的名臣、重臣參與制禮多屬於後者。可以想見，才華出眾的知識分子步入仕途，主觀願望往往是希望獲得能觸及重大政務的位置。這類官員一路升至諸如尚書八座、三省長官之類高位時，也自動獲得了參議國家典禮的資格，而其學識於制禮議禮之事亦遊刃有餘。至於專職型禮官，往往是以其禮學之長進入禮官序列，又或者爲學術事功兼長者因政治鬥爭等緣故改任禮官。

以上簡略的描摹了中古禮官的群像，要想得到更爲眞切細節，還有賴於完整的禮官系統概念的建立，以及該系統在朝代間變動的考察。帝制時代，官僚體系中傳承、操行儀注、禮學禮官的命運在很大程度上決定了禮儀制度在一個王朝中的命運。

第二節　中古儀注學的展開

一、禮數層面的因革禮研究

傳統禮學研究中，制度節文的考定與對儀節背後禮義的闡發是兩個最核心的問題。而在中古禮研究領域，類似的問題有了微妙的不同，以下舉兩例前賢研究中失當之處加以說明，目的主要是爲了指出當前研究方法中的弊端。

例1、王鶴先生認爲，「《魏書·禮志》中記載的北魏郊祀禮，神位繁多，反映了鮮卑族傳統多神教祭祀傳統的殘留」﹝註63﹞。按，王氏之說不確，《後漢書·祭祀志上》載東漢初年南郊神位「凡千五百一十四神」﹝註64﹞。《文獻通考》載賀循言：「郊壇之上，尊卑雜位，千五百神。」﹝註65﹞《魏書·禮

﹝註63﹞《北魏郊廟制度考》，《古籍研究與整理學刊》，2008 年第 3 期。
﹝註64﹞《後漢書》，中華書局，1974 年版，第 3160 頁。
﹝註65﹞《文獻通考》，中華書局，1986 年版，第 618 頁。

志》言孝文帝太和中，南郊陪祀神位凡「一千七十五所」，則北魏郊祀神數較之東漢、江左尚少，不得據此論鮮卑原始宗教影響北魏郊祀〔註66〕。

　　例2、《宋書・禮志》、《魏書・禮志》均記有郊祀儀注，陳戍國先生認為，「《宋志》郊祀有灌儀，拓跋魏無之，是其異。」按，《魏書》卷一百八之一《禮志一》云：「（太和十九年）十一月庚午，帝幸委粟山，議定圜丘。……帝曰：『夕牲之禮，無可依準。……殺牲裸神，誠是一日之事。』」〔註67〕由此可見北魏郊祀實有裸禮降神之儀節。又案，晉代始改三禮，於郊祀太廟之始，均行裸禮，陳戍國先生已有考證。而劉宋於郊廟禮之末，又行送神之裸，《宋書》卷一四《禮志一》引《郊祀儀注》云：「太祝送神，跪執匏陶，酒以灌地。」〔註68〕卷二〇《樂志二》載《宋章廟樂舞歌》，帝詣便殿奏《休成》之樂歌辭云：「祝詞罷裸，序容輟縣，躋動端庭，蠻回嚴殿。」〔註69〕孝建二年朱膺之議革郊祀裸禮，時可其奏。然廟祭中送神之裸，齊及梁初沿用不廢，直至天監四年，何佟之又議方改。《南齊書》卷一一《樂志》載《祀明堂歌辭》（建元、永明中奏）中「初獻，奏《凱容宣烈樂》歌辭」，辭云：「祝辭罷裸，序容輟縣。躋動端庭，蠻回嚴殿。」〔註70〕「佟之曰：『《祭統》云：「獻之屬，莫重於裸。」今既存尸卒食之獻，則裸鬯之求，實不可闕。又送神更裸，經記無文。宜依禮革。』」〔註71〕三禮中只有宗廟降神用裸禮，而晉、宋、南齊於郊廟迎送神均用裸。又，《魏書》云：「（太和十六年）辛酉，始以太祖配南

〔註66〕對少數民族政權中祭祀制度的考察，學者們往往關注其本民族信仰的影響。但這種思路如果沒有因革禮的證據則亦造成誤解。如對元代宗廟禮中蒙古巫祝等問題，很多學者均指為與薩滿教有關。但仔細分析宋、元廟禮儀注，可以發現蒙古巫祝的職能嚴格的按照宋禮中太祝職能來設定，其餘儀節也往往是承用漢家古禮為多，其復古之處甚至多於唐宋。參看筆者碩士論文《〈元史・祭祀志〉研究》。此外，宗教典禮對祭祀制度的影響也是一種常見思路。例如對於唐代封禪禮中先燒燔牲體的儀節，劉安志先生推測是由於當時脩儀注官中何師道篤信道教之故，參見《關於開元禮的性質及行用問題》，《中國史研究》，2005年第3期。筆者以為此說不確，其實中古祭天禮中先燔牲、後燔牲之說爭論已久，唐代初用東晉賀循說先燎，《開元禮》定議從齊梁制，後燎，黃以周《禮書通故》已有考證，歷代沿革淵源有自，實與道教祭典無涉。

〔註67〕《魏書》，中華書局，1974年版，第2752頁。
〔註68〕《宋書》，第347頁。
〔註69〕《宋書》，第600頁。
〔註70〕《南齊書》，中華書局，1972年版，第175～176頁。
〔註71〕《隋書》，第132頁。

郊。……甲子，詔罷祖祼。」〔註72〕此處「祖祼」，當指宗廟送神之祼，則北魏革去此禮尚在梁初何佟之建議之前。

由此可見，在中古禮制史研究中，將某一具體儀節放置在較長時間段裏，在因革禮的鏈條中加以考察，無疑大有裨益〔註73〕。本文在晉唐間郊廟禮研究中，即嘗試在盡可能的恢復歷代行禮儀節的基礎上，做出禮制因革的詳盡排比。這裏將涉及繁複的儀節考證，正文第一章中會有詳細論述。以下不妨先從理論出發，考察中古儀制在因革禮的視野中存在哪幾種形態：

1. 沿用先秦三禮，基本歷代不變

這種儀節數量最多，也就是因革禮中歷代相因的部份。這類儀節歷代變化較少，然惟因其變化少，所呈現出貫穿先秦三禮、中古乃至後世的性質，使我國古代禮制具有了一種整體的性格，在歷代禮制沿革中途上了一層抹不去的底色。自其源頭而言，此種儀節可稱古禮，而從其流傳來看，又只能稱之爲活著的「古禮」。

歷代制禮、習禮者多喜言某朝沿用某朝之禮。細加分析就會發現，所謂沿用的儀節中其中往往有此種歷代生生不息的古禮成份〔註74〕。

2. 先秦以降某代制禮，為其後朝代所沿用

這種類型又可細分爲兩種情況，第一種基本可以視爲從整個因革體系中截取的一段完整鏈條，其緣起與沿用在朝代間並無間斷。例如宗廟禮中，漢明帝改先秦諸祖各廟爲同堂異室，這一制度除明初之外歷代基本未變。延續時間較短的例子，如郊祀禮中，西晉祭天先行祼禮，此制與《三禮》經說不合，沿用至劉宋大明中，由禮官朱膺之提議廢除〔註75〕。本文的研究顯示，中古郊廟禮中存在著大量不同於《三禮》經典的變禮，這些變禮又多起於漢晉，再經南北朝延續到隋唐，而當足夠多的類似因革鏈條交織起來，至少在禮數層面，形成了中古禮相對三禮系統的獨特性質。

〔註72〕《魏書》，第 169 頁。

〔註73〕至少可以避免過於倉促的援引少數民族、道教理論之類郊廟禮之外的思想資源來加以解說。

〔註74〕《隋書・禮儀志》言陳用梁代之制，然就其所錄郊廟儀節來看，陳、梁通用之制實多爲兩晉、宋齊沿用不改者，而梁初復古改制種種主張陳代並未遵行。如此，稱陳用梁禮其實並不夠準確。現代學者涉及類似問題時也往往不做辨析，徑言某代用某代禮，詳後文。

〔註75〕事見《宋書》卷一六《禮志三》，第 428 頁。

　　相對於第一種情況中變禮的發端與傳承間的連續性，還有另一種並不鮮見的情形是某朝某種儀節的設定可以追溯到此前與其並不銜接的某代〔註76〕，而當這種儀節起源追溯至先秦《三禮》時，也就形成了所謂禮制復古現象。例如在探討隋唐禮之源時，陳戍國與閻步克先生先後提出了，四源說與五源說〔註77〕，最終將漢晉禮與古禮一起納入沿革禮的視野。其實不惟隋唐禮，中古任何一朝禮制沿革中都會發現類似的脈絡。例如漢代以來大祭祀齋戒期多為七日，較《三禮》規定的「散齋七日、致齋三日」為少，梁武帝天監初復興古禮，一定程度上恢復了三禮規定齋期〔註78〕。當然，對存在不連續性的沿革禮考定有一定的難度，這裏除了據具體儀節相似以推定外，旁證的利用也不可或缺〔註79〕。

3. 某代首創變禮後世沒有繼承

　　這種儀節至少在中古郊廟禮中比較少見，其性質相比以上兩種類型也更為單純。至於這種儀節數量較少，原因也很簡單，首先從理論上講某種儀節變異或者變化組合的方式並不是無限的〔註80〕。更重要的是，歷代制禮者，對前代禮往往懷有一種「有其舉之，莫可廢之」的心態加以沿用〔註81〕。

〔註76〕例如陳寅恪先生在考察隋唐禮制淵源時提及的相對較遠的西魏之源。

〔註77〕《服周之冕》，第342頁。閻氏對陳戍國四源說的評論見同書第453頁。

〔註78〕關於歷代齋期演變的排比，詳見本文第二章。

〔註79〕例如許多研究者指出梁武帝下詔令宗廟祭祀禁用血食事，參看陳戍國《中國禮制史·魏晉南北朝卷》，第178頁。但北齊廟禮中也曾參用類似制度，則較少為人提及。類似的改革背後顯然有佛教因素的存在，但問題在於北齊之制究竟是參考梁代而定還是一種自發的行為，這裏缺少直接可以證明的材料。此時將研究視角擴大至整個郊廟禮，會發現北齊同期還在《三禮》散齋、致齋之制外增加了「清齋」，而這種齋法有很大的可能是來自於佛教傳統，如此看來北齊這個時期在祭祀中引入佛教因素似乎不止一種，則宗廟不血食之制屬於其獨立的儀注改革的可能性隨之增加。

〔註80〕以中古宗廟禮中出現的各種廟制設計思路為例，東晉元帝至康帝間禮官所提出的八種方案（實際應用只有三種），再加上北魏太和十三年禘祫禮大討論之後的思路，已經基本限定了唐代禮官在廟制設計時的選擇。事實上，如中唐陸贄所提出「近百餘年，宗廟遷毀之制之說不過七途」，就完全是此前禮官思路的總結。唐代禮官所做的理論建設主要是對前代諸種方案的擇從。以上宗廟理論沿革考證，說詳本文第二章第二節。

〔註81〕很多學者指出《開元禮》郊祀制度參用王肅、鄭玄之說。筆者以為其實可以理解為對《顯慶禮》主張的某種尊重，而非僅為學派上的雜糅，這種現象此前歷代均不鮮見。對前代故事的沿用，是中國郊廟制度不能僅從鄭、王之爭角度解釋的重要原因。

完整的因革禮系統的建立，使中古禮制從儀節層面看起來宛如一幅繁複的織錦，其中既有通貫全幅的經緯，亦不乏斷續勾連的針腳，更偶有旁支歧出的筆觸。《三禮》之於中古禮仍然是底色，但總體而言這已是一幅大不相同的畫面。何況如不循著脈絡解析那縱橫交錯的複雜「針法」，又何談領略整幅畫卷之美呢？

還要指出的是，因革禮的排比與繫聯的確可以最大程度避免類似本節開篇處舉出的研究思路上的偏差。但是，即便建立了沿革禮系統，對具體儀注的解釋問題仍然存在，請看以下兩例：

例1、唐中宗景龍三年，國子祭酒祝欽明上言郊祀當有韋后行亞獻之禮，其議為當時禮官博士所駁，唐紹、蔣欽緒以為王后亞獻僅為宗廟之禮，不可行於南郊〔註82〕。《舊唐書·禮儀志》、《祝欽明傳》、《新唐書·褚遂良傳》並以祝氏此議為「希旨」，後世學者亦多從此說〔註83〕。

按，武周長安三年郊祀，時任太常丞之王敬宏作《圜丘賦》，中有「皇后亞獻，明酌犧樽」之語〔註84〕，知則天雖已稱帝，仍以皇后身份行亞獻禮。又據《舊唐書》卷五《高宗本紀》，高宗時封禪，武后參與其禮，亦為亞獻〔註85〕。則祝欽明之議亦有遵此前通例的可能，其改定儀注的目的有著很複雜的背景，並不能單純從政治角度考慮。

例2、渡邊信一郎先生指出，《開元禮》中方丘陪祀神位，神州之位在壇東南，這是漢代張衡以來以中國在世界東南的時空觀在中古祭祀制度中的反映〔註86〕。按，此為方丘之制，據《開元禮》南郊圜丘及社稷壇，神州則在東北甲寅之位。另據《隋書·禮儀志》，隋代南北郊神州位均在壇上東南，然當時禮官議稱，此制為梁初何佟之據《河圖括地象》之說而定，又云當時可見東晉、南齊南郊圖，梁代前神州位均在東北甲寅。後因南齊郊壇「高而峻」，陪祀神位變動，故改如今制〔註87〕。由此可見，中古以來神州在郊祀神壇從祀的位置其實經歷了多次變動，且其在圜丘、方丘、社稷諸神壇陪祀位置不

〔註82〕 事見《舊唐書》卷二一《禮儀一》，中華書局，1975年版，第831頁。

〔註83〕 陳戌國、金子修一均認為祝欽明此舉有為韋后謀逆張目之嫌。見《中國禮制史·隋唐五代卷》，第376頁；《關於魏晉到隋唐的郊祀、宗廟制度》，第41頁。

〔註84〕 《全唐文》卷二六五。

〔註85〕 《舊唐書》，第89頁。

〔註86〕 參看氏著：《中國古代的王權與天下秩序》，中華書局，2007年版，第143頁。

〔註87〕 隋代禮官說見《隋書》，第2016頁。此外，《通典》引文與《隋志》不同，似乎二者有不同來源，詳見本文後章考證。

同。如云中古時空觀有視中國在地之東南的理論，據《括地象》等書中九州方位，自可證。但必云中古祭祀制度中始終伴隨著如此嚴密的時空觀，似乎尚有不妥〔註88〕。

本文通過對晉唐間郊廟禮的復原，在中古儀注禮義層面的研究上，發現兩個值得注意的地方。首先，從政治角度解釋歷代郊廟禮變遷，很難找到一個長期有效的解釋模式。也就是說，某種儀制變革的出現並不總伴隨著某種政治局面。其次，簡單的南方尊王，北方尊鄭的學派理論同樣缺乏解釋力，因爲除了少數王學或鄭學占絕對優勢的時期，中古禮在更多時候表現爲兩種學說交織互用，而前代祭祀禮中沿用的部分更使單就學派來判斷儀注性質變得非常困難。

理解一種儀節爲何如此設定，或者探討禮數背後的禮義，都需要某種背景的存在，先秦禮未分化的背景與中古禮樂制度分野顯然是引人注目的一次轉變，本文指出在中古儀注學時代，對一種儀節意義的探求經常要將我們引向沿革禮中其它環節，正是基於中古儀制與政治、文化等系統的關涉度不斷下降的背景考慮〔註89〕。也許有論者會質疑，本文極力提倡對因革禮的關注，而對禮義的解釋又傾向於脫離單純的學派與政治解釋模式，甚至在很多時候有將禮義層面的問題放在因革禮領域解決的傾向。這是否抽離了中古禮在精神層面的特質呢？接下來一節，本文將指出對因革禮的詳盡排比併非純然「繁瑣考證」，中古禮在精神實質上確有與先秦《三禮》傳統相異之處，而承載這一獨特禮義的就是體現在複雜的因革禮背後的中古「故事」之學。

二、故事學：禮樂制度再度結合的背景

之前學界對於「故事」的研究大多是在法制、律令領域展開，程樹德《九朝律考》及張鵬一《晉令輯存》均將「故事」定義爲一種大致類似「令」的法規條文〔註90〕。但從中古文獻中用例來看，故事還具備相當豐富的涵義，

〔註88〕 神州在甲寅之位似乎與「帝出於震」之說有關，《開元禮》述圓丘陪祀第一等諸星辰之位次序亦始於甲寅。

〔註89〕 舉例來講，早期的古希臘奧林匹克運動會，無論是聖火的點燃還是具體的運動，其中都包含著對諸神禮贊的意味。但當我們在研究當代奧運會相關儀式時，如果過多的關注神靈崇拜，則無疑將使研究者錯過許多更爲現實的問題。

〔註90〕 按，程、張兩位先生所依據的材料主要是《晉書》卷三十《刑法志》：「文帝爲晉王，患前代律令本注煩雜，……。於是令賈充定法律，……蠲其苛穢，

以下分爲九組，並做簡要說明：

（一）發生的事件或某人事迹，有可參考、可借鑑義。

例 1.《晉書》卷三九《馮紞傳》云：「紞從容侍帝，論晉魏故事，因諷帝，言華不可授以重位。」〔註 91〕

例 2.《宋書》卷五七《蔡廓傳》云：「侍中在尚書下耳……『來示又云曾祖與簡文對錄，位在簡文下，吾家故事則不然，今寫如別。』」〔註 92〕

例 3.《舊唐書》卷一四七《杜黃裳傳》云：「陛下宜熟思貞元故事」〔註 93〕。

按，「魏晉故事」、「貞元故事」分別指如鍾會權臣謀逆、開元後藩鎮勢大。而這兩種「故事」文獻中又往往可指涉別事。蔡廓所云故事則爲家傳一類，有書可據，故云可抄錄以爲證。

（二）重複發生的事件，帶有規律義。

例 1.《魏書·宋翻傳》云：「故事，郊祀後有赦，雖不在令典中，……然聖君行使即爲故事，當無可疑。」〔註 94〕

例 2.《舊唐書》卷一四九《歸崇敬傳》云：「故事，使新羅者，至海東多有求。……崇敬一皆絕之，東夷稱重其德。」〔註 95〕

例 3.《舊唐書》卷一七七《畢諴傳》云：「故事，勢門子弟，鄙倉、駕二曹，居之不悅。」〔註 96〕

按，涉及禮法制度之故事往往有正面義。然據本組後兩例，故事亦可帶有貶義，後文將論及中古以故事爲核心，有一系列相關概念，包括「舊典、典故、故實、舊事、舊例」等。其中凡言「典故、故實」者多屬褒義，而言「舊事」則往往涉及改制，故事則兼具二義，而以褒義和中性用法較爲常見。

存其清約，事從中典，歸於益時。其餘未宜除者，若軍事、田農、酤酒，未得皆從人心，權設其法，太平當除，故不入律，悉以爲令。施行制度，以此設教，違令有罪則入律。其常事品式章程，各還其府，爲故事。」第 927 頁。
《隋書·經籍志》「故事類」小序說與《晉志》稍異，後文有詳考。

〔註 91〕《晉書》，第 1162 頁。
〔註 92〕《宋書》，第 1572 頁。
〔註 93〕《舊唐書》，第 3974 頁。
〔註 94〕《魏書》，第 889 頁。
〔註 95〕《舊唐書》，第 4016 頁。
〔註 96〕《舊唐書》，第 4609 頁。

（三）與儀制、儀注有關，可能成文。

例 1.《晉書》卷三五《裴秀傳》:「創制朝儀，廣陳刑政，朝廷多遵用之，以爲故事。」〔註97〕

例 2、《宋書》卷一四《禮志一》:「臣按魏司空王朗奏事曰:『故事，正月朔，賀。』」〔註98〕

例 3、唐·權德輿《唐故中大夫張公墓誌銘》:「詳定昭德皇后廟樂及太儀位號儀大臣廟鼓吹之法，皆稱典義而爲故事。」按，例 2 中王朗奏事，所記皆與下文晉元會儀注《咸寧注》類似，文繁不錄。例 3 中故事用法，又可見《隋書·音樂志》言齊梁制樂事，可見樂章亦可稱爲「故事」。

（四）與禮儀制度有關，對某種行用儀制的總結，但未必成文。

例 1、《晉書》卷三九《荀勖傳》:「宜依漢太傅胡廣喪母故事，給司空吉凶導從。」〔註99〕

例 2、《魏書》卷八二《常景傳》:「時靈太后詔依漢世陰、鄧二太后故事，親奉廟祀，與帝交獻。景乃據正，以定儀注，朝廷是之。」〔註100〕

例 3、唐·徐堅《郊祀先燔後祭議》:「晉宋齊梁陳並北朝故事，皆用賀循之說，以行先燔之禮。……儀注雖未詳載，而考訪禮官舊學，皆無異說。」〔註101〕

按，前兩例所言之事，均見《後漢書》，然即稱爲故事，則與單純引書不同。例 1 尤當注意，中古歷代有重臣去世，史籍往往記其禮依照「某某喪禮故事」。今考《開元禮》等禮書中皆有王公及各級大臣喪禮用制之明確規定。如例 1 這類用法體現了時人將禮書規定納入故事理解的風氣。

（五）與律令有關，有成文形式。

例 1、《宋書·徐諶之傳》:「參據晉江左故事，制僕射上臺及奏事令典，……今已編入聖國行用之令。」〔註102〕

例 2、唐·高宗《頒行新令詔》:「南宮故事，綜覈已殫，並詔書已經行用

〔註97〕《晉書》，第 1040 頁。
〔註98〕《宋書》，第 342 頁。
〔註99〕《晉書》，第 1159～1151 頁。
〔註100〕《魏書》，第 1803 頁。
〔註101〕《全唐文》卷三一二。
〔註102〕《宋書》，第 1267 頁。

者，皆編入條格，以備施用。」〔註103〕

例3、唐・韓愈《上張僕射書》：「昨日入使院，小吏持院中故事節目十餘條以示，見其中尤有不可行者，以服喪後三月不朝參，尤宜刪去。」〔註104〕

（六）與治道、治體相關。

例1、《魏書》卷六四《張彝傳》：「到郡後，輒先考訪前代故事善政，因之不改。……號爲良吏。」〔註105〕

例2、唐・馮歷《御史大夫廳壁記》：「夫善於治者……寬細瑕爲大體，復故事爲新政。」〔註106〕

例3、《舊唐書》卷八九《狄仁傑傳》：「黃卷之中，聖賢備在，何暇偶俗吏，而見責耶？」〔註107〕

按，如上第五組所示，律令中之故事頗多爲繁複的格式條文。但本組例2中「復故事」與「爲大體」相對舉〔註108〕，又據例3，可見時人並不專以精通故事律令者爲俗吏，亦可見故事本身涵義之複雜。中古故事爲士大夫必修之學，見下組。

（七）指某種與制度設計關係較為密切的學養、知識，多為褒義。

例1、《宋書》卷六十《王准之傳》：「曾祖彪之，位尚書令，祖臨之、父訥之並御史中丞。彪之博聞多識，練悉朝儀，自是家世相傳，並諳江左舊事，緘之青箱，世謂之王氏青箱學。」〔註109〕

例2、唐・王懷祖《祭裴太常文》：「舉凡典禮儀注，莫不旁及經史，錯綜群書，……歷代郊廟故事沿革，諳記於心。」〔註110〕

例3、唐・張元禮《謝太常卿舉杜黃裳代》：「達於大體，練於故實，……（行禮前）輒舉百王故事以備採擇。自此典禮事不專於胥吏。」〔註111〕

〔註103〕《全唐文》卷一一。
〔註104〕《韓昌黎文集校注》，馬其昶校注，上海古籍出版社，1986年版，第180～181頁。
〔註105〕《魏書》，第1427頁。
〔註106〕《全唐文》卷四二九。
〔註107〕《舊唐書》，第2885頁。
〔註108〕類似說法史籍中尚多，詳後文。
〔註109〕《宋書》，第1623～1624頁。
〔註110〕《全唐文》卷五七一。
〔註111〕《全唐文》卷五〇〇。

　　按，關於胥吏亂政的問題，古今學者多以士流不習政事，而胥吏精於律令格式條文，遂得舞弄刀尺〔註112〕。然以故事學而論，中古士大夫不僅並不排斥，更有如晉宋間王准之四代皆以朝儀故事爲家學者。原因在於，中古所謂故事之學雖與律令有關，但故事在選用、創制等方面均有特殊要求，而與胥吏因執事而精通之律令之學不同。

（八）作為與經學相對的知識體系。

　　例1、《晉書》卷六九《刁協傳》：「太常蔡謨議……凡論典禮事當上合經義，下準故事。」〔註113〕

　　例2、《梁書》卷二五《徐勉傳》：「今宜定朝會儀注，……遠遵古典，近據故實。」〔註114〕

　　例3、《魏書》卷八二《常景傳》：「今此議……進乖二代經禮之據，退違魏晉所行故實。」〔註115〕

（九）具有通例的含義，但未必成文。

　　1.《晉書‧王諶傳》：「故事，受職應讓。……臺閣舊體，行之已久，何必改作。」〔註116〕

　　2.唐‧王彥威《太常少卿壁記》：「故事，凡升九卿者，必於此職。……未詳起於何時。」〔註117〕

　　3.唐‧李玉陽《定驛館就廳先後》：「先至者上廳，後至者合參，……近來御史官重，輒欲不依此故事。……以尊尊而改故典，竊議不可。」〔註118〕

　　通過以上大量實例的列舉，已經可以初步看出，故事不僅僅局限在《隋志》所定義的僅僅是律令的一種形式。以今天的眼光看來一些頗不相同的概念在中古卻都統轄於故事當中。由這種多義性出發，探討並最終拼合出故事完整的形態是本文後章要集中解決的問題。在此，不妨先將故事與我們非常

〔註112〕參看《士大夫政治演生史稿》，第233頁。並同頁引清人顧炎武、趙翼之說。胥吏問題亦可參看葉煒：《南北朝隋唐官吏分途研究》第四章，中華書局，2007年版，第165頁。

〔註113〕《晉書》，第1843頁。

〔註114〕《梁書》，第379頁。

〔註115〕《魏書》，第1803頁。

〔註116〕《晉書》，第918頁。

〔註117〕《全唐文》，卷五四一。

〔註118〕《全唐文》，卷四八三

熟悉的一些概念進行比較，由此會發現由於故事這一概念的存在，中古時人在觀念上與今人有很大的不同。

　　首先，故事不等同於現在日常理解的「故事」，在中古時代往往不是任何事件都可以稱為故事。以上文第一組，第五組的例子來看，故事多帶有可借鑒、可參考、乃至榜樣的意味。中古語境中故事的這種常見正面意味很容易讓我們聯想到「禮」，先秦禮文化的一個重要特徵就是禮不僅是手段更是禮樂教化的目的〔註119〕。而故事同樣有類似的涵義，制度領域對「復故事」的推崇就是很好的例子〔註120〕。

　　故事是否可以理解為傳統？從第八組、第九組用例來看，故事似乎確實可以視為某種相對較近、與經學有別的傳統，這裏所說的傳統當然是目前理解的概念，但問題就在於故事與我們習以為常的傳統概念並不吻合。首先，故事與律令格式之間千絲萬縷的聯繫使其具有了一種應當被遵守的意味，而我們所熟知的傳統概念在體現以上這種意義時往往需要一個新舊時代相對立的語境，也就是說傳統要求人們按照傳統行事其實是要求人們在新與舊、保守與變革中做出選擇。在此，余英時先生認為判定維新與守舊或者保守與激進的參照主要是對於現狀的態度，「最簡單的說保守就是要維持現狀，不要變；激進就是對現狀不滿意，要打破現狀」，後者可以放在激進一派，而前者屬於保守一方〔註121〕。楊念群先生則認為，余氏的保守、激進概念實質上來自於西方近代傳統，中國古代的「現狀」觀念與現代意義上的現狀並不相同，並以北宋王安石變法為例，認為支持、反對變法雙方主要是基於對古老秩序的不同理解，王安石儘管意在改變現狀，但其根本目的並不是為了促進歷史的進步，而是使制度更符合古老秩序如《周禮》的標準。在此他與司馬光的目標其實完全一致，二者都試圖使社會恢復到某種曾經存在的歷史性的完美狀態。所以儘管王安石變法採取了看似「激進」的行動策略〔註122〕，但其設

〔註119〕參看鄒昌林：《中國禮文化》，社會科學出版社，2001年版，第211、212頁。此外，如《左傳》中常見的對某事做出「禮也」、「非禮也」的評論，這種用法也表明「禮」這一概念不僅作為事實描述更可以作為價值判斷來直接使用。（當然這主要是就儒家系統而言）

〔註120〕從這個角度來看，故事與法也有著相當的區別，無論在中古還是今天的語境中，法與守法、法治的達成仍是不同的概念。

〔註121〕《中國近代思想史上的激進與保守》，許紀霖編：《二十世紀中國思想史論》上卷，第213頁。

〔註122〕按，這裏楊先生大概是指新法廢除唐代以來詩賦取士、記誦經傳，轉而採用

想中類似使士人之道德事功合二爲一的要求，使其改制方案似乎更像是回歸
《周禮》的樣子。因此楊先生認爲，「激進與保守的框架似乎無法說明古代思
想的變化趨勢」〔註123〕。

　　筆者基本贊同楊先生觀點。要重點指出的是，不僅僅是王安石變法之爭
這一重大歷史事件，故事這一概念使中古制度設計中的變革與保守不同於後
世那種二分的體系，復故事爲新政式的變革思想，其核心是回歸早期的某種
做法或原則，對當下制度的不滿往往表述爲「因循」〔註124〕，但故事本身
其實恰恰也是要求因循的，所以這裏復興的其實是某種應該因循而未被遵守
的秩序，故事體現的是選擇與認定的能力，故事必須保證其生命力才能作爲
「新政」存在，這裏中古故事學本身具有一系列關於故事的認定、新故事的
產生的原則性理論〔註125〕，但「選擇」在故事學中仍具有核心地位。麥金
太爾在其名著《追尋美德》中說：「美德不可能混淆與任何形式的保守主義
好古癖，我並不贊成那些選擇了厚古薄今、因循守舊的保守主義角色的人。
相反，事實毋寧是，對傳統領會是在對未來可能性的把握中體現自身的，並
且正是過去使這些未來可能性有益於現在。各種活著的傳統，恰恰因爲他們
繼承著一個未完成的敘事。」〔註126〕道出了選擇之於故事，傳統之於道德
的複雜關係。

　　最後要考察的是故事所具有的類似「慣例」、「先例」的意味，這裏一些
來自法制史領域的研究給我們的思路帶來了啓發。首先，儘管大部分學者認
爲我國古代並不存在眞正意義上的「判例法」〔註127〕，但對中古司法制度的
研究都指出了這一時期的法律從來源上看存在著「令出多門」的現象，行用
的詔書以及經過御批的某些奏議都起著類似律條的作用。而除律本身外，又
有典、科、比、例多種形式雜糅並用。這也直接導致了中古各朝都不同程度
存在「條制浩繁」、「格令互舛」弊病，某些研究者將這一現象概括爲法律領

經傳及策論取士。
〔註123〕《中層理論》，第69頁。
〔註124〕在此，因循因爲與故事概念的聯繫具有了雙重的意味，這也是故事表現出其
　　　　思維範式性質的體現。中古觀念中，諸如情、文、事這些看似普通的概念在
　　　　故事的加入後均有了不同與後世的意義，後章將有詳說。
〔註125〕後文將逐一闡釋，中古故事在禮法領域尤其發達，在各種議禮事件中非常常
　　　　見。
〔註126〕麥金太爾撰，宋繼傑譯：《追尋美德》，鳳凰出版集團，2006年版，第216頁。
〔註127〕參看梁治平：《尋求自然秩序中的和諧》，第167頁。

域的「範文主義」〔註128〕，筆者認爲是很貼切的。不過在此基礎上，研究者大多將「範文主義」的出現歸因於「法制精神尚不夠發達」，或「獨立的司法精神沒有充分形成」而導致的「繁文縟節」〔註129〕。筆者認爲，這種觀點在一定程度上掩蓋了「故事學」中蘊含的「事與理」、「事與文」之間的對抗。《晉書‧刑法志》載三公尚書劉頌議云：「臣竊伏惟陛下爲政，每盡善，故事求曲當，則例不得直；盡善，故法不得全。何則？夫法者，固以盡理爲法，……今當以成法爲據，不必每臨事輒爲條例。」〔註130〕又中丞熊遠議云：「自軍興以來，法度陵替，至於處事不用律令，競作屬命，人立異議，曲適物情，虧傷大例。府立節度，復不奉用，臨事改制，朝作夕改，至於主者不敢任法，每輒關咨，委之大官，非爲政之體。……法之不一，是謂多門。……凡爲駁議者不合只依前比故事，任情以破成法。愚謂宜令錄事更立條制，不得直以情言，無所依準，以虧舊典也。」〔註131〕按，劉、熊二人所論均可看出當時頗有不遵成文律令，而據「前比故事」行駁議。或律令已有規定，而具體行事仍制定更爲詳細條例〔註132〕。這種不斷將相對原則性的規定導向具體行事的趨勢〔註133〕，在儀注學領域也十分常見。仍以唐代爲例，當時行禮往往並不即用《開元禮》、《郊祀錄》等大型禮書，而是每行禮前均再定具體儀注，而這一類儀注又經常是參用之前歷次儀注而撰成。這種對「事」的重視似乎與孔子「吾欲託之空言，不如載之行事」的態度頗爲相似，而有研究者指出，「在孔子思想中，影響最深遠、一以貫之的預設是：不存在任何超越的存在或原則。」〔註134〕學界對孔子反對超越性存在關注較多，相對而言對事與理

〔註128〕 參看張金鑒：《中國法制史概要》，法律出版社，1995 年版，第 12 頁。

〔註129〕 參看《中國法制史概要》，第 13 頁。另見陳顧遠：《中國法制史概要》，商務印書館，2011 年版。

〔註130〕 《晉書》，第 939 頁。

〔註131〕 《晉書》，第 940 頁。

〔註132〕 《魏書‧張惠蔚傳》記汝陽王欲於三九日行馬射，而惠蔚以「此律無明文，令則有之」而諫止，汝陽王認爲馬射之戲爲「人之常藝」，律即不禁，更不必爲令所限。惠蔚云：「令之爲體，帝王之身也。修令之人，亦皆博古，依經義故事而定。……律、令相須，令不頒行，是行無典法。」可見令之包含極廣，比之律，更切重實用。

〔註133〕 《全唐文》卷四七七載王涯《請依律令格式行事啓》，其中指出當時各部有事輒奏，或遍檢前例行事詔書爲據，以致「政事積滯」。故上書要求令各部準頒行律令行事。

〔註134〕 （美）郝大維、安樂哲《孔子哲學思微》，江蘇人民出版社，1996 年，第 5 頁。

的對抗則較少討論﹝註135﹞，中古故事學正是在這一點上體現了其獨特性。

　　中古故事學對禮法領域的滲透，使得當時的制度設計者更傾向於以一系列的故事來代替爲萬世之法的經義，學兼儒法的晉人李充云：「道不可以一日廢，亦不可以一朝擬，禮不可以千載制，亦不可以當年止。」﹝註136﹞而以故事去取經義的行爲在後來理學薰染下的宋人眼中，更是離經叛道。鄭思肖即云：「以史斷史，亦流於史，以經斷史，庶可及之。」故事學盛於唐而衰於宋，由此可見﹝註137﹞。

三、禮官與禮官系統：權力對知識的構造

　　儀注學作爲爲帝國典禮設計服務的知識與技術，天然的與權力產生關係。也就是說，經學取向的禮學如果進入儀注領域則必然經受權力的改造﹝註138﹞。所以傳注經學所代表的學術性質的經禮之學並不能等同於儀注學。權力對儀注生成的影響很大程度上可由禮官及禮官系統表現出來。同時代不同禮官在禮樂制度建構中職能不同，在不同時代的禮官體系中佔據不同的位置，禮官系統的變化使進入其中的學者發揮著不同的作用，而不是僅僅因其禮學修養高低而決定，由此也形成了不同時代禮官制度的不同性格。例如我們有時會很困惑爲什麼中古最出色的學者孔穎達對唐禮建設的貢獻似乎並不及一些水平相對遜色的學者，孔氏參與修撰的《貞觀禮》在當時的評價也遠遠不及《大唐開元禮》，更不用說《五經正義》在學術史上的地位。從禮官系統變動的視

﹝註135﹞中古其它思想資源中，如佛教華嚴一系的「事理法界」說，以及宋代理學中事理之辨，均是從事、理最終融合角度進行申說，達成了類似「事理無礙」式的完滿境界。故事學則似乎更強調故事單方面的優越性，而排斥原則。在古今各種思想學說中，類似這樣極端推崇個別事實的思路，就筆者所見，似乎以當代哲學家保羅・戴維森的「事件本體論」理論較爲典型，這大概也可以解釋爲何有著西方背景的郝大維先生對孔子「排斥超越性原則」的思想傾向更爲敏感。

﹝註136﹞《晉書》卷九五《李充傳》，第2390頁。此外鄭鮮之等亦有類似之說，詳後文。

﹝註137﹞故事學中包含的對創新與規則的理解均與近世觀念不同，某種意義上講，當前社會中所見「國人因循守舊而不願遵守規則，好發議論而少眞正創新」的弊病亦與故事理念之衰變不無關係。

﹝註138﹞當然，經學知識本身也是權力的一種，可以起到穩固政權的作用。不過前文已經指出，由於禮樂制度分化的背景，在中古時代這一作用是以一種較爲曲折的方式完成的。

角來看，孔穎達長期擔任的學官在唐代已不是禮制建設的中心，這導致了孔氏從設官分職的角度無法更長期、經常性的參與制禮、議禮。假設孔穎達是在南朝擔任同樣的職務，則會被更多的要求參與到禮制建設當中。

　　事實上，這裏涉及的仍是之前談到的儒家爲帝國制禮作樂時的「名位」問題，「苟無其位，不可以作禮樂」，或者「有德無位不可作禮樂」，德可以代換爲學識，但「位」的概念在這裏卻大大的複雜化，演變成了本節探討的禮官系統。認識到這一問題無疑會促使我們從職官的角度來考察儀注學在官僚政治體系背景下的展開，從而可以回答諸如不同時代的禮官體系是否吸納了足夠的優秀學者，或者同樣水平的學者是否因議禮風格、位置的不同會否產生影響等問題。要回答這樣的問題，首先須建立一個清晰完整的禮官概念。而在這一方面，筆者認爲相關的研究似乎稍顯薄弱，在對禮官、禮司制度研究相對發達的唐史領域，只有于俊利先生的博士論文《唐代禮官與文學研究》中明確提出了對禮官的界定，其它學者如吳麗娛先生等都是對幾種較爲明確的「禮官」，如大禮五使、太常博士進行研究。對不同種禮官間的關係、地位變動涉及的較少。而魏晉南北朝期間的禮官，探討相對比較全面的有劉嘯先生的博士論文《魏晉南北朝九卿研究》，其中太常一章，考察了太常、祠部、太常博士的制禮職能。此外，在純職官研究領域，研究者對一些並非「典型」的禮官所具備的制禮、議禮方面的職能關注的並不充分，由於涉及職官種類較多，下文將分別指出。

　　針對以上提到的研究成果，筆者認爲從禮官系統的完整性來看，這些研究無疑有所欠缺，中古時代至少有兩種重要的禮官被忽視了。

　　首先是一般被視爲學官的太學博士、國子博士。從本文的研究來看，學官博士其實一直是兩晉南朝儀注的實際制定者（尤其是在兩晉、劉宋），以及儀注禮制討論的主要參議者（這裏還要包括北朝），而這一結論在文獻中有很多例證：

　　《晉書》卷八三《江逌傳》云：「哀帝以天文失度，欲依《尚書》洪祀之制，……故使太常集博士草其制。」〔註139〕

　　《宋書》卷一五《禮志二》云：「皇太子妃雖未山塋，臨軒拜官，舊不爲礙。……祔後三御樂，宜使學官擬禮上。」〔註140〕

〔註139〕《晉書》，第 2174 頁。
〔註140〕《宋書》，第 398 頁。

《晉書·禮志》云：「時帝欲親耕籍田，……乃詔太常與博士定行事儀注。」〔註141〕

按，太學博士制禮議禮事，文獻中尚有多例，今不備舉。可見名義上隸屬於太常的學官在其本身職事外，參定儀注幾乎成爲了固定職能〔註142〕。

《晉書》卷七五《荀崧傳》載荀氏立博士議云：「昔咸寧、太康、永嘉之中，侍中、常侍、黃門通洽古今、行爲世表者，領國子博士。一則應對殿堂，奉酬顧問；二則參訓國子，以弘儒訓；三則祠、儀二曹及太常之職，以得質疑。今皇朝中興，美隆往初，宜憲章令軌，祖述前典。」〔註143〕

按，兩晉國子博士掌教國子，地位較太學博士爲高，多用中書、門下兩省郎官兼領，人數則比太學博士少。從荀氏所言來看，參議禮儀同樣是其教學外一項固定職能。這一現象自齊梁時專設禮官制禮增多而日益少見，至唐時，國子博士議禮已經只能視爲任職者個人行爲。

第二種被忽略的是來自法官、憲司群體。禮法秩序在中古政治、社會中的融合一直是學界所關注的問題〔註144〕，本文之前故事學一節亦有涉及。但似乎未見有從職官角度進行探討的研究。從理論上講，禮法秩序的推行勢必要借助政權之力，而政治力量的介入則會在職官制度、人員選用方面有所反映。柳宗元的《監察使壁記》是一則極好的反映御史官在職能、學養方面具備禮官屬性的文獻，此文似乎未被關注中丞或禮官的研究者所注意，今節引其文如下：

> 《禮·檀弓》曰：「祭禮，與其敬不足而禮有餘也，不若禮不足而敬有餘也。是必禮與敬皆足，而後祭之義行焉。」《周禮》：「祭僕視祭祀有司百官之戒具，誅其遠敬者。漢以待御史監祠。」《唐開元禮》：「凡大祠若干，中祠若干，咸以御史監視，祠官有不如儀者以聞。」其刻印移書，則曰監祭使。寶應中，尤異其禮，更號祠祭使，俄復其初。又制，凡供祠之吏，雖當齋戒，得以決罰，由是禮與敬無不足者。聖人之於祭祀，非必神之也，蓋亦附之教

〔註141〕《晉書》，第 986 頁。

〔註142〕兩晉南北朝文獻中所見太常博士較少，據本文所考，今見數例名爲「太常博士」者實爲太學博士，蓋因二者同爲太常下屬故云。說詳後文。

〔註143〕《晉書》，第 1977 頁。又，卷八二《謝沈傳》云其「乃以太學博士徵，以質疑滯。」第 2151 頁。

〔註144〕可參看《中晚唐社會與禮法秩序》，第 227～298 頁。

焉。事於天地，示有尊也，不肅則無以教敬；事於宗廟，示廣孝
也，不肅則無以教愛；事於有功烈者，示報德也，不肅則無以勸
善。凡肅之道，自法制始，奉法守制，由御史出者也。故將有事
焉，則祠部上其日，吏部上其官，奉制書以來告，然後頒於有司，
以謹百事。太常修其禮，光祿合其物，百工之役，先一日咸至於
祠而考閱焉。御史會公卿有司，執簡而臨之，故其粢盛牲牢酒醴
菜果之饌，必實於庖廚；鐘鼓笙竽琴瑟戛擊之樂，巽虞綴兆之數，
必具於庭內；樽彝罍洗俎豆醆斝之器，必潔於壇堂之上。奉奠之
士，贊禮之童，樂工舞師洎執役而衛者，咸引數其實，設棰樸於
堂下，以修官刑，而群吏莫敢不備物，羅奏牘於几上，以嚴天憲，
而眾官莫敢不盡誠。而祭之日，先升立於西階之上，以待卒事。
其禮之周旋，樂之節奏，必週知之，退而視其燔燎瘞埋，終之以
敬也。居常則飭四方祀貢之物，以時登於王府。服器之修具，祠
宇之繕理，牛羊毛滌之節，三宮御廩之實，畢備而聽命焉。舊以
監察御史之長居是職，貞元十九年十二月，御史多缺，予班在三
人之下，進而領焉。明年，中山劉禹錫始復舊制。由禮與敬以臨
其人，而官事益理，制令有不宜於時者，必復於上，革而正之。
於是始為記，求簿書，得為是職者若干人書焉。〔註145〕

　　從文中所記御史職能來看，郊廟大禮中監督祠事是其在典禮中固定職事
〔註146〕，而履行這項職能無疑會要求御史對儀注的瞭解強於一般禮官系統外
官員。在一個時期內，監察御史直接擔任大禮五使中祠祭使一職，更可見兩種
職官的緊密結合〔註147〕。加之文獻中所見大量御史議禮尤其是參議朝儀的事
例，足可見法官融入禮官系統其實正是這一時期禮法秩序結合的表現。而且要
指出的是，這一趨勢並非自唐代方興起，西晉傅咸任御史而參修當時《新禮》，
雖未擔任常規禮官，但已開法官制禮的先河。劉宋初年傅亮、傅隆兄弟均任中
丞而至太常，某種程度上繼承了先祖學風。而在東晉時期更湧現出如王彪之至

〔註145〕《柳宗元集》卷二六，中華書局，1979年版，第687～689頁。
〔註146〕兩晉南北朝御史似亦有此職能，然文獻中例證較少，惟《宋書·鄭鮮之傳》
　　　　記時監祀御史糾令史入廟非禮事。
〔註147〕柳文亦可為唐代史料中常見的「監察使」之誤提供校勘學上的佐證。據此文，
　　　　凡言「監察使」實當為「監祭使」之誤，唐代監察御史並無簡稱為監察使者，
　　　　說見後章。

王准之四代御史又兼任禮官的例子〔註 148〕。唐代監察御史是低品官步入「清途」的門戶〔註 149〕，其實在一定程度上妨礙了我們觀察其與禮官的結合，而兩晉南朝由文學貴族主導的政治體系中，法吏爲士族高門所輕〔註 150〕，這種情況下，一批優秀學者由法官而禮官的經歷就更值得重視了。

　　以下介紹本文擬構的中古禮官系統，首先將各種職位依據「法定」的職掌分爲核心型禮官與非核心型禮官。要重點指出的是，這裏所謂核心與非核心是就制禮職責相對於某職位在設官分職中基本職能而言，而並非指其在王朝禮制建設中的地位。如太常卿，歷代分職均掌禮儀，即爲核心型禮官。而前文所談及學官、法官其本身職能還有教學、司法監察等事，且這些職能其實正是其本職工作，故稱其爲非核心型禮官。如純就禮制建設而言，兩種禮官均是「核心」禮官，並無區別。

　　中古核心禮官序列中主要包括：太常卿，及其下屬太常博士、太常丞等；尚書祠部一系，包括祠部尚書、祠部郎、儀曹郎、殿中曹郎等。此外，北朝職官中春官大宗伯兼太常、祠部之職於一身，又有神部尚書與南朝祠部同。核心禮官中另有很重要一類，本文稱之爲「使職型」禮官。相對於太常、祠部，使職型禮官並非常設，而與唐代職官制度中使職差遣官頗有相似之處。典型的使職型禮官包括：齊代修禮學術、梁陳五禮學士以及唐代出現的大禮五使（及諸使下屬判官）。

　　非核心型禮官序列中主要包括：前論學官中太學、國子博士等諸種博士（北魏中書博士，參加議禮制禮，亦在此列）；憲司中諸御史，另外尚書省左右丞職掌監察糾彈，雖分屬不同部門，但性質與御史接近，故歸入法官而不入尚書禮官。非核心禮官中較爲特殊的是本文命名爲「特命型」禮官一類，這類禮官往往是因禮學出眾而爲執政者委任兼掌治禮、議禮事。「特命型」禮官又有兩種類型，一種是所任官與禮制無涉，受命制禮議禮，純爲兼職，也就是說其參與禮制建設在仕履中並無表現。另一種相對複雜，指曾經擔任過前敘某種核心或非核心型禮官者，在其不在任禮官期間受命參掌禮儀。又或已任禮官，執政者又特命其掌禮，這兩種情況下掌治禮樂，這一較爲模糊的

〔註 148〕當時制禮的核心人物何承天亦有禮官經歷，詳後文。
〔註 149〕參看孫國棟：《從〈夢遊錄〉看唐代文人遷官的最優途徑》，收入氏著：《唐宋史論叢》，上海古籍出版社，2010 年，第 78 頁。
〔註 150〕參看田餘慶：《東晉門閥政治》，北京大學出版社，1996 年版，第 243 頁。

職事都與在禮官任上議禮制禮有別。

舉例來說，南齊王儉以禮學名家受命掌治《五禮儀注》，但王儉並無禮官經歷。其自比謝安，號稱「江左風流宰相」，亦可見其志在爲相，制禮則爲一餘事。再如晉初張華，博學多通，以黃門郎而兼掌當時「儀禮憲章」，其後力促伐吳，功成已有合輔之望，但爲賈充一黨所誣，改任太常。張華與王儉都曾以非禮官身份參與朝儀國典建設。區別在於，張華之後又有任核心型禮官的經歷，本文稱類似現象爲核心型禮官的非核心禮官經歷。如果不加辨析，則二人均可稱非核心型禮官〔註151〕。

以上所列六種禮官構成的中古禮官系統，涵蓋了中古幾乎全部參與禮制建設的職務〔註152〕。依照禮官系統構成上不同特點，本文將中古粗略劃分爲三個階段：兩晉劉宋，這一時期各種禮官逐漸發展成型，但禮官間融合趨勢與後世有異；齊梁陳與北朝，沿續此前特點外，特命型禮官一系大大發展，使職型禮官在禮制建設中比例大幅提高，相對而言幾種較常規型禮官則發展較緩；唐代，諸種禮官在禮制建設中作用更爲均衡，而禮官間融合趨勢較此前兩期又有不同特點。

以上即本文提出的完整的中古禮官系統，在後文的具體研究中我們將儘量排比歷代歷任禮官〔註153〕，並分析其議禮成就以及與同期禮官系統中其它禮官的比較。接下來要說明的是，本文強調禮官之爲系統，就意味並非諸官的簡單組合。所謂系統性主要體現在，不同時代諸禮官地位的相對變化及隨之而來對制禮的影響。以下舉中古禮官系統中兩個較明顯的例子：

1. 晉宋之間太常與祠部

通過排比這一時期歷任禮官可以發現，西晉至東晉前期太常一系禮學名

〔註151〕這裏本文的研究是將每名學者的完整禮官經歷分解，以便觀察某個歷史階段王朝禮官系統的構成。此外，如何判定非核心型禮官與官員偶而議禮的區別，本文主要是依據文獻中的明確記載。如張華，《本傳》即言咸寧中「儀禮憲章並屬華」，則即視其爲當時的非核心禮官，儘管史籍中張華具體議禮事跡並不多見。反之，如東晉初，溫嶠任王導驃騎將軍長史時，屢有議禮言論，對當時廟制亦頗有影響，然《晉書》並未有其負責制禮議禮一類記載，則不將其列入禮官系統考察（事實上，溫嶠議廟多爲代王導上奏，王導爲當時特命型禮官，溫嶠爲其屬官，其議禮事跡仍可歸於王氏）。

〔註152〕當然並不是中古每代都兼備以上諸種禮官，這也正是禮官系統變動的表現。

〔註153〕兩晉南北朝太常、祠部等核心禮官目前尚無窮盡式研究，唐代則有《唐九卿考》、《尚書僕射丞郎表》可據。

家頗多〔註154〕，而祠部則名家寥寥。但從東晉後期，情況出現變化。孝武帝時，徐邈、徐廣、臧燾、車胤等一批一流學者均出任祠部，當時禮制建設的重心也隨之轉移。而這一現象似乎並不能用職官研究中晉代以降尚書侵奪九卿職權一說來解釋〔註155〕，首先是因爲此次禮官系統重心變動已在晉末。更重要的是，當時太常、祠部職權分工並無太大變化，只是雙方學術力量的消長使一些重大改制的決策權轉到了祠部。所以筆者認爲這一轉換的深層次原因在於東晉後期世家大族人才凋零，皇權後主政，亦多任用寒族，以加強集權，遏制高門士流〔註156〕。禮制建設中禮法官比重的增加也包含對玄學的反動趨勢。

禮官系統核心轉至祠部的另一影響是，劉宋以後名家學者多在祠部、太常丞、博士幾種較低禮官間遷轉，上行空間受到一定的壓縮。這一禮官更專門化的趨勢也直接導致了後來齊梁間「使職型」禮官的勃興。

2. 南朝太學博士與唐太常博士

唐代太常博士掌制禮、議禮，並參加行禮，學界已多有考論。但將視野擴展到中古，便會發現，唐代佔據禮官系統中重要地位的太常博士在兩晉南朝禮制建設中幾乎堙沒無聞，而起類似作用的則是學官一系的太學博士〔註157〕。這一轉換的意義還在於，唐代太常博士爲四品清選之官，德宗後期甚至出現了大批由太常博士而一路升至卿相者〔註158〕，大大影響了當時政壇風氣。而南朝博士地位較低，且不負有參與行禮的責任，屬於較爲專門化的禮官，陞轉前

〔註154〕當然因爲兩晉非核心禮官參與制禮情況不同，太常卿在禮制建設中發揮作用方式也各有特點。但僅看太常人選，西晉之鄭默、劉寔、劉智、張華、摯虞，東晉初之賀循、蔡謨、華恒等人均爲名家學者。

〔註155〕此說爲中古職官制度研究者之共識，可參看《兩漢魏晉南北朝宰相制度研究》，社會科學出版社，1998 年版，第 243 頁。

〔註156〕一般認爲如桓玄等人皆爲門閥制度之「迴光返照」。近年來，王心揚先生提出，東晉世家大族如謝氏、王氏及後來的桓玄、劉裕亦均有振興皇權的訴求，筆者以爲其說可從。參看王心揚：《東晉士族的雙重政治性格研究》，上海古籍出版社，2010 年版。

〔註157〕其中某種程度上起到過渡作用的則是北魏以降禮官系統中太常博士漸受重視。

〔註158〕較早注意這一問題的是蔣寅先生《大曆詩人研究》，中華書局，1995 年版，第 289 頁。葛兆光先生也曾有所申說，《中國思想史》，第 877 頁。不過要補充的是，當時五禮使判官亦集中了一批後來頗有作爲的知識分子，其中就包括韓愈。

景大體並不甚高，再加上對御史類禮官的考察〔註 159〕，可以窺見南朝與唐代在禮官建置方面的不同旨趣，從而可觀察到不同時期政治、法律、學術交融過程的不同走向。

　　最後在將眾多禮官生平仕履填充至禮官系統後，也促使我們關注不同禮官職位對於禮官性質的塑造，當然這是一個雙向過程，最終形成了基於學風、任職綜合判斷的三種禮官類型。

〔註 159〕前論監察御史的禮官屬性，柳宗元、劉禹錫均曾出任此職。從禮官視角出發，
　　　　　可以給這些熟悉的人物帶來新的認識。（劉禹錫論書儀事，詳見本文第三章。）

第二章　中古郊廟沿革禮考論

第一節　兩晉南北朝郊祀理論變遷：鄭、王學說的消長與前代故事

在開始探討晉代郊祀問題時，有必要先回顧曹魏時代的相關情況，關於這一時期，學者們最常引用的材料是魏明帝景初元年的圜丘、南郊分立。

《宋書》卷一六《禮志三》云：「景初元年十月乙卯，始營洛陽南委粟山為圜丘，詔曰：『蓋帝王受命，莫不恭承天地，以彰神明；尊祀世統，以昭功德。故先代之典既著，則禘郊祖宗之制備也。昔漢氏之初，承秦滅學之後，採摭殘缺，以備郊祀。自甘泉、后土、雍宮、五時神祇兆位，多不經見，並以興廢無常，一彼一此，四百餘年，廢無禘禮。古代之所更立者，遂有闕焉。曹氏世系，出自有虞氏。今祀圜丘，以始祖帝舜配，號圜丘曰皇皇帝天；方丘所祭曰皇皇后地，以舜妃伊氏配；天郊所祭曰皇天之神，以太祖武皇帝配；地郊所祭曰皇地之祇，以武宣皇后配；宗祀皇考高祖文皇帝於明堂，以配上帝。』十二月壬子冬至，始祀皇皇帝天於圜丘，以始祖有虞帝舜配。自正始以後，終魏世，不復郊祀。」〔註1〕

梁滿倉先生認為，這一材料說明，「曹魏明帝景初以後，圜丘之祭和郊天之祭在時間、地點和祭祀對象都是不同的」兩種祭祀活動〔註2〕。對於這一觀

〔註1〕　《宋書》，第420頁。
〔註2〕　《魏晉南北朝五禮制度考論》，第231頁。此外，陳戍國先生、金子修一先生、渡邊信一郎先生的討論也主要圍繞這一條材料展開。

點，筆者並無不同意見。但要指出的是景初元年郊、丘分祭前後，當時禮官學者對分祀、合祀問題還有過一些爭議。對這些材料，學界似乎並未加以重視，以下分別加以論述。

《通典》卷五五《禮·告禮》云：「博士秦靜議曰：『靈命瑞圖可祀天皇大帝五精之帝於洛陽，祀南郊所祭，祭訖，奉誥冊文，脯、醢、酒，告太祖廟。藏冊於石函。』尚書奏曰：『秦靜議當遣兼太尉告祠，以武皇帝從五精以上六坐。餘眾神皆不設牲用如郊祭。』明帝詔：『每祀天輒以地配今不地配耶？』尚書奏：『孫欽議：「周禮祀天南郊，無地配之文，大魏受禪，因漢祀天以地配，此謂正月南郊常祀也。今告靈瑞，不須以地配。」王肅議：「禮，有事於王父，則以王母配，不降於四時常祀而不配也。且夫五精之帝，非重於地，今奉嘉瑞以告，而地獨闕，於義未通。以地配天，於義正宜。」』詔曰：『祀天以地配，此既正義，今告瑞祭於五精之帝，則地不得闕也。』又詔曰：『告皇天及五精，今冊文中都不見五精之帝，意何以哉？』尚書奏：『冊文，侍中韋誕所作。文中「皇皇后帝」，即五精之帝。昔舜受禪，告天云「皇皇后帝」，亦合五精之帝。於文少，不可分別。可更增五精字。』奏可。」〔註3〕

按，《通典》所錄這則史料當發生於太和初年，明帝即位不久。文中反覆提及的「五精之帝」恰是鄭玄和王肅爭論的焦點問題之一。《禮記·大傳》：「王者禘其祖之所自出，以其祖配之。」鄭玄注云：「王者之先祖，皆感太微五帝之精而生。蒼則感靈威仰，赤則赤熛怒，黃則含樞紐，白則白招拒，黑則汁光紀。」孔穎達疏云：「案師說引《河圖》云『慶都感赤龍而生堯』，又云『堯赤精，舜黃，禹白，湯黑，文王蒼』，又《元命包》云『夏白帝之子，殷黑帝之子，周蒼帝之子。』是其王者皆感太微五帝之精而生。」〔註4〕對於五精帝感生之說賈逵、馬融、王肅均力主反對。王肅認為「五帝，五行之神，佐天生物者，而後世讖緯皆為之名字，亦為妖怪妄言。」〔註5〕

〔註3〕 《通典》，中華書局，1988年版，第1537頁。

〔註4〕 《禮記正義》，第1506頁上欄。按，五精帝感生之說出於緯書，不過劉向亦有類似說法，見《後漢書·祭祀志》注，第2197頁。文較《太平御覽》、《初學記》所引為多。

〔註5〕 王說見《禮記·郊特牲》孔疏，清人金鶚認為「五帝為五行之精，佐天化育，尊亞於昊天，有謂五帝即天者，非也。……《月令》春帝太皥，……五天帝之名也，伏羲……五人帝，以五德迭興，亦以五天帝為名。……緯書名不足據。」見其《求古錄禮說》卷十三《五帝五祀考》，山東友誼出版社，1992年版。

考慮到王肅學說對五精帝的排斥，太和初年郊祀中的「五精帝」無論是延續東漢初郊祀只稱五行帝〔註6〕，或即爲鄭說的緯書五帝。王肅對五精帝的地位都不是很重視，認爲「非重於地」〔註7〕。而就當時郊祀的現狀而言，並沒有出現景初後的郊丘之分，也就是說鄭玄學說色彩並不明顯。事實上更應該視爲對漢代郊祀傳統的延續，而東漢的郊祀並不能簡單用當時禮家學說概括〔註8〕。如果在魏代鄭、王學說對立的語境中來看待明帝太和中郊祀的話，只能說更接近王肅學說，畢竟此時沒有實施圜丘、南郊分祭兩處。而王肅頗不以爲然的五精帝之祀依然保留，很有可能是對前代設計的尊重〔註9〕。

明帝景初元年的改革使得當時的郊祀至少從祭祀地點而言更接近於鄭玄的學說，但禮官學者對這種改造其實尚有爭議。

《大唐郊祀錄》卷四《祀禮一》「魏乃廢祀於圓方丘」句下注云：「案，正始中，太尉蔣濟、司徒衛臻咸以爲漢舊承周祭天於圓丘也，祀地於方澤以其遠徙南方，南北郊今並祭之。散騎常侍高堂氏亦以爲宜故兩祭。詔付朝堂議，魚豢曰：『臣以爲王者之事天地之禮，雖在宜崇，猶疏密得中。易代捌制隨宜損益，未必循常然後乃是也。故孔子稱殷因於夏，周因於殷，明其略遠而詳近也。漢氏之初郊失所，丞相匡衡移正其位，撥除舊處，於事爲佳。然而宿儒劉向希旨妄對故使即廢乍南乍北。每覽其事中篇而歎，何哉？愍其時無秉壹之臣，而聽受之主濫也。後亦卒如衡議。及光武東遷，尊而不改。今大魏龍興，革易服色，欲將崇明祀制度超三五垂無窮使疏而不簡，密而不瀆者。莫若正天地之郊，除圓方二丘以消浮重。是時文帝詔轉圓方丘以爲冬至祭，終於魏氏亡也。」〔註10〕

按，末句的「文帝」疑當作「明帝」，所敘正是景初元年分立圓丘、方澤事。而在正始年間的這次討論中，高堂隆等人支持之前實行的圓丘、南郊兩祭改革。魚豢則持異議，主張除去圓丘、二澤二祀，所謂「略遠詳近」，當是以東漢匡衡及光武帝後東漢實踐爲準。

〔註6〕見《後漢書‧祭祀志》，第1433頁。
〔註7〕由此也可以看出王肅並不如鄭玄般視五帝爲天。
〔註8〕參看華有根：《西漢禮學新論》，社會科學院出版社，1998年版，第265頁。
　　　陳戊國先生亦主此說，見《漢代禮制史》，第421頁。
〔註9〕也有可能是當時五精帝只以五行帝之名從祀，並不太違背王說。
〔註10〕《大唐郊祀錄》，《叢書集成續編》本，上海書店出版社，1994年版，第四冊，第667頁。

　　梁滿倉先生認爲明帝時分出圜丘之祭的原因在於曹代重視始祖的地位，這一思路將郊廟禮聯繫起來考慮，頗有啓發性。但筆者以爲，明帝詔書既云：「四百年間，廢無禘禮。」則其改革之舉在某種程度上還是應當看作鄭玄學說的反彈，因爲此前郊祀最根深蒂固的傳統是圜丘南郊並爲一祀。至於梁氏提出的思路，下文將結合對晉代祭祀的考察加以評說。

　　以下論西晉郊祀：

　　《晉書》卷一九《禮志上》云：「泰始二年正月，詔曰：『有司前奏郊祀權用魏禮，朕不慮改作之難，令便爲永制，眾議紛互，遂不時定，不得以時供饗神祇，配以祖考。日夕難企，貶食忘安，其便郊祀。』時群臣又議，五帝即天也，王氣時異，故殊其號，雖名有五，其實一神。明堂南郊，宜除五帝之坐，五郊改五精之號，皆同稱昊天上帝，各設一坐而已。地郊又除先後配祀。帝悉從之。二月丁丑，郊祀宣皇帝以配天，宗祀文皇帝於明堂以配上帝。是年十一月，有司又議奏，古者丘郊不異，宜並圜丘方丘於南北郊，更修立壇兆，其二至之祀合於二郊。帝又從之，一如宣帝所用王肅議也。是月庚寅冬至，帝親祠圜丘於南郊。自是後，圜丘方澤不別立。」

　　又云：「太康三年正月，帝親郊祀，皇太子、皇子悉侍祠。十年十月，又詔曰：『《孝經》「郊祀后稷以配天，宗祀文王於明堂以配上帝。」而《周官》云「祀天旅上帝」，又曰「祀地旅四望」。望非地，則明堂上帝不得爲天也。往者眾議除明堂五帝位，考之禮文不正。且《詩序》曰「文武之功，起於后稷」，故推以配天焉。宣帝以神武創業，既已配天，復以先帝配天，於義亦所不安。其復明堂及南郊五帝位。』愍帝都長安，未及立郊廟而敗。」〔註11〕

　　由此可見，泰始之間對之前行用的魏禮其實有先後兩次改革，第一次依群臣之議取消了五精帝的祭祀，第二次則是將二至之祀合併於二郊。但多數學者在分析晉初郊天制度時，往往並不區分這兩次改革，而是籠統地以爲兩次均是對王肅學說的採納〔註12〕。筆者以爲，其中仍有許多可探討的地方。

　　首先來看第一次改制，清人黃以周認爲：「晉武爲王肅外孫，每議禮必尊之。茲改五郊之號同稱昊天上帝，偏違王肅『五帝不得稱上天』之說。《宋書‧

〔註11〕　《晉書》，第583～584頁。
〔註12〕　陳戍國、梁滿倉、郭善兵、吳麗娛、金子修一、渡邊信一郎等現代學者均主
　　　　　此說。

禮志》言晉郊祀一如肅議，亦未考。」〔註 13〕按，黃氏信從鄭玄六天之說，
但也敏銳地注意到晉臣所論「五帝即天」明顯違背了王肅學說，而許多現代
學者卻忽略了這個問題，不得不說是頗爲遺憾的〔註 14〕。進一步來看，晉初
群臣「五帝即天」之說，還存在一個校勘學方面的問題。《晉書》卷一九《禮
志上》「五帝即天也。」據中華書局校勘記，「天也」各本均作「天地」，唯局
本作「天也」〔註 15〕。今按，作「天地」雖難通，但自有出處，《資治通鑒》
此句則作「天帝」〔註 16〕，諸本作「天地」當由「地」、「帝」同音而訛。然
「五帝即天帝」似亦非原文，《晉志》載晉代禮學家摯虞之議云：「漢魏故事，
明堂祀五帝之神。新禮，五帝即上帝，即天帝也。明堂除五帝之位，惟祭上
帝。……或以爲五精之帝，佐天育物者也。前代相因，莫之或廢，晉初始從
異議。《庚午詔書》，明堂及南郊除五帝之位，惟祀天神，新禮奉而用之。前
太醫令韓楊上書，宜如舊祀五帝。太康十年，詔已施用。宜定新禮，明堂及
郊祀五帝如舊儀。」〔註 17〕按，摯虞師從皇甫謐，太康元年由尙書朱整所薦，
奉帝命刪改晉初所修《新禮》以便施行，多有駁正，見於晉宋兩史《禮志》，
而引文所記則是摯虞對晉初取消五帝之祀的質疑，中云：「《新禮》五帝即上
帝，即天帝也。明堂除五帝之位，唯祭上帝。」當爲《新禮》原文。而最初
議廢五帝之祀的群臣，陳戍國先生認爲即是修《新禮》之荀凱、應貞等人，
其說可從〔註 18〕。比較「五帝即天」與摯虞所引《新禮》「五帝即上帝，即天
帝也」，《晉志》文很可能是對《新禮》原文的簡化，或即傳刻中產生的訛脫。
要想探究廢五帝之議後的學術背景，則當以《新禮》之文爲準。而即摯虞所
引《新禮》，仍有異文，《通典》卷四四《禮四》引摯虞議作「五帝即上帝，
帝即天也。」〔註 19〕綜合考慮兩種文本會發現，《新禮》之說與鄭、王說均有

〔註 13〕《禮書通故》，中華書局，2007 年版，第 697 頁。

〔註 14〕梁滿倉先生認爲「王肅進一步提出五帝非天的理論，認爲天只有昊天上帝一
　　　　個。所謂五帝是由太昊、炎帝、黃帝、少昊、顓頊的人帝發展而來。」而後
　　　　又認爲「群臣所議，完全是曹魏時王肅的理論」，顯與所引王說相反。陳戍國、
　　　　金子修一、吳麗娛於此處亦少辨析。

〔註 15〕《晉書》，第 610 頁。

〔註 16〕《資治通鑒》卷七九《晉紀一》，第 2899 頁。此外，汪兆鏞《稿本晉會要》
　　　　已據《通鑒》異文出校，然並無按斷。

〔註 17〕《晉書》，第 587～588 頁。

〔註 18〕當然，《新禮》之修定實在武帝受禪之前，故亦有也可能爲晉初其它禮官用《新
　　　　禮》之說。

〔註 19〕《通典》，第 1218 頁。

同有異。稱五帝即上帝，鄭說固如此，王說主「上帝即天」，若五帝爲上帝，則等同於天，當然不可。但言「五帝即天帝」，與王說則似並無重大違背之處〔註20〕。若依《通典》所引「帝即天也。」則與鄭玄之說吻合。

當然就此次改制的結果而言，去除了五帝之祀無疑是更符合王學。但所依據的理論卻是一種並非全然是王學的思路，這還要從王肅學說本身說起。王肅主張「上帝即天」，所以冬至和正月的兩次郊祀均以昊天上帝爲對象。但在禮書中當「上帝」、「五帝」、「天」同時出現時，王說顯得缺少辨析。《周禮‧典瑞》：「四圭有邸以祀天旅上帝，兩圭有邸以祀地旅四望。」王肅以爲，上帝即天，旅上帝則爲祭天，而其它經學家多以四望非帝來印證上帝非天。黃以周認爲王肅對《周禮》文殊少別白，是很有道理的〔註21〕。而鄭玄在理論上主張「天」與「帝」是從不同角度對天神的稱號。「天爲體稱」，「天爲至極之尊，其體只應是一」；「帝爲德稱」，「論其五時生育之功，其別有五。以五配一，故有六天，有六天故有六帝。」〔註22〕但在注經涉及祭禮安排上，對祀天、祀上帝、祀五帝均有區別。由此可以看出王肅堅定地認爲五帝非天，從而確保了天只有一個〔註23〕，這一點後世禮學家也多有認同者。王肅從學理上講，當然必須拒斥五帝成爲上帝的可能。但是五帝其實已在祭祀中根深蒂固，禮書中也多有提及，事實上王說很難降低其天神屬性〔註24〕。這裏則給後來學者留下了推演的空間，在王說「五帝即上帝」這一相對模糊的地帶，《新禮》之說完全可以視爲鄭玄理論，但其中「五帝爲天帝」又可以看出王學的成分，而這種理論推演後的祭祀實際安排也將王肅之說推到了某種「極限」，迎氣五郊的五帝之祀，在禮書及歷代實踐中通用，晉初的改制甚至取消了這一傳統，相比王肅將「旅上帝」一併視爲祭天無疑更加極端〔註25〕，而

〔註20〕 參看前引清人黃以周、金鶚說，孫詒讓《周禮正義》卷六八、雷學淇《介庵經說》卷四亦有類似看法，然不如黃說嚴密。

〔註21〕 《禮書通故》，第433頁。晉代禮官對王說的批評，詳後文。

〔註22〕 對鄭說的總結可參看《禮記正義》，第1444頁。

〔註23〕 關於這一理論是否有政治背景，後文將結合王氏宗廟禮進行討論。

〔註24〕 《史記‧封禪書》敘秦襄公作西畤，白帝稱主「少皞之神」，然云秦文公作鄜畤，則引史敦語說「此上帝之徵」，似乎此時所祠白帝已爲上帝。前引魏明帝詔書，也可見時人信仰中五帝地位頗高。

〔註25〕 考察修《新禮》諸人背景，當時資歷最深的鄭沖爲鄭衆之後（按，王利器《鄭康成年譜序》認爲河南鄭氏與山東鄭氏同祖然以頗遠，清人鄭珍與其說有異。要之，以家學而論，鄭沖更近於鄭學），在魏時曾任太常，與鄭小同「同爲文帝執經」，二人亦互相欽重。修禮諸臣中任愷，從鄭沖就學，《本傳》記其辨

頗有參用鄭學的意味。

以下來考察晉初郊祀制度的第二次變革，也就是「是年十一月，有司又議奏，古者丘郊不異，宜並圓丘方丘於南北郊，更修立壇兆，其二至之祀合於二郊。帝又從之，一如宣帝所用王肅議也。是月庚寅冬至，帝親祠圓丘於南郊。自是後，圓丘方澤不別立。」

這次改制是參用了王肅學說的結果，亦爲多數研究者所認同，筆者並無異議。但要指出的是，所謂「並圓方丘」於二郊，「合二至之祀於二郊」的「並」與「合」，很多學者卻理解成了廢棄冬至圓丘之祀，這其實是出於對南朝學者某些說法的誤解，並不符合王肅理論與當時實際情況。在這個問題上金子修一先生的觀點很有代表性，今全引其說如下：「如忠實於原文解釋『古者郊丘不異，宜並圓丘方澤於南北郊，更修治壇兆』的話，就是廢除圓丘方澤，只置南北郊壇的意思。下面的『其二至之祀，合於二郊』是敘述伴隨此改革的二至之祭祀的變更的文字。我認爲其解釋有兩個：一個是廢除冬至、夏至的祭祀，合於舉行南北郊的祭日，其二如本文所示，在南北郊舉行二至之祭祀。參照以後的南朝制度，似乎覺得前者是正確的。但這一年的祭祀是在南郊舉行，而且此改革在十一月進行也是把日程合到冬至。因此似乎沒必要認爲此時連冬至的郊天也廢除了。」〔註26〕這裏可以看出金子修一先生正是因爲考慮到南朝的祭祀情況，所以對「在南北郊舉行二至之祀」這一觀點是持推測態度。筆者認爲這一態度還是過於保守了，晉初這次變革所用其實是純粹的王肅理論，南朝的制度及當時學者的批評其實是源自西晉之後另一次變革及東晉而言，這在下文還將有詳細說明。

之所以說「並圓丘方澤於南北郊」是純粹的王肅理論，有經學與文獻兩方面的證據：

首先，王肅主張冬至、正月兩次祭祀昊天上帝。祭祀地點，「於郊築泰壇，象圓丘之形」。這一點很重要，也就是說王肅反對的是鄭玄主張的獨立於南郊

喪服事，亦用鄭說。鄭沖、任愷事跡詳後文禮官系統章。由此可見，晉初郊祀中亦頗有鄭學加入的可能，尤其第一次改制中體現的「極端的王學」，似乎完全可以視爲忽視了鄭學學說中理論與實際安排不同後的結果。

〔註26〕《魏晉到隋唐的郊祀宗廟制度》，第47頁注。金子修一先生後文又引用小島氏的觀點，並加以駁斥。按，小島氏認爲晉初郊祀是將圓丘與郊壇兩種建築改築後結合在一起，其說頗爲怪異，完全是從字面加以理解，而未考慮經學背景。金子修一先生的駁論較長，但也似乎並未能切重要害，此處兩家之說不再全引。但金子修一先生對此次改制考證較其它學者更爲嚴密，也指出了其中的疑點。

的圓丘禘祭，而並非不於冬至圓丘祭壇行禮〔註27〕。

　　史實方面尚有一條材料爲研究者們所忽視，《大唐郊祀錄》卷四云：「晉初武帝泰始二年，尚書令裴秀，尚書何楨、山濤等奏云：『天地之祀類皆稱郊，以魏在郊故也。圓丘太壇義歸無異。故王肅據周郊日至，祭天圓丘而謂之郊也，肅義爲長。今可二至祀天地於南北郊，圓丘方澤不宜復修。」〔註28〕這裏所記錄的正是《晉志》「是月庚寅冬至，帝親祠圓丘於南郊。」〔註29〕《郊祀錄》中所謂「不宜復修」乃指不再獨立，與「親祀圓丘於南郊」合看，更完全是王肅南郊設圓丘壇祭天主張的實現。廢棄的則是鄭玄學說中獨立於南郊的圓丘禘天。

　　此外，此次改制之後關於西晉祭天的材料還有兩條，也很值得研究。

　　《宋書》卷一六《禮志三》云：「大明二年正月丙午朔，……博士王燮之議稱：『泰始二年十一月己卯，始並圓丘方澤二至之祀合於二郊，三年十一月庚寅冬至祠天，郊於圓丘。是猶用圓丘之禮，非專祈穀之祭，故又不得用辛也。』」〔註30〕又云：「晉武帝太康三年正月，帝親郊祀，皇太子、皇弟、皇子悉侍祠。非前典也。」〔註31〕

　　從引文看出，西晉泰始三年、太康三年還分別於南郊圓丘進行過兩次祭天，但時間則分別在冬至和正月。再加上《晉志》關於泰始二年那次郊祀的記錄，似乎僅靠這三次很難判定此期間郊祀時間變動背後的學術背景。但筆者認爲從邏輯上講，結論似乎並不很多。首先假設從太康三年後，晉代的郊祀制定者主張實行冬至、正月二次南郊，由於太康三年後郊祀記錄不全，這一推測尚難證實。不過考慮到東晉直至南齊均實行正月一次祭天，且東晉用西晉之制可能性大，這一推測似乎難以成立。轉而我們發現，如果設想西晉前兩次冬至郊天是依王肅之說，但因爲某種原因沒有採取正月再次祭天，至太康三年，則改用正月一次祭天，並準備以此爲定制，則似乎更爲合理。那

〔註27〕王肅說見《郊特牲》孔疏，黃以周認爲「圓丘之祭在南郊，西漢經說並如是。而祈穀之郊非即圓丘，當從鄭說。王肅謂『圓丘即郊』可，謂『郊即圓丘』不可。」其去取鄭、王兩家之說且不論，對王肅郊丘合一的觀點概括的頗爲精當。

〔註28〕《大唐郊祀錄》，第476頁。

〔註29〕陳戌國先生認爲此次改制的發起者與上次相同，仍是修《新禮》諸臣。然據《郊祀錄》，實當爲裴秀、山濤等，此數人均未參與修禮事，詳後章。

〔註30〕《宋書》，第428～429頁。

〔註31〕《晉書》，第424頁。按，《晉志》此句無「皇弟」及「非前典也」六字。

麼循著這一思路，王肅的二次郊天被先後定在冬至和正月只舉行一次，其間是否有某種學術背景的轉換呢？筆者認爲其中再次出現了鄭玄理論的參與。

南朝的禮學家在評論當時行用的正月郊天時往往概括爲「報本事兼祈穀」。《宋書》卷一六《禮志三》載宋儀曹郎虞願議云：「明詔使圓丘報功，三載一享。」〔註32〕《南齊書》卷一九《禮志上》載王儉議云：「中朝省二丘以並二郊，即今之郊禮，義在報天，事兼祈穀。」〔註33〕《隋書》卷六《禮儀志一》載梁初何佟之議云：「今之郊祭，是報昔歲之功，而祈今年之福。故取歲首上辛，不拘立春之先後。周冬至於圓丘，大報天也。夏正又郊，以祈農事，故有啓蟄之說。自晉泰始二年，並圓丘、方澤同於二郊。是知今之郊禋，禮兼祈報，不得限以一途也。」〔註34〕

在此，假定泰始二年先後兩次單獨冬至祭天是將王肅兩次祭天說合併的結果，那麼西晉的冬至祭天倒更適合稱之爲報本兼祈穀。事實上，冬至祭天說源於《禮記·郊特牲》似乎更爲重要，以這次祭天爲主合併正月祈穀也更容易理解。但是從太康三年起，開始實施正月一次祭天，這一被稱爲「非前典」的做法，事實上沿用到了南朝。固然可以認爲這體現了帝國對農事的某種重視，但還是要指出這其中包含郊祀禮領域鄭玄學說復興的背景。

《禮記·郊特牲》云：「郊之祭也，迎長日之至也，大報天而主日也。」又云：「郊之用辛也，周之始郊，日以至。」〔註35〕漢代經師以及王肅均將日至解釋爲冬至，也就有了周人冬至祭天報本返始之說，而鄭說則與諸家不同，鄭注云：「易說三王之郊，一用夏正。夏正建寅，迎此建卯而晝夜分，分而日長也。」這裏鄭玄將日至解釋爲春分，進而又將《禮記》中這次祭祀指爲魯禮，「言日以周郊天之月而至，陽氣新用事，順之而用辛日。此說非也。（筆者案：此爲董仲舒、劉向說，見孔疏引《五經異議》）郊天之月而日至，魯禮也。」後有申說鄭說者，如孔廣森云：「此《記》實敍魯郊，《春秋》卜郊恒先周正孟月，《記》說其義以爲建子之月日短至，自是而有養日祭之，迎其始也。周人多至日祀天，本謂之禘。以寅月祈穀南郊，乃謂之郊。魯僭王禮，不敢純同，故用禘之月而行郊禮。」〔註36〕這裏，鄭氏將日至指爲春分，對

〔註32〕《宋書》，第431頁。
〔註33〕《南齊書》，第122頁。
〔註34〕《隋書》，第108頁。
〔註35〕《禮記正義》，第1452頁上欄。
〔註36〕《大戴禮記補注》卷四，《周禮正義》引文有不同，然似較原文準確，今用《正

魯郊、周郊時日亦與諸家相反，其說頗爲奇怪，後人往往不從〔註37〕。究其
原因，應當是爲了避免與冬至禘祭之禮相重，但如此一來，鄭說在時間安排
上卻產生了一個矛盾。那就是《左傳》「啓蟄而郊」說很難動搖，即便將魯郊
移至冬至，祈穀於啓蟄後這一傳統也很難否定。而鄭玄又將日至定爲春分，
事實上正月的祭天就同時被賦予了報本、祈穀的兩項目的。因爲「三王之郊，
一用夏正。」而《禮記》又明言爲「大報天」〔註38〕。由此可見，鄭氏學說
中的一些本有謬誤之處加以推演很容易演變成，正月祭天兼備報本、祈穀的
性質。筆者以爲，西晉自太康三年轉爲正月祭天的原因正是由於這種接近鄭
玄學說的背景存在〔註39〕。當然似乎仍可以質疑，王肅學說兩次祭天的合併
也許不需要鄭學的參與。筆者這裏須強調的是，本文此處推測並非完全基於
學理上的推演，而有著史實依據。太康年間，郊祀制度其它改動也是以鄭學
爲基礎，以下來討論西晉第三次郊祀改制：

　　《宋書》卷一六《禮志三》云：「太康十年十月，乃更詔曰：『《孝經》「郊
祀后稷以配天，宗祀文王於明堂，以配上帝」。而《周官》云：「祀天旅上帝。」
又曰：「祀地旅四望。」四望非地，則明上帝不得爲天也。往者眾議除明堂五
帝位，考之禮文正經不通。且《詩序》曰：「文、武之功，起於后稷。」故推
以配天焉。宣帝以神武創業，既已配天，復以先帝配天，於義亦不安。其復
明堂及南郊五帝位。』」〔註40〕

　　《晉書》卷一九《禮志上》云：「摯虞議以爲：『漢魏故事，明堂祀五帝
之神。新禮，五帝即上帝，即天帝也。明堂除五帝之位，惟祭上帝。案仲尼
稱「郊祀后稷以配天，宗祀文王於明堂以配上帝。」《周禮》，「祀天旅上帝」，
「祀地旅四望」。望非地，則上帝非天，斷可識矣。郊丘之祀，掃地而祭，牲
用繭栗，器用陶匏，事反其始，故配以遠祖。明堂之祭，備物以薦，玉牲並

　　義》文。

〔註37〕按，對鄭學說法批駁的總結可見詹鄞鑫《神靈與祭祀》，江蘇古籍出版社，1992
　　　　年版，第314頁。

〔註38〕而「周之始郊日以至」，鄭玄又指爲魯禮，目的顯然是爲了區分已立於春月的
　　　　周郊。應該注意的是，這裏鄭玄又將日以至理解爲冬至，否則將與前矛盾。
　　　　孔廣森爲鄭玄極力彌縫，卻未注意鄭玄在此對日至兩説並不一致。仍依鄭氏
　　　　前説，將此處日至解爲春分。

〔註39〕因爲鄭玄這一思路非常獨特，很容易識別。此外，黃以周將第二次改制視爲
　　　　純用王肅説而未加辨析，較之此前一次考辨有失疏略。

〔註40〕《宋書》，第423～424頁。

陳，籩豆成列，禮同人鬼，故配以近考。郊堂兆位，居然異體，牲牢品物，質文殊趣。且祖考同配，非謂尊嚴之美，三日再祀，非謂不黷之義，其非一神，亦足明矣。昔在上古，生爲明王，沒則配五行，故太昊配木，神農配火，少昊配金，顓頊配水，黃帝配土。此五帝者，配天之神，同兆之於四郊，報之於明堂。祀天，大裘而冕，祀五帝亦如之。或以爲五精之帝，佐天育物者也。前代相因，莫之或廢，晉初始從異議。《庚午詔書》，明堂及南郊除五帝之位，惟祀天神，新禮奉而用之。前太醫令韓楊上書，宜如舊祀五帝。太康十年，詔已施用。宜定新禮，明堂及郊祀五帝如舊。』〔註41〕

很明顯這次改制針對的是泰始間廢除五帝之祀同祭昊天上帝的做法。摯虞自太康元年開始負責《新禮》刪定，至元康元年書成，期間一直是實際制禮者。其理論無疑非常重要，而摯虞提出恢復五帝之祀的兩條理由：首先「四望非地」，則「上帝非天」自然是傾向於鄭玄的觀點〔註42〕。其次，五帝之祀，「前代因之，莫之或廢」，即參考前代祭祀實際，這一思路其實是之前研究者未加以重視的。後面研究會發現，前代祭祀對中古制禮者而言其實有著不亞於流行禮學理論的重要性。

在此，儘管鄭玄學說中最重要的獨立圓丘之祭被取消，但五精帝地位的恢復仍標誌著鄭玄以及前代傳統的「收復失地」。在這一背景下，之前提出的太康三年改正月祭天有鄭玄學說參與的觀點也得到了印證〔註43〕。

東晉及宋、齊郊祀制度基本沒有大的變化，正月一次祭天，祭祀主神爲昊天上帝，是爲王肅理論。但代表鄭玄學說的五帝也獲得了陪祀地位，而這種設計與東漢以來並無太大區別。王、鄭的禮說與前代祭祀成規達到了某種平衡。可以觀察到，在當時這種稍顯複雜的情況下，即使當代禮學家對祭祀制度的學術背景也有著不同的認識。

《宋書》卷一九《樂志上》記孝建二年議郊廟用樂，引顏峻說云：「郊之有樂，蓋生《周易》、《周官》，歷代著議，莫不援準。夫『掃地而祭，器用陶

〔註41〕《晉書》，第 587 頁。

〔註42〕之前講到鄭玄在理論上以天爲體稱，帝爲德稱，則天帝無別，但在注經中對五帝、上帝、天的不同祭祀方式是十分重視的。王肅以上帝即天，但實際禮制安排中也將二者等同。此外摯虞並未直接沿用緯書五帝之名，這是其與鄭氏區別。

〔註43〕再考察當時郊祀所用祭器，「蒼幣、蒼牲」等制均體現了鄭說的特色。這與北魏初，南郊、圓丘用王肅說分祀但祭器卻用王肅之說正相映成趣，可見當時郊祀制度中王、鄭之學存在高度的一面。具體祭器制度分析詳本章後節。

匏』，唯質與誠，以章天德，文物之備，理固不然。《周官》曰：『國有故，則旅上帝及四望。』又曰：『四圭有邸，以祀天旅上帝。兩圭有邸，以祀地旅四望。』四望非地，則知上帝非天。《孝經》云：『郊祀后稷以配天，宗祀文王於明堂，以配上帝。』則《豫》之作樂，非郊天也。大司樂職，『奏黃鐘，哥大呂，舞《雲門》，以祀天神』。鄭注：『天神，五帝及日月星辰也。』王者以夏正月祀其所受命之帝於南郊，則二至之祀，又非天地。考之眾經，郊祀有樂，未見明證。」〔註44〕

又，建平王宏議曰：「竣據《周禮》、《孝經》，天與上帝，連文重出，故謂上帝非天，則《易》之作樂，非為祭天也。按《易》稱『先王以作樂崇德，殷薦之上帝，以配祖考』。《尚書》云：『肆類於上帝。』《春秋傳》曰：『告昊天上帝。』凡上帝之言，無非天也。天尊不可以一稱，故或謂昊天，或謂上帝，或謂昊天上帝，不得以天有數稱，便謂上帝非天。徐邈推《周禮》『國有故，則旅上帝』，以知禮天，旅上帝，同是祭天。言禮天者，謂常祀也；旅上帝者，有故而祭也。《孝經》稱『嚴父莫大於配天』，故云『郊祀后稷以配天，宗祀文王於明堂，以配上帝』。既天為議，則上帝猶天益明也。不欲使二天文同，故變上帝爾。《周禮》祀天之言再見，故鄭注以前天神為五帝，後冬至所祭為昊天。竣又云『二至之祀，又非天地』。未知天地竟應以何時致享？」〔註45〕

按，顏峻之說顯然更傾向於鄭學〔註46〕。更需注意的是，其說鄭玄「王者於夏正月祀其受命之帝於南郊」，緊接著說「二至之祀，又非天地」，此處二至顯然用鄭玄春分之說〔註47〕，顏氏是將當時正月（也就是鄭氏所謂「二至」）看作鄭玄理論中祀受命帝之祭（儘管此時主神當為昊天上帝）。這裏固然可以說其對鄭玄學說的理解過於死板，即認為南郊祀上帝非天，據《豫卦》及《大司樂》文則當無樂。其實筆者以為，顏氏更多的是考慮到東晉郊祀不用樂的傳統而從經注中尋找依據，從學理上講是違背鄭玄理論的。

建平王引用徐邈之說，徐氏為東晉孝武帝時期著名禮學家，對當時禮制

〔註44〕 《宋書》，第543～544頁。

〔註45〕 《宋書》，第544～545頁。

〔註46〕 這裏仍需指出鄭玄在理論上認為天與帝無別，天有六天。帝有六帝，但在具體的儀制安排上並不混淆。

〔註47〕 如理解為冬至，則兩句話失去聯繫。

建設極有影響。而徐氏之論則顯然是王肅「上帝即天」說〔註48〕。也就是說，對當時郊祀制度，雙方幾乎有著完全相反的描述。原因就在於之前指出的，此時郊祀是王、鄭學平衡的結果。建平王指斥顏峻所云「二至之祀又非天地」，認為「未知天地竟應以何時致享？」可見建平王眼中當時的正月辛日郊所祀即為天，而顏峻卻以為依鄭說此時只為上帝。

梁武帝天監中，郊祀制度再次出現了重大變化，正月兼報本、祈穀的郊天又被分成了兩次。

《隋書》卷一六《禮儀志》：「天監三年，左丞吳操之啓稱：『《傳》云「啓蟄而郊」，郊應立春之後。』尚書左丞何佟之議：『今之郊祭，是報昔歲之功，而祈今年之福。故取歲首上辛，不拘立春之先後。周冬至於圓丘，大報天也。夏正又郊，以祈農事，故有啓蟄之說。自晉泰始二年，並圓丘、方澤同於二郊。是知今之郊禋，禮兼祈報，不得限以一途也。』帝曰：『圓丘自是祭天，先農即是祈穀。但就陽之位，故在郊也。冬至之夜，陽氣起於甲子，既祭昊天，宜在冬至。祈穀時可依古，必須啓蟄。在一郊壇，分為二祭。』自是冬至謂之祀天，啓蟄名為祈穀。」〔註49〕

按，梁初的這次改制，起因似乎是之前南齊正月郊天遇到了立春日過晚，導致郊祀祈穀之義難以體現的問題。

《南齊書》卷一二《禮志上》云：「永明元年當南郊，而立春在郊後，世祖欲遷郊。尚書令王儉啓：『案《禮記‧郊特牲》云：「郊之祭也，迎長日之至也，大報天而主日也。」《易說》「三王之郊，一用夏正」。盧植云：「夏正在冬至後，《傳》曰啓蟄而郊，此之謂也。」然則圓丘與郊各自行，不相害也。鄭玄云：「建寅之月，晝夜分而日長矣。」王肅曰：「周以冬祭天於圓丘，以正月又祭天以祈穀。」《祭法》稱「燔柴太壇」，則圓丘也。《春秋傳》云「啓蟄而郊」，則祈穀也。謹尋《禮》、《傳》二文，各有其義，盧、王兩說，有若合符。中朝省二丘以並二郊，即今之郊禮，義在報天，事兼祈穀，既不全以祈農，何必俟夫啓蟄？史官唯見《傳》義，未達《禮》旨。又尋景平元年正月三日辛丑南郊，其月十一日立春；元嘉十六年正月六日辛未南郊，其月八日立春。此復是近世明例，不以先郊後春為嫌。若或以元日合朔為礙者，則晉成帝咸康元年正月一日加元服，二日親祠南郊。元服之重，百僚備列，雖

在致齋，行之不疑。今齋內合朔，此即前準。若聖心過恭，寧在嚴潔，合朔之日，散官備防，非預齋之限者，於止車門外別立幄省，若日色有異，則列於省前。望實爲允，謂無煩遷日。』」〔註50〕

依當時主要的典禮設計者王儉來看，當時行用的正月祭天主要目的是報天，祈穀則是兼顧，所以可以不必一定在啓蟄後進行〔註51〕。而當梁初再次遇到類似情況時，儘管當時《五禮儀注》負責人何佟之持與王儉相類似觀點，梁武帝本人卻決意改革。經過分成兩次的處理後，很明顯當時的郊祀制度再次接近王肅的理論。

而有趣的是似乎每次伴隨著王說的張揚往往有針對五精帝的改革。

《隋書》卷六《禮儀志一》云：「（天監）十七年，帝以威仰、魄寶俱是天帝，於壇則尊，於下則卑。且南郊所祭天皇，其五帝別有明堂之祀，不煩重設。又郊祀二十八宿而無十二辰，於義闕然。於是南郊始除五帝祀，加十二辰座，與二十八宿各於其方而爲壇。」〔註52〕

與西晉泰始中相較，此次針對五精帝的變動沒有涉及明堂及五郊迎氣五帝。但從另一方面也是首次觀察到，郊祀五帝使用源於緯書的靈威仰等神名，某種程度上成爲了鄭學的最後據點。

陳代很快又恢復了五精帝的陪祀地位。《隋書》卷六《禮儀志一》云：「明年正月上辛，有事南郊，以皇考德皇帝配，除十二辰座，加五帝位，其餘準梁之舊。」〔註53〕

以上回顧了兩晉南朝以來幾次郊祀重大理論變動背後的學術背景，本文將這一過程描述爲王肅、鄭玄以及前代祭祀實踐構成的故事之間的多方角力，這裏已經可以看出，之前學界以爲的南朝尊王、北朝尊鄭的流行說法其實還可以再加以辨析。正如此前晉初圜丘、南郊合併前鄭學占優，梁天監十七年廢五精帝後，王肅學說一度佔據全面優勢，那麼祭祀主導理論變動背後是否有著政治因素的影響呢？也就是說伴隨著鄭玄或王肅之學占主導，是不是都是某種特定政治背景的結果呢？筆者以爲，就以上考證，似乎存在一個較爲粗略的對應模式，那就是王朝開國之初用王肅之學成分多。隨之，則有鄭學加入。這種模式主要論據在於鄭學中「六天」之說較之王學「一天」似

〔註50〕《南齊書》，第122頁。
〔註51〕這裏再次驗證之前本文之前指出，正月祭天制度中參用鄭玄學說的觀點。
〔註52〕《隋書》，第111頁。
〔註53〕同上。

乎不利於王朝統一的思想。但要指出的是，這個看似合理的模式中其實存在不少問題。首先，之前所考歷次郊制變動背後往往有激烈的學術辯論，且顯然不是每個學者都從政治視角出發〔註54〕。其次，幾次王肅學說的興起仍然可以從較爲純粹的學術視角以及對前代祭祀故事的遵行來加以解說。基於以上兩點，筆者傾向於將這一時期的郊祀制度變動視爲在圍繞某些前代故事基本不變的前提下，鄭、王兩家學說的推演與消長。

這裏還要說明，對於郊祀制度變革背後的動因，梁滿倉先生提出了一個頗有新意的思路。這一觀點將郊祀與廟制變動聯繫起來考察，而廟制因爲涉及始祖、太祖的認定，某種程度上比郊祀禮更易受當前政治局面影響，這樣一來郊祀禮間接地與政治建立了聯繫，也就是梁氏所指的「實際需要」。梁先生在詮釋這一理論時重點選擇了魏、晉兩代與北魏，以下分別加以考辨。

首先，梁氏提出一個問題，既然王肅學說在曹魏已被定爲官學，那爲什麼明帝景初元年採用的卻是明顯類似鄭玄的郊、丘分祀，且主神、配帝皆不同的制度，而王氏圓丘、南郊合一的主張到晉初才得以實踐呢？梁氏認爲，這是由於明帝時期對始祖的尊崇猶在，所以分立圓丘之祀來安排曹魏始祖舜配天。筆者認爲，從前引《通典》議告禮事可看出，明帝反覆問及五精帝，而王肅雖對五精帝之說頗不以爲然，但亦無可奈何，可見前代沿習的祭祀定制完全可以與流行禮說相抗衡。而據《郊祀錄》記魚豢、高堂隆等人之議，當時學者還是從是否尊用周禮、西漢、後漢之制而爭論，並未提及始祖問題〔註55〕。當然這裏要指出，梁氏提出的始祖因素也完全有可能存在。

晉泰始二年第二次郊祀改制，據前文所考是完全參考王肅說，於南郊築圓丘而祭天。梁氏認爲這是因爲晉代宗廟禮中對太祖地位的重視超過了始祖，遂將本來由始祖配祀的多至圓丘郊天與南郊之禮進行了合併。筆者以爲，即便相信此次改制仍與廟制有關，這裏仍存在一個「時間差」的問題。最早對太祖的認定是在咸寧元年〔註56〕，而郊、丘的合併則遠在此前。即使認爲對太祖的重視來源更早，則又不得不上推魏代，結果與當時對始祖的重視有些衝突。

〔註54〕有些學者在討論中有意引入政治因素，但這似乎仍在學術探討範疇之內。

〔註55〕景初年分立，也恰恰說明之前採用的是源自後漢的合祀制度。

〔註56〕而且此前太祖之位空缺未必如梁氏所云是對太祖重視，大約還是不得已而爲之，詳見後文所考。

第二節　理論與現實間的違和：兩晉南北朝諸種廟制設計方案的評說

　　鄭玄與王肅的宗廟理論分歧來源於二人對禮書中周代廟制的理解不同。王肅認為應上祭及六世之祖，而五世、六世祖廟作為祧廟，鄭玄則主只祭及四代高祖。依據王肅學說，周代所行則為九廟制，此論多為後世學者所批評。但王說帝王祭六代與諸侯大夫有別，從尊君角度看無疑優於鄭學，故為後代實際制禮遵用〔註57〕。

　　鄭、王學說的差異某種程度上也與《禮記》中《祭法》、《王制》兩篇所記廟制不同有關：

　　《王制》云：「天子七廟，三昭三穆，與太祖之廟而七。諸侯五廟，二昭二穆，與太祖之廟而五。」〔註58〕

　　《祭法》云：「王立七廟，一壇一墠，曰考廟，曰王考廟，曰皇考廟，曰顯考廟，曰祖考廟。皆月祭之，遠廟為祧，有二祧，享嘗乃止。」〔註59〕

　　清人黃以周在鄭玄之說的基礎上，對《王制》、《祭法》的矛盾作出了新的解說。黃氏認為這一宗廟理論「損益古制」，「盡善盡美」。筆者以為黃氏的觀點不拘於經學的解說，很有參考價值，今引其說如下：「周以后稷始封，文武受命，而立太廟、二世室。其或無遠祖可祖，則宜以始受命為始祖。而始受命之祭其祖考，亦當立考、王、皇、顯、祖五廟，皆月祭之。其新盡之王，亦立二祧之廟，分昭穆附之，享嘗乃止。此溯其始而言之，立七廟以昭定制也。從其後而言之，遞遷其主，亦毋容增廟。五世而後，受命王居祖考廟，乃正始祖之位，百世不遷。其餘為嗣王四親廟，親盡亦迭遷於二祧，皆合祔之，不去壇墠。而受命王所祭之無功德之考若祖，去祧為壇，所祧無功德親盡之主，去壇為墠。……祧無專廟，合而祔之而已，壇墠之主不合祔於祧，函而藏之而已。此損益古制，盡美盡善，以為後王法者也。」〔註60〕

　　要指出的是，對中古制禮者而言，欲將王肅學說用於實際，有三個問

〔註57〕鄭、王之說的總結可參看《禮書通故》，第173頁。

〔註58〕《禮記正義》，第1335頁中欄。

〔註59〕《禮記正義》，第1589頁上欄。

〔註60〕《禮書通故》，第726頁。黃氏認為：「《記》言廟制有據一代之禮者，有參合古制者，有從太祖已正位言者，有溯其未正位之前言者。《祭法》言天子、諸侯、大夫之廟制，與諸書異而實相通。」此說在經學而言，頗為有見，但中古廟禮實踐則更為複雜，黃氏之說仍能完全適用。

題不能忽視，分別是：太祖正位、廟數爲七、祀及六代親（除太祖）。圍繞這三個問題，制禮者必須平衡禮書理論與實際安排，本文之後將會指出這種平衡並不是總能奏效，也就是說禮官們的實際廟制設定與其所立理論常有背離。

先看黃氏的安排，首先涉及到太祖正位，不過在這裏東晉禮官反覆遇到的兄弟相及，以及隨之而來的兄弟昭穆安排問題並未提及〔註61〕。而在兄弟相及情況下，之前太祖、廟數、代數如何較完滿的設計是下文論述的重點。

這裏本文將依次考察比較東晉初幾位禮官的廟制設計思路，鑒於西晉廟制相對簡單，在諸禮官學說中也多有涉及，故不再單獨討論。與郊祀節類似，由於本文辨析諸家儀注設計較此前類似研究爲詳，故篇幅較長。

一、刁協、賀循的廟制設計方案

《晉書》卷一九《禮志上》云：「元帝既即尊位，上繼武帝，於元爲禰，如漢光武上繼元帝故事也。……尋以登懷帝之主，又遷潁川，位雖七室，其實五世，蓋從刁協以兄弟爲世數故也。於時百度草創，舊禮未備，毀主權居別室。」〔註62〕

《通典》五一《吉禮十》云：「東晉元帝建武中，尚書符云：『武皇帝崩，遷征西府君，惠皇帝崩，遷章郡府君，懷帝入廟，當遷潁川府君。』」〔註63〕

按，刁、賀二人晉初議廟之說除見於《晉志》、《賀循傳》外，《通典》中也保留了些許材料。其中有些關鍵問題是《晉書》所無，前代學者似乎並未加以重視，以下多引《通典》說。刁協在東晉開國初參定開國禮儀，時任尚書僕射，《通典》所引尚書符爲尚書省獨立下達至太常的行政命令。《晉志》對刁協廟制方案的評價是「以兄弟爲世數」，加上之後賀循對其批駁，似乎刁氏的主張是兄弟相繼而昭穆相併的理論。筆者認爲這其實並不確切，下文將看到，同樣主張兄弟可相爲後的禮學家，在兄弟同昭穆、異昭穆的問題上並不統一，而具體制定廟數、遷毀方案時制禮者們的思路更是大相徑庭。

以下再看賀循的主張，其說見於《本傳》，由於較長，此處分爲兩部分，《通典》引賀循說還有很多不同之處，附於其下備考。

〔註61〕黃氏另有一套理論與其說廟制相配合，但思路實與中古禮官實際行禮無異，見後。
〔註62〕《晉書》，第403頁。
〔註63〕《通典》，第1424頁。

　　《晉書》卷六八《賀循傳》云：「禮，兄弟不相爲後，不得以承代爲世。殷之盤庚不序陽甲，漢之光武不繼成帝，別立廟寢，使臣下祭之，此前代之明典，而承繼之著義也。惠帝無後，懷帝承統，弟不後兄，則懷帝自上繼世祖，不繼惠帝，當同殷之陽甲，漢之成帝。議者以聖德沖遠，未便改舊。諸如此禮，通所未論。是以惠帝尙在太廟，而懷帝復入，數則盈八。盈八之理，由惠帝不出，非上祖宜遷也。下世既升，上世乃遷，遷毀對代，不得相通，未有下升一世而上毀二世者也。惠懷二帝俱繼世祖，兄弟旁親，同爲一世，而上毀二爲一世。今以惠帝之崩已毀豫章，懷帝之入復毀潁川，如此則一世再遷，祖位橫析。求之古義，未見此例。惠帝宜出，尙未輕論，況可輕毀一祖而無義例乎？潁川既無可毀之理，則見神之數居然自八，此盡有由而然，非謂數之常也。既有八神，則不得不於七室之外權安一位也。至尊於惠懷俱是兄弟，自上後世祖，不繼二帝，則二帝之神行應別出，不爲廟中恆有八室也。又武帝初成太廟時，正神止七，而楊元後之神亦權立一室。永熙元年，告世祖謚於太廟八室，此是苟有八神，不拘於七之舊例也。」〔註64〕

　　按，賀循主張兄弟不相爲後，仍當繼承上祖，鄭玄亦持類似觀點。在評論文公逆祀的問題時，鄭氏認爲：「兄弟無相後之道，登僖公主於閔公主上，不順，爲小惡也。」〔註65〕要指出的是，凡主兄弟不相爲後者，昭穆問題必定主張兄弟同昭穆，而對「兄弟不相爲後」提出質疑的學者，如賈公彥認爲「兄弟相及俱爲君，則以兄弟爲昭穆，以其弟已爲臣，臣子一例，則如父子，故別昭穆。」〔註66〕這一派觀點的學者較多，似乎多出於對「君統」的維護，其中清人莊述祖之說被黃以周認爲「嚴且正」。現引莊說如下：「盤庚於陽甲，臣也，於其先君，庶也。《禮‧大傳》云：『族人不得以其戚戚君位也。』是盤庚不得以其弟戚陽早矣。於其生也，以臣事之，於其經也，以弟祭之，禮乎？禮，庶子不祭，《郊特牲》曰：『諸侯不敢祖天子。』盤庚不繼陽甲，且不敢祖其先君矣，若之何捨所後而繼先君以禰廟哉？且兄弟相代，非受之於父。不繼所後而繼先君，是無所受也，無所受者，篡也。有爲此說者，慕

〔註64〕《晉書》，第1828～1829頁。
〔註65〕按，鄭說見《禮記‧祭法》疏引《駁五經異義》：「《公羊》董仲舒說，躋僖公，逆祀，小惡也。《左氏》說爲大惡。許愼謹按：同左氏說。」黃以周認爲許氏主兄弟異昭穆，逆祀則子先於父，故爲大惡。鄭玄以兄弟同班，逆祀不亂父子之序，故爲小惡。其說可從。
〔註66〕《周禮注疏》卷二二，中華書局影印《十三經注疏本》本，第786頁上欄。

所後之君，而陷其君於大惡，皆得罪聖人之經者也。」〔註67〕這裏要著重指出的是，主張「兄弟相及」的學者在涉及昭穆問題時並不一定均主張兄弟昭穆相異的安排方式，事實上包括莊述祖也是認為兄弟相及而當同昭穆〔註68〕。

那麼為什麼主兄弟相及的學者會選擇同昭穆理論呢？其實這與主兄弟不相及說者採用同昭穆的理由相同，都是考慮到了祭祀代數問題。孔穎達認為：「設令兄弟四人皆立為君，則祖父之廟即以從毀。知其理論固不然，故先儒無作此說」〔註69〕可以看出，當出現兄弟先後為帝的情況時，不論二者間是否有繼承關係，如果按照兄弟昭穆相異的安排進行遷毀，後代的君主無法祭祀血緣上的六代祖。有鑒於此，有些學者主張兄弟昭穆相同。但在黃以周看來，兄弟先後入廟，就必然意味著後來的帝王無法祭及實際上的高祖，在異昭穆而不增廟的情況下只可祭及「理論上」的高祖〔註70〕。

針對這一難題，東晉的禮官則提出了許多不同的方案。

賀循的主張是，兄弟同昭穆，但入廟不當遷上祖，而是應當遷出此前同昭穆的兄弟之主。這樣理論上，在不增加廟數的情況下，嗣君可以祭及實際的六代祖先。這一方案在經學上是否有漏洞，在晉代是否可行，之後還會有分析，此處有必要回顧刁協的廟制設計。

《通典》卷五一《吉禮十》云：「賀循議：『古者帝各異廟，廟之有室，以象常居，未有二帝共處之義也。如惠懷二主，兄弟同位，於禘袷之禮，會於太祖，自應同列異坐而正昭穆。至於常居之室，不可以尊卑之分，義不可黷故也。昔魯夏父弗忌躋僖公於閔上，《春秋》謂之逆祀。僖公，閔之庶兄，閔公先立，嘗為君臣故也。《左氏傳》曰：「子雖齊聖，不先父食。」懷帝之在惠帝代，居藩積年，君臣之分也，正位東宮，父子之義也。雖同歸昭穆，尊卑之分與閔僖不異，共室褻黷，非殊尊卑之禮。」〔註71〕

值得注意的是，賀循所批評的當時惠、懷二帝同室云云，顯然是當時所見的實際廟制，而這一廟制的實施只能來自於刁協的設計。如果如《晉志》

〔註67〕胡培翬亦贊同莊氏之說，並有補充，後有詳論。胡氏說見《儀禮正義》卷三七，第288頁。
〔註68〕《儀禮正義》，第299頁。
〔註69〕《春秋左傳正義》卷十八，中華書局影印《十三經注疏本》本，第1839頁上欄。
〔註70〕《禮書通故》，第217頁。
〔註71〕《通典》，第1425頁。

所云刁協「以兄弟爲代數」，將其理論定位爲兄弟相及而異昭穆的話，《通典》中所見這種兄弟爲一室的安排又如何解釋呢？這種做法不是容易使人誤解爲同昭穆嗎？

《通典》的材料使我們對刁協的理論有了更深刻的認識，與黃以周擬構的完美廟制相比，刁協以兄弟入廟，亦毀上祖，這樣太祖可幾代後順利正位，與黃氏無別。而在處理兄弟入廟、昭穆等問題時，黃氏嚴守兄弟昭穆相異，事實上不再考慮是否可祭及實際高祖的問題。而刁協顯然意欲對此制進行改動，其「兄弟共室」的設計只能解釋爲在不增加廟數的情況下，爲後來入廟者預留室，這樣之後某一代在位帝王可以完整的祭祀其六代先祖，也就是說此處刁氏思考的是與孔穎達、莊述祖相同的祭祀代數問題〔註72〕。

那麼刁氏的做法與賀循相比，哪個更適合於晉代的實際呢？後文會有詳細比較。

以下繼續來看賀循的建議：「又議者以景帝俱已在廟，則惠懷一例。景帝盛德元功，王基之本，義著祖宗，百世不毀，故所以特在本廟，且亦世代尚近，數得相容，安神而已，無逼上祖，如王氏昭穆既滿，終應別廟也。以今方之，既輕重義異，又七廟七世之親；昭穆，父子位也。若當兄弟旁滿，輒毀上祖，則祖位空懸，世數不足，何取於三昭三穆與太祖之廟然後成七哉！今七廟之義，出於王氏。從禰以上至於高祖，親廟四世，高祖以上復有五世六世無服之祖，故爲三昭三穆並太祖而七也。故世祖郊定廟禮，京兆、潁川會、高之親，豫章五世，征西六世，以應此義。今至尊繼統，亦宜有五六世之祖，豫章六世，潁川五世，俱不應毀。今既云豫章先毀，又當重毀潁川，此爲廟中之親惟從高祖已下，無復高祖以上二世之祖，於王氏之義，三昭三穆廢闕其二，甚非宗廟之本所據承，又違世祖祭征西、豫章之意，於一王定禮所關不少。」〔註73〕

按，此處涉及賀循關於廟數的觀點，這裏賀循強調的是廟數爲八是有由爲然，而根源就在於當西晉時懷帝入廟而惠帝未出，可見賀循儘管也主張「苟有八神，不拘七室」，但實際還是傾向於保持七廟常數的〔註74〕。但對於賀循

〔註72〕 只是孔氏與莊氏同昭穆情況下如何遷毀未有具體主張。
〔註73〕 《晉書》，第1829～1830頁。
〔註74〕 刁協則更堅持廟數爲七，史實方面亦不同意賀循。《通典》卷四八《吉禮七》引賀循與王導書，後刁協按，云：「元皇后於太廟東陰室中安神主，不增立一室。」

「同昭穆兄弟別立廟」、「上祖不因兄弟入而遷」的方案而言，最大的障礙來自於西晉在實際行禮中已有宣帝、景帝同在廟的成例在前，且之前習協理論也導致惠帝、懷帝同在廟，上祖已毀。這種情況下本來相對完善的兄弟同昭穆、入廟出兄弟不出先祖的方案也不能保證當時元帝能祭及六世先祖了。於是，為了達成祭祀代數，賀循提出了回祀已毀主的方案。應當看到，這是賀循在前一方案無法完美實施的情況下無可奈何之舉。回祀的做法也在唐德宗至文宗朝亦被沿用，頗為後世學者批評，馬端臨認為晉人、唐人的這一做法毀而復立如同兒戲〔註 75〕。不過馬氏似乎並未深考晉代廟制設定的真正用意，至於南宋廟禮，用開元中毀主不遷之制，在賀循等人理論來看，難免違背《王制》天子七廟之說。

以下比較習協、賀循理論以及實際方案的異同。

首先，在廟數問題上，二人大體一致，均主七廟，當然相對來說習協對廟數的要求更為嚴格。

其次，兩種方案均體現對祭祀祖先代數的重視，也是二人廟制思路核心所在。習氏主兄弟相繼，入廟輒毀上祖，這樣有利於太祖正位。而為了在廟數七限制內，儘量使帝王所祭祖先代數不致過少而採取了兄弟同室的做法，這樣使其理論究竟是同昭穆還是異昭穆頗有些模糊。更重要的是，這一方案要在數代之後，廟室滿員時才能體現六代先祖，此前則難免受到代數不足的質疑〔註 76〕。

賀循主張兄弟不相及，如此兄弟獲得同昭穆地位。如果晉代一直採用其方案，即兄弟入廟，出前同昭穆者而不出上祖，則歷任君王均可以完滿地祭及六世祖。但是這一方案的問題在於，如此快的別立之前皇帝之主，似乎頗為不敬，也更容易引發對類似逆祀的質疑。同時由於此前兄弟入廟不出的做法已經難以改變，又提出了回祀的主張，目的依舊是先祖代數。這種方案使在位君主可祭及六世，但潛在的危險在於，一旦再出現兄弟相繼入廟而不採用兄弟入而出的方案，僅僅依靠回祀來湊足代數，太祖正位則遙遙無期〔註 77〕。

〔註 75〕《文獻通考》卷九七《宗廟考七》，第 1044 頁。

〔註 76〕此外，如果連續兄弟入廟，這一過程還會拉長。東晉後期就面臨這一問題。

〔註 77〕從學理上講，兄弟相及而異昭穆的理論要比兄弟相及同昭穆更順暢，後者主要是從廟制安排角度兼顧了所祀代數問題。

二、華恒與溫嶠的方案以及東晉廟制的最終確定

《賀循傳》云：「時尚書僕射刁協與循異議，循答義深備，辭多不載，竟從循議焉。」〔註78〕但從《禮志》及《通典》材料看，刁、賀之後又經過華恒與溫嶠兩人的相後提議，華、溫二人所提出的方案較之刁、賀又有不同，以下分別論述。

《晉書》卷一九《禮志上》云：「詔曰：『吾雖上繼世祖，然於懷、愍皇帝皆北面稱臣。今祠太廟，不親執觴酌，而令有司行事，於情禮不安。可依禮更處。』太常恆議：『今聖上繼武皇帝，宜準漢世祖故事，不親執觴爵。』又曰：『今上承繼武帝，而廟之昭穆，四世而已，前太常賀循、博士傅純，並以為惠、懷及愍，宜別立廟。然臣愚謂廟室當以容主為限，無拘常數。殷世有二祖三宗，若拘七室，則當祭禰而已。推此論之，宜還復豫章、穎川，全祠七廟之禮。』」〔註79〕《通典》卷四八《吉禮七》云：「晉太常華恒被符，宗廟宜時有定處。恒按前議以為：『七代制之正也，若兄弟旁及，禮之變也，則宜為神主立室，不宜以室限神主。今有七室，而神主有十，宜當別立。臣為聖朝已從漢制。今聖上繼武帝，廟之昭穆，四代而已。前太常賀循等，並以惠、懷、愍三帝別立寢廟。臣以為廟當以容主為限，亦無常數。據殷祭六廟，則有二祖三宗不毀。又漢之二祖，寢廟各異。明功德之君，自當特立。若繫之七室，則殷之末代，當祭禰而已。准之前議，知以七為正，不限之七室。故雖有兄弟旁及，至禘祫不越昭穆，則章郡、穎川宜全七代之禮。按《周官》有先公先王之廟，今宜為京兆以上，別立三室於太廟西廂。宣皇帝得正始祖之位，惠、懷二帝不替，而昭穆不闕，於禮為安。』」〔註80〕

這裏《通典》所錄華恒之說更全，可以看出華氏新的廟祧方案中有以下幾點值得注意之處：

首先，就之前刁協、賀循設計中最為關注的所祧代數問題，華恒主張依照之前賀循之說回祧已毀的豫章、穎川二主。但對於惠懷二帝的處理方式，華恒與賀循頗有差異。在賀循最初的方案中，出現兄弟先後為帝時，後帝入廟而出前帝，如此一登一毀，廟數不變，代數亦足，但由於晉初同昭穆之景帝、惠帝均未出，佔據了廟數，又不得不回祧。華恒同樣主張同昭穆，《通典》

〔註78〕《晉書》，第 1830 頁。
〔註79〕《晉書》，第 604 頁。
〔註80〕《通典》，第 1349～1350 頁。

所云：「雖有兄弟旁及，禘祫不越昭穆。」可證，卻不主張別立惠、懷之主，同時認為當不親執爵行禮。那麼如此一來，既回祀又不出同昭穆兄弟之位，華恒的方案勢必造成對七廟定數的突破，確實可以看到華氏提出「廟當以容主為限，亦無常數。……知以七為正，不限之七室。」所謂「以七為正，不限於七」的說法，賀循也曾提到，但要指出的是賀循之說是對惠帝當出而未出的事實表示某種尊重。依照其方案如惠、懷、愍同昭穆之主，終當別廟而祀。而在華恒的方案中，這一類的帝王並不需出廟，所以華氏對廟數的限制從理論上突破得更為徹底。為什麼要特別說明是在理論上呢？馬上筆者會指出，實際的廟祀安排中，華恒用一個巧妙的手段使廟數並未立即突破常數，而這一安排又與太祖正位有關。

華氏的方案中關於太祖正位的設想是，「京兆以上，別立三室於太廟西廂」〔註81〕。

這一設想的獨特之處在於，可以使宣帝在這一代便獲得太祖的位置，達成這一目的是通過將已遷的豫章、潁川二主回祀（此與賀循同），又將尚未應遷的京兆與回祀二主一併置於西廂之中。由此看出華氏方案對賀循的改進，顧及尊尊之義而不出同昭穆兄弟之主，已在上文提及。為了表現出元帝上繼武帝，對惠、懷還是採取不親祀，為了使當代之君能祭及六代，同用回祀，但是在此為了盡快使太祖正位，回祀主（甚至未遷主）均被置於稍低於正室的西廂。這樣一來可謂兼顧了代數和太祖正位的問題。更為巧妙的是，由於宣帝以上三祖所居並非正室，惠、懷、愍三帝未出，其實總體廟室數並未變化，仍維持常數，可謂一舉多得。但華恒之說並未為元帝直接採用，當時參議者時任王導長史的溫嶠也提出了一種方案，最終成為了元帝時祭祀的定制，以下來考察溫氏的觀點。

《晉志》云：「驃騎長史溫嶠議：『凡言兄弟不相入廟，既非禮文，且光武奮劍振起，不策名於孝平，務神其事，以應九世之讖，又古不共廟，故別立焉。今上以策名而言，殊於光武之事，躬奉蒸嘗，於經既正，於情又安矣。太常恆欲還二府君，以全七世，嶠謂是宜。』驃騎將軍王導從嶠議。嶠又曰：『其非子者，可直言皇帝敢告某皇帝，又若以一帝為一世，則不祭禰，反不及庶人。』帝從嶠議，悉施用之。於是乃更定制，還復豫章、潁川於昭穆之位，以同惠帝嗣武故事，而惠、懷、愍三帝自從《春秋》尊尊之義，在廟不

〔註81〕此句《晉志》未載，其實是華恒之說的核心觀點。

替也。」〔註82〕

《通典》卷四八《吉禮七》云：「惠、懷、愍於聖上以《春秋》而言，因定先後之禮，夫臣子一例，君父敬同，故可以準於祖禰，然非繼體之數也。按太常恒所上，欲還章郡、潁川以全七代，愚謂是。恒又求京兆以上三代在廟之西廂，臣竊不安。」〔註83〕

可以看到，溫嶠對廟禮中「尊尊」、「親親」的辨析與平衡做得更為精細，而其實際廟制設計也對之前諸家頗有損益。與賀循相同，溫嶠主張元帝上繼武帝，即兄弟不相為後，同時認為時王當祭及六代，對賀循、華恒的回祔表示贊同，但也主張華氏回祔主在西廂不合禮制，當同正室〔註84〕。

對於惠、懷、愍同昭穆諸帝，溫氏認為「臣子一例，君父敬同，故可以準於祖禰，然非繼體之數」，所謂準於祖禰，異昭穆之說在此已被推到了某種臨界點上。對三帝尊尊之義的重視，使溫嶠不能同意賀循的別立廟主張〔註85〕，即《晉志》所云：「凡兄弟不相入，即非禮文」，這裏的「入」乃指入廟，針對的正是賀循之說。華恒同樣是同昭穆的擁護者，但溫嶠對其儀節設計中不親執爵行禮仍表示不滿，主張當親自行禮。可見溫、賀、華三人雖均主同昭穆，但對同昭穆之主的處理方式大有不同，溫氏親行禮而不稱子的設計甚至已經很接近於異昭穆。

將溫嶠的思路與之前的刁協相比，會有一些有趣的發現。之前已講到，《晉志》認為刁協以兄弟為世數，即兄弟相及，昭穆相異，但《通典》所記的刁氏以兄弟同室的做法則提醒我們，其思路頗有類似同昭穆之處〔註86〕，再度印證之前指出的，限定世數的情況下，異昭穆勢必無法祭高祖，而同昭穆如果採用賀循方案則可，否則只能回祔。

溫嶠對尊尊之義的重視使其同昭穆的主張帶上了異昭穆的色彩。這裏的關鍵問題在於，在拒斥了賀循的遷毀方案後，溫嶠的理論勢必走上兩種可能，其一，如刁協般，兄弟入廟毀上祖；其二，兄弟入廟不毀主。

〔註82〕《晉書》，第604頁。
〔註83〕《通典》，第1350頁。
〔註84〕華氏的主張有利於太祖直接正位，而之後我們會發現回祔制度正是影響太祖正位的主要因素。
〔註85〕《晉志》云：「古不共廟，故別立焉。」溫氏對賀循別廟說的反對可謂十分有力。因為依據賀循援引的例證，漢明帝之前無同堂共廟之制，所以無所謂別廟。
〔註86〕只是處理方式不同，刁氏毀上主，而賀循主兄弟入兄弟出廟。

此處會發現，溫嶠的方案最終被採納並不是因爲四人中其說最爲嚴密，恰恰是因爲刁協之說在實行中已暴露出世數不足的問題，而溫氏的說法在元帝時沒有經歷兄弟相入的實際考驗，其學說中的問題尚未爲人察覺，且其設計中「尊尊」、「親親」的關係較之賀循、華恒更爲平衡。也就是對雖不相繼的同昭穆之帝的禮敬提高，《春秋》「尊尊」之義的重視〔註87〕。

溫嶠的廟制設想最終爲元帝採用，但在行禮實踐中賀循等人的觀點仍在流行，原因在於溫說本身存在的一些問題容易招致誤解。

《通典》卷四八《吉禮七》錄溫嶠爲王導答薛太常書云：「省示並博士議，今明尊尊不復得繫本親矣。先帝平康北面而臣愍帝，及終而升上，懼所以取譏於《春秋》。今所論太廟坎室足容神主，不耳，而下愍帝於東序，此爲違尊尊之旨。愍帝猶子之列，不可爲父，與兄弟之不可一耳。魯閔公、僖公兄弟也，而《傳》云『子雖齊聖，不先父食』。如此無疑，愍帝不宜先帝上也。今唯慮廟窄，更思安處，宜令得並列正室。」又云：「元帝崩，溫嶠答王導書云：『近詔以先帝前議所定，唯下太常安坎室數。今坎室窄，其意不過欲定先神主，存正室，故下愍帝也。廟窄之於本體，各是一事，那何以廟窄而廢本體也。」〔註88〕

從這兩封書信可以看出，元帝崩後，一些太學博士的思路似乎又回到了昔年賀循的主張，所謂「太廟坎室足容神主，不耳，而下愍帝於東序」即當爲博士所論。惠、懷、愍三帝同昭穆，賀循主別立廟，此時博士再度提出類似建議，而以愍帝在廟乃因「坎室足容神主」之說，也與之前賀循討論景帝當出別廟而猶在的思路完全一樣。而溫嶠出於對尊尊之義的維護，自然反對這種做法。從第二則材料可以看出，當時大致由於廟室有限，確曾將愍帝移出，但溫嶠認爲這並不意味著在廟序上愍帝可以在元帝之下。《晉志》云：「及元帝崩，則豫章復遷。然元帝神位猶在愍帝之下，故有坎室者十也。」〔註89〕可證。

這裏可以看出溫嶠廟制中存在的問題，由於溫氏不可能採取刁協的兄弟入廟毀上主做法，其結果就是兄弟入廟（且均入正室）而不出，造成廟數的增加，而這其實是賀循等人設計中極力避免的〔註90〕。相對於太祖與祭祀代數，廟數問題似乎並不太引人注目，但實際行禮中仍會引發爭議。

〔註87〕北魏禮學家在這個問題上加入了關於「庶子王」問題的討論，詳見後文。

〔註88〕《通典》，第1350～1351頁。

〔註89〕《晉書》，第604頁。

〔註90〕當然還有回祀造成的與太祖正位的矛盾，但這是賀循等人設計中固有的弊端，見後文。

三、其它禮學家廟制評說

《通典》卷四八云：「明帝崩，祠部以廟過七室，欲毀一廟，又正室窄狹，欲權下一帝。溫嶠議：『今兄弟同代，已有七帝，若以一帝爲一代，則當不得祭於禰，乃不及庶人之祭也。夫兄弟同代，於恩既順，於義無否。至於廟室已滿，大行皇帝神主當登正室，又不宜下正室之主，遷之祧位，自宜增廟。權於廟上設幄坐，以安大行之主。若以今增廟違簡約之旨，或可就見廟直增坎室乎？此當問廟室之寬窄。」

而對於當時廟制，當時另一些禮學家的評論也很值得重視。《通典》同卷錄荀崧與王導書曰：「三年當大禘，愍帝以居子位，復居父位。且『子雖齊聖，不先父食』。此君即父也。此爲愍帝是先帝之父，懷帝是愍帝之父，惠帝是懷帝之父，二代便重四代，所以爲疑處也。」答曰：「意謂君位永固，無復暫還子位之理。惠帝至先帝雖四君，今亦不以一君爲一代，何嫌二代之中重四君耶？今廟尚居上，祀何得居下？若暫下則逆祀也。」〔註91〕

按，荀崧是中興初與刁協共定禮儀的著名學者，而荀崧對當時所用溫嶠所定廟制有所質疑，所謂「二代便重四代」顯然是將當時廟制理解成了異昭穆的形式。其實前引溫嶠說，三帝「臣子一例，君父敬同」，可準於父子，則仍非父子〔註92〕。荀崧對溫嶠理論的誤解還是源於在實際遷毀及行禮安排上，溫氏的做法都更像是異昭穆的處理方式，如果荀崧是從實際行禮來推測溫氏的繼承與昭穆設計則難免誤會。

《通典》卷四八《吉禮七》云：「孔衍議：『別廟有非正之嫌，似若降替，不可行也。』」〔註93〕

按，孔衍是元帝、明帝時頗受信用的禮學家，其學識據《本傳》稱不在賀循之下，孔氏批評別廟說，當是因此時仍有人主張賀循理論。不過孔衍所云別廟「似若降替」其實很值得玩味。賀循曾反覆申說兄弟同昭穆，但僅從其別廟制來看，首先於尊尊之旨有虧，另一方面這種近似毀廟的做法，其實也易使人誤解其理論爲異昭穆，因爲唯有昭穆相異方能遷毀。而溫氏的設計則不會招致類似懷疑。

〔註91〕 《通典》，第 1350 頁。
〔註92〕 純從學理上看，主張兄弟相繼，再主兄弟同昭穆，如何休等人的理論，本身就不夠順暢。反之，如溫嶠等人主兄弟不相繼而同昭穆的主張邏輯上較爲合理。
〔註93〕 《通典》，第 1350 頁。

附 考

一、《晉書》、《宋書》禮志校議

中華書局點校本《二十四史》為目前《二十四史》最完善之精本。所附校記廣徵博引，多所創見，宜其久為學林所重。然智者千慮，疏忽之處，亦偶有所見，其中有校勘未到者，或有標點欠妥者，又誤改原文者間亦有焉，前賢已多有考論。筆者學力所限，僅就《晉書》《宋書》兩史禮志所涉，條舉共三十二則。

校史志，以諸史志文互勘是一種行之有效的方法。這是由於相較紀、傳，志書多專涉某一學科領域，因制度沿革而文句相同、相似，形成他校材料。以《晉書·禮志》、《宋書·禮儀志》為例，晉代史事或君臣之語，二志往往並載。如有異文，其參校價值有時實較《通典》、類書引文為高。點校本校記用兩史志文比勘之例甚多，但仍有遺漏，至有同一人名，一史已校而另一史未出之誤，本文第三則是很好的例子。禮志校勘的特殊性還體現在前代禮文往往為後世禮志反覆引用，故校者須通悉前史。本文第六、二十則用《後漢書》志文參校，結論比校記用類書等他校材料之說合理。簡單的講，晉、宋二志中異文可大致分為兩種：（一）義可兩通者，此類異文為數不少，本文性質所限，並不俱列。但要指出的是，所謂「義可兩通」乃由校者學識判定，筆者初習校勘，有誤難免，但點校本校記棄用的某些異文材料也未必非關正誤。（二）關涉是非者，如《晉志》記元帝郊祀云：「和七郊於一丘」、記先蠶儀注云：「取列侯妻六人為蠶母。」《宋志》分別作「北郊」、「民妻」，顯有一誤，須考定是非（上引兩例見本文二十二、二十八則）。又如《晉書》避唐諱較嚴，《宋志》可據以考見原文處亦多（可參見文第十五、十七條）。

筆者寫作過程中參考的前賢著作包括吳士鑑《晉書斠注》、張元濟《百衲本二十四史校勘記》、王仲犖《宋書校勘記長編》、丁福林《宋書校議》等。

1、《晉書》卷一九《禮上》：「明乎一謙三益之義，而教化行焉。」〔註94〕

按，「三」疑當作「四」，字之誤也。「一謙四益」典出《周易》，《謙》卦彖辭云：「天道虧盈而益謙，地道變盈而流謙，鬼神害盈而福謙，人道惡盈而好謙。」〔註95〕《漢書》卷三〇《藝文志》云：「道家者流，蓋出於史官。……

〔註94〕《晉書》，第 580 頁。
〔註95〕《周易正義》卷二，中華書局影印《十三經注疏》本，1979 年，第 31 頁上欄。

合於堯之克讓，易之嗛嗛，一謙而四益，此其所長也。」〔註96〕

2、《晉書》卷一九《禮上》：「及成帝咸和八年正月，追述前旨，於覆舟山南
　　立之。天郊則五帝之佐，……凡六十二神也。」〔註97〕

　　　中華書局點校本《校勘記》（以下簡稱《校勘記》）云：「《通典》四二『五
帝之佐』作『五帝及佐』，疑是。有五帝，又有其佐，則與下『凡六十二神』
之數合。下文地郊『五帝之佐』，疑亦當從《拾補》說作『五人帝、五人帝之
佐。』」

　　　按，此校似可商，志文此處作「五帝之佐」亦有其淵源。同卷前文述武帝
時群臣議郊祀事，有議者云：「五帝即天也，王氣時異，故殊其號，雖名有五，
其實一神。明堂南郊，宜除五帝之坐，五郊改五精之號，皆同稱昊天上帝，各
設一坐而已。……帝悉從之。」〔註98〕又言元帝南渡後，郊祀「其制度皆太常
賀循所定，多依漢及晉初之儀。三月辛卯，帝親郊祀，饗配之禮一依武帝始郊
故事。」〔註99〕可知武帝、元帝時郊天配祀均無感生五帝之坐。成帝郊祀，宜
遵前制，故志文略去五帝僅言其佐。至於神數之未改，或史志行文本有疏漏，
或時人通計神名時以五帝雖無神位，於理猶當存其數，均已難考。要之，此處
文涉晉代郊天改制大事，出校尤當慎重。《通典》異文，點校本出為疑誤而不改
字，不失為嚴謹，似可考慮附本文之說於下，則更為全面。

3、《晉書》卷一九《禮上》：「尚書左丞王納之獨曰……」〔註100〕

　　　按，「納」當作「訥」。說詳點校本《宋書》卷一六《禮三》「尚書左丞王
納之獨曰……」句《校勘記》。〔註101〕

4、《晉書》卷一九《禮上》：「散騎常侍領太史令高堂隆以為：『黃於五行，中
　　央土也，王四季各十八日。土生於火，故於火用事之末服黃，三季則否。
　　其令則隨四時，不以五行為令也，是以服黃無令。』」〔註102〕

　　　《校勘記》云：「高堂隆『其令則隨四時』之說，蓋本於《春秋繁露・五

〔註96〕　《漢書》，第 1732 頁。
〔註97〕　《晉書》，第 584 頁。
〔註98〕　《晉書》，第 583 頁。
〔註99〕　《晉書》，第 584 頁。
〔註100〕　《晉書》，第 585 頁。
〔註101〕　《宋書》，第 457 頁。
〔註102〕　《晉書》，第 588 頁。

行之義》、《白虎通・五行》『土不名一時』之說，謂不以土行爲令也。《通典》七〇於此，『五』作『土』，當是。」

按，此校疑誤，似當作「不以五行爲分也」。「分」、「令」形近而訛，或涉下文「服黃無令」誤。《宋書》卷一五《禮二》亦引高堂隆語，正作「不以五行爲分」。〔註103〕據文義，令若按五行分則四季末服黃時均當行土令，此言其令「不以五行爲分」則正合下文「服黃無令」之意。且上文言「隨四時」，此言「不以五行分」，正相呼應，文氣較《通典》文爲暢。

5、《晉書》卷一九《禮上》：「及武帝泰始四年，……詔曰：『夫國之大事，在祀與農，……』」〔註104〕

按，「國」疑本作「民」，後人避諱改字。《宋書》卷一四《禮一》引此詔止作「民」。〔註105〕又「國之大事，在祀與戎」語出《左傳・成公十三年》，〔註106〕而此詔以下全論籍田禮，疑後人因此改「戎」爲「農」，然同卷有太康九年傅咸上表，述祭社勸農事，亦引《左傳》文，作「國之大事，在祀與戎。」〔註107〕似乎當時引《左傳》此句固有改文之例，或作「民之大事」、或作「在祀與農」。則原文若作「國之大事，在祀與戎」亦通。

6、《晉書》卷一九《禮上》：「江左元帝將修耕藉，……賀循答：『漢儀無正有至尊應躬祭之文……』」〔註108〕

《校勘記》云：「《拾補》『正有』二字衍。按，《通典》四六無，應刪。」

按，此校據《群書拾補》說及《通典》文，徑刪去原文二字，似未確。「正有」疑當作「正月」，形近而訛。《後漢書》卷一四《禮儀上》言耕藉事云：「正月始耕。」〔註109〕

7、《晉書》卷一九《禮上》：「乃使侍中成粲草定其儀，……公主、三夫人、九嬪、世婦、諸太妃、太夫人及縣鄉君、郡公侯特進夫人、外世婦、命婦

〔註103〕《宋書》，第385頁。
〔註104〕《晉書》，第589頁。
〔註105〕《宋書》，第353頁。
〔註106〕《春秋左傳正義》，中華書局影印《十三經注疏》本，1980年，第1911頁中欄。
〔註107〕《晉書》，第592頁。
〔註108〕《晉書》，第589頁。
〔註109〕《後漢書》，第3106頁。

　　皆步搖，衣青，各載筐鈎從蠶。」〔註110〕

　　按，《宋書》卷一四《禮志一》亦載晉成粲所定先蠶之制，「太夫人」作「公太夫人，公夫人」，〔註111〕餘皆同，疑是。考晉先蠶車服之制，《晉書》卷二四《輿服志》載：「諸王妃、公太夫人、夫人、縣鄉君、諸郡公侯特進夫人助蠶，乘皀交路安車，駕三。」〔註112〕亦有「公太夫人，夫人」，正與前引《宋志》文相符。又《宋書》卷一五《禮志五》云：「晉《先蠶儀注》，……九嬪及公夫人五鈿。」〔註113〕《晉書》卷二四《輿服志》言蠶衣之制又云：「郡公侯縣公侯太夫人，夫人銀印青綬；……公特進侯（夫人）卿校世婦，……紺繒幗。」〔註114〕兩史志文均有省，然《宋志》言及「公夫人」，《晉志》「公夫人」與「特進」、「侯夫人」並舉，殆因三者均爲非宗室者妻，正與上文郡、縣公侯妻相對。另據先蠶之制，王公顯要之妻均與祭，公官秩一品，無由獨闕。要之，此處疑誤，當以出校爲宜。

8、《晉書》卷一九《禮上》：「封人所掌社壇之無稷字，說者以爲略文，從可知也。」〔註115〕

　　《校勘記》云：「原脫『社』字，今據《周禮・地官》、《通典》四五及上文補。」

　　按，此校可商。本句出自傅咸上表，《校勘記》所云上文爲同頁「《周禮》封人掌設社壇，無稷字。」亦爲表文，語出《周禮・地官》，〔註116〕無疑義。但此處再論封人職事則未必又引《周禮》原文，傅氏此表此節主旨在論封人所掌設爲社壇並稷壇抑或如經文所云只社壇，均言「壇」事，故行文以「掌壇」統言之。《宋書》卷一四《禮志四》引此表作「封人設壇之無稷字。」〔註117〕

〔註110〕《晉書》，第590頁。

〔註111〕《宋書》，第356頁。

〔註112〕《晉書》，第764頁。

〔註113〕《宋書》，第505頁。

〔註114〕《晉書》，第774頁。筆者按，先蠶禮與祭者以女性爲主，歷代皆然，不當有公、特進及侯，竊疑『侯』字下脫去『夫人』，當作『公、特進、侯夫人；卿、校世婦』，《宋書》卷一五《禮志五》引晉《先蠶儀注》文正如此，《隋書》卷一一《禮儀志六》言梁蠶衣制，作「公、特進、列侯、卿、校、中二千石夫人」，禮制代有相沿，亦可爲旁證。

〔註115〕《晉書》，第592頁。

〔註116〕《周禮正義》，第720頁上欄。

〔註117〕《宋書》，第480頁。

《冊府元龜》卷五七四《掌禮部・奏議二》作「封人所掌壝之無稷字。」〔註118〕
俱可證。《冊府》此卷所引均為晉代奏議，則其所據《晉書》本無「社」字。

9、《晉書》卷一九《禮志上》：「故蔡謨遂著議非之，曰：『……故孔子、老聃
　　助葬於巷黨，以喪不見星而行，故日蝕而止柩，曰安知其不見星也。而邵
　　廢之，是棄聖賢之成規也。……』」〔註119〕

　　按，此為蔡謨駁劉邵元會合朔不當改日之論。《宋書》卷一四《禮志一》
引蔡謨議，「星也」下尚有「今史官言當蝕，亦安知其不蝕乎？夫子、老聃豫
行見星之防」二十三字，作「夫子、老聃豫行見星之防而邵廢之，是棄聖賢
之成規也。」〔註120〕文義較具。

10、《晉書》卷一九《禮上》：「案禮將營宮室，宗廟為先，庶人無廟，故祭於
　　寢，帝者行之，非禮甚矣。」〔註121〕

　　按，此處疑有脫文，依本志文例，凡有「案」者多為引語，《宋書》卷一
六《禮志三》作「何承天曰：『案禮，將營宮室……』」云云，〔註122〕以下俱
同，可據補。

11、《晉書》卷一九《禮上》：「元帝既即尊位，上繼武帝，於元為禰，如漢光
　　武上繼元帝故事也。」〔註123〕

　　按，「於元為禰」之「元」疑當作「禮」，涉上下文「元帝」而誤。《宋書》
卷一六《禮志三》、《通典》卷四七《吉禮六》引此句均作「禮」，〔註124〕文義
較優。

12、《晉書》卷一九《禮上》：「領司徒蔡謨議：『四府君宜改築別室，若未展
　　者，當入就太廟之室。』」〔註125〕

　　按，「展」字難解，原文疑作「遷」，音近而誤。此議後文云：「其後遷廟
之主，藏於征西之祧，祭薦不絕。」又范宣語：「宜思其變，則築一室，親未

〔註118〕周勳初等校訂，王欽若：《冊府元龜》，鳳凰出版社 2006 年版，第 6612 頁。
〔註119〕《晉書》，第 595 頁。
〔註120〕《宋書》，第 352 頁。
〔註121〕《晉書》，第 601 頁。
〔註122〕《宋書》，第 445 頁。
〔註123〕《晉書》，第 603 頁。
〔註124〕《宋書》，第 447 頁；《通典》，第 1306 頁。
〔註125〕《晉書》，第 605 頁。

盡則禘祫處宣帝之上，親盡則無緣下就子孫之列。」〔註126〕其義均謂親盡則遷入別室，親未盡之未遷主祭饗仍於太廟，則作「遷」似文義較明。

13、《晉書》卷一九《禮上》：「祠部郎中徐邈議：『……明堂方圓之制，綱領已舉。……」〔註127〕

按，「方圓」疑當作「圓方」。「圓方」謂「圓丘、方丘」，與明堂並列，非言明堂形制。《宋書》卷一六《禮志三》引徐議正作「圓方」，〔註128〕可據乙正。

14、《晉書》卷二○《禮志中》：「及李亡，詵疑制服。」〔註129〕

《校勘記》云：「《拾補》：《通典》四八『制』作『暉』，蓋詵子也，與下文『爲暉也母』相應。」

按，此校似不必出。前文云：「零陵李繁姊先適南平郡陳詵爲妻，產四子而遭賊。姊投身於賊，請活姑命，賊略將姊去。詵更娶嚴氏，生三子。繁後得姊消息，往迎還詵，詵籍注領二妻。」此言李繁姊亡，陳詵爲妻服喪當無疑問，則其所疑喪服之制必爲其子爲母之服，後文司馬王忩期之議：「爲詵也妻，則爲暉也母，暉之制服無所疑矣。」云云，均圍繞子爲生母、繼母服展開。《通典》文義固然較確，然史志因上下文語境而省，亦無歧義。

15、《晉書》卷二一《禮志下》：「江左以來，太子婚，納徵禮用玉璧一，獸皮二，未詳何所準況。或者獸取其威猛有班彩，玉以象德而有溫潤。」〔註130〕

按，兩「獸」字疑並當作「虎」，後人避唐諱改字。《宋書》卷一四《禮志一》、《冊府元龜》卷五七六《掌禮部・奏議四》並作：「有司奏：『按晉江左以來，太子婚，納徵，禮用玉一，虎皮二，未詳何所準況。或者虎取其威猛有彬炳，玉以象德而有溫潤。』」〔註131〕

16、《晉書》卷二一《禮志下》：「太元中，公主納徵以獸豹皮各一具禮，豈謂婚禮不辨王公之序，故取獸豹以尊革其事乎！」〔註132〕

〔註126〕《晉書》，第605頁。
〔註127〕《晉書》，第606頁。
〔註128〕《宋書》，第452頁。
〔註129〕《晉書》，第642頁。
〔註130〕《晉書》，第669頁。
〔註131〕《宋書》，第340頁；《冊府元龜》，第6634頁。
〔註132〕《晉書》，第670頁。

《校勘記》云：「周校：『革』當在『獸豹』下，文乃順。」

按，兩「獸豹」疑並當作「虎豹」，說見上則。又，此段文字亦見《宋書》卷一四《禮志一》博士裴昭明議：「案《周禮》，納徵，玄纁束帛儷皮。鄭玄注云：『束帛，十端也，儷，兩也。兩皮爲庭實，鹿皮也。』晉太子《納妃儀注》，以虎皮二。太元中，公主納徵，以虎豹皮各一具。豈謂婚禮不辨王公之序，故取虎豹皮以尊革其事乎？……」〔註133〕《宋志》此作「虎豹皮」者，若依周說作「虎豹皮革」，似不文。《晉志》此段文蓋源於《宋志》，而行文有省略。詳繹《宋志》文義，蓋謂因皇室尊貴，用虎豹皮爲納徵禮，以變革《周禮》士婚用鹿皮之制，文義通順，無煩校改。「禮」字據《宋志》或爲衍文。「具」作量詞可用於席狀物，《史記》卷一二九《貨殖列傳》云：「旃席千具」。〔註134〕此處「虎豹皮各一具」即虎豹皮各一之義。

17、《晉書》卷二一《禮志下》：「趙王倫篡位，三日會天泉池，誅張林。懷帝亦會天泉池，賦詩。陸機云：『天泉池南石溝引御溝水，池西積石為禊堂。』」〔註135〕

按，三「天泉池」並當作「天淵池」，後人避唐諱而改。「天淵池」自魏代即爲皇家行禊事之所，《宋書》卷一五《禮志二》云：「魏明帝天淵池南，設流杯石溝，燕群臣。」〔註136〕《南齊書》卷九《禮志上》全載《晉志》此段文，亦作「天淵池」。〔註137〕俱可證。

18、《宋書》卷一四《禮志一》：「成帝咸康二年，臨軒，遣使兼太保領軍將軍諸葛恢、……拜皇后杜氏。」〔註138〕

按，「使」下疑當有「持節」二字，此言晉成帝時事，《晉書》卷二一《禮志下》所引帝婚使諸葛恢列銜正作「遣使持節、兼太保，領軍將軍」。〔註139〕「使持節」爲官名，《晉書》卷二四《職官志》云：「使持節爲上，持節次之，假節爲下。使持節得殺兩千石以下。」〔註140〕《宋書》卷一四《禮志一》云：

〔註133〕《宋書》，第 340 頁。
〔註134〕《史記》，中華書局 1959 年版，第 3247 頁。
〔註135〕《晉書》，第 671 頁。
〔註136〕《宋書》，第 386 頁。
〔註137〕《南齊書》，第 149 頁。
〔註138〕《宋書》，第 336 頁。
〔註139〕《晉書》，第 665 頁。
〔註140〕《晉書》，第 729 頁。

「晉武帝泰始十年，將聘拜三夫人九嬪，……於是臨軒使使持節兼太常拜夫人。」〔註141〕《晉書》卷二一《禮志下》載穆帝時王彪之所制帝婚納采等六禮版文，同云：「今使使持節、太常某，宗正某」行某事云云。〔註142〕則晉代三帝婚禮同用使持節拜后，亦可證。

19、《宋書》卷一四《禮志一》：「康帝建元元年，納后褚氏。而儀注陛者不設旌頭。殿中御史奏：『今迎皇后，依昔成恭皇后入宮御物，而儀注至尊袞冕升殿，旌頭不設，求量處。又案昔迎恭皇后，唯作青龍旗，其餘皆即御物。今當臨軒遣使，而立五牛旗旛，旌頭畢罕並出。即用舊制，今闕。』」〔註143〕

《校勘記》云：「『即用舊制今闕』各本並作『即用故至今闕』，據《通典·禮典》改。」

按，此校疑未確。《晉書》卷二一《禮志下》全引此段文，末句作「旌頭畢罕並出即用，故致今闕。」〔註144〕與《宋志》諸本同，唯「至」作「致」，疑此處文字、標點均當從《晉志》。此段文述晉康帝時御史奏稱迎后儀注有疑，考《宋書》卷一四《禮志一》所記晉、宋兩代帝婚禮，均有皇帝服袞冕升太極殿，臨軒遣使之儀，升殿時「虎賁、旌頭遮列，五牛旗皆入。」〔註145〕晉康帝時御史所奏，主旨在論儀注所定皇帝升殿無旌頭儀仗之不當，即所謂「儀注至尊袞冕升殿，旌頭不設，求量處」。究其原因則在於儀注擬於遣使迎后儀衛中設「五牛旗」，「旌頭畢罕並出」迎后，如此則帝升殿時儀衛有闕。御史又引成帝迎恭后舊制，彼時迎后只用「青龍旗」，「五牛旗」、「旌頭」、「畢罕」等物均不用，故帝之儀衛有「旌頭」。可見此處「旌頭畢罕並出即用，故致今闕」實與前文「儀注陛者不設旌頭」、「儀注至尊袞冕升殿，旌頭不設」相呼應。同頁下文又有康帝詔曰：「所以正法服、升太極者，以敬其始，故備其禮也，今云何更闕所重而徹法物邪！又恭后神主入廟，先帝詔后禮宜降，不宜建五牛旗，而今猶復設之邪，既不設五牛旗，則旌頭畢罕之物易具也。」尋文義，蓋康帝亦以升殿臨軒遣使之禮為重，而否定儀注用「五牛旗」、

〔註141〕《宋書》，第341頁。
〔註142〕《晉書》，第666頁。
〔註143〕《宋書》，第337頁。
〔註144〕《晉書》，第665頁。
〔註145〕《宋書》，第341頁。

「旄頭」等儀衛於后，正與上文御史所奏相符。此處文義大體通順，字句容有譌奪（『即』疑作『既』），《宋志》作「至今」，文義已稍顯不明，《通典》作「即用舊制」文義則正相反，且與下文帝詔文之義不相呼應，殆杜氏依《宋志》文而參己意改之，故不可從。

20、《宋書》卷一四《禮志一》：「漢儀，則仲夏之月設之，有桃卯，無磔雞。……桃卯本漢所以輔，卯金又宜魏所除也。」〔註146〕

　　按，兩「桃卯」並當作「桃印」，形近而訛。《後漢書》卷一五《禮儀志中・桃印》云：「仲夏之月，萬物方盛。……以桃印長六寸，方三寸，五色書文如法，以施門戶。代以所尚爲飾。……周人木德，以桃爲更，言氣相更也。漢兼用之……」〔註147〕按，「桃印」之制，漢人追溯至周代，又攙以五行德運之說，故《後漢志》「桃印」條注、《晉書》卷一九《禮志上》並云：「桃印本漢制，所以輔卯金。魏除之也。」〔註148〕與《宋志》作「桃卯本漢所以輔」相比，文義較優。疑當據補「制」字，並改標點。

21、《宋書》卷一四《禮志一》：「漢《郊祀志》，帝郊泰畤，平旦出竹宮東向揖日，其夕西向揖月。」〔註149〕

　　《校勘記》云：「按《漢書・郊祀志》無此文。《漢書・武帝紀》注『臣瓚曰』引《漢儀注》有此文。」

　　按，《晉書》卷一九《禮志上》逕作「漢武帝郊泰畤。」〔註150〕以下文俱同，可參校。

22、《宋書》卷一四《禮志一》：「取民妻六人為蠶母。」〔註151〕

　　《晉書》卷一九《禮志上》、《通典》卷四六《吉禮五・先蠶》並作「取列侯妻六人爲蠶母。」〔註152〕《群書拾補・晉書》云：「《宋志》作取民，此避民諱，當言百姓，不當言列侯。」〔註153〕點校本晉、宋兩志此句均未出校。

〔註146〕《宋書》，第342頁。
〔註147〕《後漢書》，第3122頁。
〔註148〕《後漢書》，第3122頁；《晉書》，第600頁。
〔註149〕《宋書》，第348頁。
〔註150〕《晉書》，第586頁。
〔註151〕《宋書》，第345頁。
〔註152〕《晉書》，第590頁；《通典》，第1289頁。
〔註153〕盧文弨：《群書拾補》，《叢書集成初編》本，第265頁。

按，盧校以《宋志》作「民」爲正，並改《晉志》「列侯」爲「百姓」，疑其說未確。《宋志》此處乃述晉武帝時事，《宋書》卷一八《禮志五》記晉先蠶禮服云：「晉《先蠶儀注》，……公特進列侯夫人，卿校世婦，二千石命婦年長者，紺繒幗。」〔註154〕《晉書》卷二五《輿服志》云：「公特進侯卿校世婦，中二千石二千石夫人紺繒幗。」〔註155〕則兩志所記晉先蠶服制中均有列侯夫人。禮服據與祭者而定，《宋書》禮誌文若作「民妻」或「百姓妻」，則「列侯夫人」有祭服無掌事，於禮不合。又按，《宋志》原文上有「郡公侯夫人」，依先蠶之制，各級公侯妻畢出，亦無由獨闕「列侯夫人」。盧校所據爲校勘學致誤通例，雖有理據，終屬外證。點校本《晉志》校記不取，實爲有見。然兩史《禮志》所記同爲一事，文既不同且文義迥異，仍當於此處出校爲宜。

23、《宋書》卷一四《禮志一》：「公主、三夫人、九嬪、……各載筐鈎從。蠶桑前一日，蠶宮生蠶著簿上。」〔註156〕

按，此處標點宜作「各載筐鈎從蠶。桑前一日，蠶宮生蠶著簿上。」文義較明。先蠶禮主祭者爲皇后，公主等從祀，故曰「從蠶」。「桑前一日」之「桑」乃謂採桑行禮，主語爲祭者而非蠶，下文云：「躬桑日，……皇后東面躬桑，采三條。」中「桑」字用法正同。此段文依時間順序分述行禮前一日與行禮當日事，若依原標點則文理有欠通順。《晉書》卷一九《禮志上》亦載此儀注，作「各載筐鈎從蠶。先桑二日，蠶宮生蠶著簿上。」〔註157〕標點無誤，可參考，唯作「二日」與《宋志》異，未知孰是。

24、《宋書》卷一五《禮志二》：「駙馬都尉奉朝請徐道娛上表曰：『謹案晉博士曹弘之議，立秋御讀令，上應著緗幘，遂改用素，相承至今……』」
〔註158〕

按，「應」上疑脫去「不」，當作「上不應著緗幘，遂改用素」。《晉書》卷二五《輿服志》云：「漢儀，立秋日獵，服緗幘。及江左，哀帝從博士曹弘之等議，立秋御讀令，改用素白。」〔註159〕其義正同，可證。

〔註154〕《宋書》，第205頁。
〔註155〕《晉書》，第774頁。筆者按，「侯」字下當依《宋志》有「夫人」二字，說詳本文第七則。
〔註156〕《宋書》，第356頁。
〔註157〕《晉書》，第590頁。
〔註158〕《宋書》，第384頁。
〔註159〕《晉書》，第771頁

25、《宋書》卷一五《禮志二》:「中將軍羊祜等奏曰:『……輒敕御府易服，內省改坐，太官復膳……』」〔註160〕

　　按，「內省」疑當作「內者」，形近而誤。「內者」掌帝所用帷帳等物，《漢書》卷九七《王莽傳中》云:「予以二月建寅之節行巡守之禮，太官齋糒乾肉，內者行張坐臥。」〔註161〕《後漢書》卷十《皇后傳上·和熹鄧太后》李賢注引《漢官儀》云:「內者，主帷帳。」〔註162〕均是其證。「內省」乃指宮禁或宮中所設之官署，非專掌帷帳坐具之司。此奏為晉武帝時群臣勸帝除喪即吉所上，《晉書》卷二○《禮志中》引此奏文正作「內者改坐」。〔註163〕

26、《宋書》卷一六《禮志三》:「詔曰:『有司前奏郊祀權用魏禮。朕不慮改作之難，今使為永制。眾議紛互，遂不時定，不得以時供饗神祇……』」〔註164〕

　　按，「今」當作「令」，形近而訛。「令便為永制」乃言之前郊祀議改魏禮事，作「今」則文義難通。《晉書》卷一九《禮志上》引此詔正作「令」，〔註165〕可據改。

27、《宋書》卷一六《禮志三》:「太康十年十月，乃更詔曰:『《孝經》:「郊祀后稷以配天，宗祀文王於明堂，以配上帝」。而《周官》云:「祀天旅上帝。」又曰:「祀地旅四望。」四望非地，則明上帝不得為天也……』」〔註166〕

　　《校勘記》云:「『明』字下，各本並衍『堂』字，據《元龜》三二下刪。」

　　按，此校據類書逕改本文，似不妥。當以出校不改字為宜，且諸本作「明堂上帝」實亦通。此詔後文云:「『往者眾議除明堂五帝位，考之禮文正經不通。……其復明堂及南郊五帝位。』」所謂「往者眾議」，乃晉武帝泰始年間有論者以南郊與明堂所祀感生五帝與天帝無別，當除之。《晉書》卷一九《禮

〔註160〕《宋書》，第388、389頁。
〔註161〕《漢書》，第4233頁。
〔註162〕《後漢書》，第442頁。
〔註163〕《晉書》，第641頁。
〔註164〕《宋書》，第423頁。
〔註165〕《晉書》，第583頁。
〔註166〕《宋書》，第423頁。

《志上》云：「時群臣又議，五帝即天也，……雖名有五，其實一神。明堂南郊，宜除五帝之坐，……帝悉從之。」〔註167〕太康十年詔文主旨則在論明堂五上帝與天帝不同，故當復。此段行文均緊扣明堂，「明堂上帝」乃相對南郊上帝而言，與此詔下文「往者眾議除明堂五帝位」、「其復明堂及南郊五帝位」相呼應。且與《冊府》作「明上帝」之義同而較確，文氣亦無窒礙。《晉書》卷一九《禮志上》引此詔正作「明堂上帝」。〔註168〕

28、《宋書》卷一六《禮志三》：「太常顧和表曰：『……及中興草創，百度從簡，合北郊於一丘。』」〔註169〕

按，「北郊」疑當作「七郊」，涉上文「始建北郊」而誤。「七郊」指天地二郊與迎氣五郊，《後漢書》卷一八《祭祀志中》云：「迎時氣，五郊之兆，……兆五郊於洛陽四方。」〔註170〕卷一四《禮儀志上》云：「於是七郊禮樂三雍之義備矣。」〔註171〕可證東漢有「七郊」之禮，《晉書》卷二二《樂志上》載有武帝時傅玄作詞祭祀樂章：「《祀天地五郊夕牲歌》」、「《祀天地五郊迎送神歌》」及「《饗天地五郊歌饗》」，〔註172〕則晉初亦有「七郊」之禮。《宋書》卷一六《禮志三》云：「漢明帝據《月令》有五郊迎氣服色之禮，因採元始中故事，兆五郊於洛陽，祭其帝與神，車服各順方色。魏晉依之。江左以來，未遑修建。」〔註173〕是元帝中興江左後，東晉未及建五郊迎氣壇，然迎氣之事未必則無，《晉書》卷一九《禮志上》言元帝郊祀，「是時尚未立北郊，地祇眾神共在天郊」，〔註174〕可推知其時迎氣之祭亦當權在天壇。又，《晉書》卷一九《禮志上》、《冊府元龜》卷五七五《掌禮部・奏議五》均引顧和表，並作「七郊」，〔註175〕前言「百度從簡」，亦不合只涉北郊。《晉志》「七郊」與《宋志》此處「北郊」文義迥異，須當出校，依筆者淺見，似當作「七郊」為是。

〔註167〕《晉書》，第583頁。
〔註168〕《晉書》，第584頁。
〔註169〕《宋書》，第424頁。
〔註170〕《後漢書》，第3181頁。
〔註171〕《後漢書》，第3108頁。
〔註172〕《晉書》，第680頁。
〔註173〕《宋書》，第433頁。
〔註174〕《晉書》，第584頁。
〔註175〕《晉書》，第585頁；《冊府元龜》，第6620頁。

29、《宋書》卷一六《禮志三》：「太康十年十月，乃更詔曰……晉武帝太康三年正月，帝親郊祀。皇太子、皇弟、皇子悉侍祠，非前典也。」〔註176〕

按，此處行文順序疑有舛誤。依本志通例，武帝太康三年事當在太康十年事前，且記某帝一朝之事，帝號亦當在行文之前。《晉書》卷一九《禮志上》行文之序正先言「晉武帝太康三年」云云，再言「太康十年十月」事，〔註177〕唯少「皇弟」、「非前典也」六字。

30、《宋書》卷一六《禮志三》：「太常顧和表曰：『……魏承後漢，正月祭天，以地配，而稱周禮，三王之郊，一用夏正……』」〔註178〕

按，《晉書》卷一九《禮志上》亦引此表，作「魏承後漢，正月祭天以地配。時高堂隆等以爲禮祭天不以地配，而稱《周禮》三王之郊一用夏正。」〔註179〕文義較具。

31、《宋書》卷一六《禮志三》：「檢元嘉三年討謝晦之始，普告二郊、太廟。賊既平蕩，唯告太廟、太社，不告二郊。」〔註180〕

按，首句「太廟」下疑脫去「太社」，當作「普告二郊、太社、太廟。」據文義及下文補。

32、《宋書》卷一六《禮志三》：「有司奏：『晉時既出遇雨，顧和亦云宜更告。』」〔註181〕

《校勘記》云：「『更告』《通典・禮典》作『更擇吉日』。」

按，此校似不必出。「更告」謂郊時遇雨改日而告於宗廟，後文徐禪云：「若得遷日，應更告廟與不。」可證。《通典》引文往往有改動，既不關涉文義，無煩出校。

二、《南齊書・禮志》校議

《南齊書・禮志》是記錄南齊一代禮樂祭祀制度的重要文獻，中華書局標點本點校精審，久爲學界推重，然禮學繁難，《禮志》行文中往往記錄禮官

〔註176〕《宋書》，第424頁。
〔註177〕《晉書》，第584頁。
〔註178〕《宋書》，第424頁。
〔註179〕《晉書》，第585頁。
〔註180〕《宋書》，第426頁。
〔註181〕《宋書》，第428頁。

就某一儀節反覆辯論，這就要求校勘時除了一般的印證他書引文等方法外，更須貫通議禮者思路，以上下文互證，方能更好的考見原文面貌。點校本的工作尚存在一些可商之處，包括疑誤當出而未出、標點不當影響文義等共計十一處，均須加以訂正。

1、《南齊書》卷九《禮志上》云：「八座丞郎通關博士議。曹郎中裴昭明、儀曹郎中孔邁議：……」〔註182〕

　　點校本《校勘記》云：「按『曹郎中』三字疑有誤，或『曹』上奪一字。《元龜》五百七十七『八座丞郎通關博士議』下疊一『議』字，然有儀曹郎中而無議曹郎中；且下云儀曹郎中裴昭明、孔邁，如裴昭明亦為儀曹郎中，則當云『儀曹郎中裴昭明、孔邁』，不當在孔邁姓名上更著職位也。據《良政·裴昭明傳》但言泰始中為太學博士，歷祠部通直郎，不及歷官郎中事。」

　　按，此校考證詳明，然仍有探討之餘地。「曹郎中」疑當作「兼郎中」，「兼」、「曹」形近而訛。兼職之制，多見於史文，同卷即有「兼祠部郎何佟之」。〔註183〕尚書省分曹治事，兼任各曹郎中者可稱兼某曹郎，《梁書》卷三六《孔休源傳》云：「高祖亦素聞之，即日除兼尚書儀曹郎中。」〔註184〕卷五〇《文學下·陸雲傳》云：「召兼尚書儀曹郎，傾之即真。」〔註185〕《南齊書》卷五三《良政·虞願傳》言其仕履，「除太常丞，尚書祠部郎，通直散騎侍郎，領五郡中正，祠部郎如故。」〔註186〕《宋書》卷《禮志》云：「有司奏前兼曹郎虞願議：……」〔註187〕此處兼曹郎當即《南齊書》所云之「祠部郎」。「通直」所謂通員直之義，與兼職相近，宋、齊儀曹均屬祠部，故《裴昭明傳》記其任祠部郎與此處所言兼儀曹郎可能即為一事，或本傳言其仕履文有省略。裴氏與孔邁同屬儀曹，既已詳於孔邁之列銜，故只言裴紹明為兼郎中。

2、《南齊書》卷九《禮志上》云：「高堂隆表，二郊及明堂宗廟各一日，摰虞《新禮》議明堂南郊間三兆，禋天饗帝共日之證也。」〔註188〕

　　按，「共」字上疑脫去「不」，當作「禋天饗帝不共日之證也」。否則語意

〔註182〕《南齊書》，第118頁。
〔註183〕《南齊書》，第137頁。
〔註184〕《梁書》，第520頁。
〔註185〕《梁書》，第726頁。
〔註186〕《南齊書》，第915頁。
〔註187〕《宋書》，第431頁。
〔註188〕《南齊書》，第125頁。

正相反。此句出自陸澄奏議，永明二年（484）時群臣議定南郊、明堂行禮是否當在一日，諸人各有主張。陸澄此議開篇云：「郊宗地近，勢可共日。不共者，義在必異也。」即表明其主張郊宗之祭理當分日，以下又云：「元始五年（5）正月六日辛未，郊高皇帝以配天，二十二日丁亥，宗祀孝文於明堂配上帝。永平二年（59）正月辛未，宗祀五帝於明堂，光武皇帝配。章帝元和二年（85），巡狩岱宗，柴祭，翌日，祠五帝於明堂。」引漢代平帝、明帝、章帝時南郊、明堂行禮均不共日爲證，故云：「郊堂宜異，於例益明。」陸氏於其議之末更建議：「今明堂用日，宜依古在北郊後。」〔註189〕此均爲其主張明堂南郊之祭不當共日行事之證。引文中高堂隆之說亦同，則引虞摯《新禮》亦當爲證明郊堂不共日之說。要之，此處疑誤，須出校爲宜。

3、《南齊書》卷九《禮志上》云：「賀循《祭義》猶用魚十五頭。」〔註190〕

　　按，「《祭義》」疑當作「《祭儀》」，賀循所作言祭祀儀制之書。《通典》卷四八《吉禮七・諸侯士大夫宗廟・晉》云：「賀循《祭儀》云：『祭以首時及臘，……』」〔註191〕以下言所用祭品、儀節甚詳，疑《南齊志》所云「用魚十五頭」即出自此書。

4、《南齊書》卷九《禮志上》云：「建元四年（482）正月，詔立國學，置學生百五十人。其有位樂入者五十人。」〔註192〕

　　按，「有位樂入者五十人」，文義不明，若言生員在國學中預留有席位，則無所謂樂與不樂，疑當作「有位樂人者」，「人」、「入」形近而訛。先秦即有以學生爲典禮樂人之制，《禮記・月令》云：「仲春，……上丁，命樂正習舞，釋菜。……仲丁，又命樂正入學習樂。」〔註193〕《王制》「樂正崇四術」注云：「樂正，樂官之長，掌國子之教。」〔註194〕《投壺》云：「樂人及使者、童子皆屬主黨。」注云：「樂人，國子能爲樂者。」〔註195〕皆爲其證。漢代文獻雖未有明確記載太學生參與典禮樂舞，然似仍有跡可尋，《後漢書》卷三五《百官志二》注引盧植《禮注》云：「漢《太樂律》，卑者之子不得舞宗廟之

〔註189〕《南齊書》，第125頁。
〔註190〕《南齊書》，第134頁。
〔註191〕《通典》，第1340頁。
〔註192〕《南齊書》，第143頁。
〔註193〕《禮記正義》，第1362頁。
〔註194〕《禮記正義》，第1342頁。
〔註195〕《禮記正義》，第1667頁。

酎，除吏二千石到六百石及關內侯到五大夫子，取適子高五尺以上，年十二到三十，顏色和身體修潔者爲舞人。」〔註196〕而漢之太學最盛之時，生員中往往以官吏子弟爲多，《後漢書》卷六九《儒林傳‧序》云：「本初元年，梁太后詔曰：『大將軍下至六百石，悉遣子就學。』」〔註197〕可知當時太學生必有充作典禮樂人者，此制至南朝時尤未改。

5、《南齊書》卷九《禮志上》云：「尚書令王儉議：『中朝以來，釋菜禮廢，今之以來，釋奠而已。……方之七廟則輕，比之五禮則重。』」〔註198〕

按，「釋奠」之祭，自晉至唐，歷朝祀典均列於五禮中之吉禮，其禮固輕於宗廟，然言「比之五禮則重」，其義難明，疑「五禮」當作「五祀」，「禮」、「祀」形近而誤。禮書中所謂「五祀」之祭有二，《周禮‧春官‧大宗伯》云：「以血祭祭社稷、五祀、五嶽。」鄭注云：「此五祀者，五官之神在四郊。四時迎五行之氣於四郊，而祭五德之帝，亦食此神焉。」〔註199〕此爲祭五行之神。《禮記‧曲禮下》：「天子祭天地，祭四方，祭山川，祭五祀，歲徧。」注云：「五祀，戶、竈、中霤、門、行也。此蓋殷時制也。《祭法》曰：『天子立七祀，……』謂周制也。」〔註200〕此則爲小神之祭，等級較之廟禮相去太遠，疑王儉所云「五祀」當爲四郊迎氣之祭。

6、《南齊書》卷九《禮志上》云：「尚書令王儉議：『皇孫冠事，歷代所無，……案《士冠禮》「主人玄冠朝服，賓加其冠，贊者結纓。」鄭玄云：「主人，冠者之父兄也。」尋其言父及兄，則明祖在，父不爲主也。《大戴禮記‧公冠篇》云：「公冠自爲主，四加玄冕，以卿爲賓。」』」〔註201〕

按，「則明祖在，父不爲主也」，疑當作「則明祖在不爲主也」。「在」字下衍一「父」字。王儉此議蓋因永明五年（487），皇孫南郡王蕭昭業當行冠禮，儀注有疑而發。王儉認爲，晉宋以來「太子冠則皇帝臨軒，司徒加冠，光祿贊冠。諸王則郎中加冠，中尉贊冠」，均有成例，而南郡王爲皇帝嫡孫，其冠禮「同於儲皇則重，依於諸王則輕」，〔註202〕所以其奏議中引經據典，先

〔註196〕《後漢書》，第 3577 頁。
〔註197〕《後漢書》，第 2547 頁。
〔註198〕《南齊書》，第 144 頁。
〔註199〕《周禮注疏》，第 758 頁。
〔註200〕《禮記正義》，第 1268 頁。
〔註201〕《南齊書》，第 145 頁。
〔註202〕《南齊書》，第 146 頁。

後指出擬將皇孫冠禮同於太子及諸王之誤。《士冠禮》鄭注說以冠者之父兄爲主人，其意本甚爲明瞭，但王儉爲論證皇孫冠禮不當如太子之制，以皇帝爲主人，故云「則明祖在不爲主也」。若云「父不爲主」，不僅不合於經義，亦與王儉立論之初衷相違。《通典》卷五六《嘉禮一・皇太子冠・齊》引王儉之議，即作「則明祖在不爲主也」，〔註203〕惟點校者據《南齊志》之文又增一「不」字，實爲誤改，亦當正之。

7、《南齊書》卷九《禮志上》云：「是故中朝以來，太子冠則皇帝臨軒，司徒加冠，光祿贊冠。諸王則郎中加冠，中尉贊冠。」〔註204〕

　　按，「郎中」下疑脫一「令」字，當作「郎中令加冠」爲是。郎中令與中尉同列，皆爲國官中之重臣，《南齊書》卷一六《百官志》云：「國官，郎中令、中尉、大農爲三卿。」〔註205〕太子冠禮，加冠、贊冠之司徒、光祿，爲三公九卿之屬。諸王冠禮，所用亦當爲王國高官，郎中僅爲郎中令之下屬，實不當與三卿中之中尉同預冠禮。此處行文有違於典禮常例，當以出校爲宜。

8、《南齊書》卷十《禮志下》云：「賀循云：『從墓之墓皆設奠，如將葬廟朝之禮。』」〔註206〕

　　按，「廟朝」二字疑誤倒，當作「朝廟」爲是。「朝廟」指夕哭之後，死者下葬之前，尚須移尸至宗廟行告廟之禮。其儀制，《儀禮・既夕禮》所記甚詳，《既夕禮》云：「遷於祖，用軸。」鄭注云：「遷，徙也。遷於祖，朝祖廟也。」〔註207〕即爲「朝廟」之義，若作「廟朝」則不文。《通典》卷一○二《凶禮・改葬返虞議》亦引賀循之議，正作「朝廟」，〔註208〕可據乙正。

9、《南齊書》卷十《禮志下》云：「賀循云：『既窆，設奠於墓，以終其事。』雖非正虞，亦粗相似。」〔註209〕

　　按，此處標點有疑，「雖非正虞，亦粗相似」亦當爲賀循之語，標點宜作

〔註203〕《通典》，第 1577 頁。
〔註204〕《南齊書》，第 146 頁。
〔註205〕《南齊書》，第 330 頁。
〔註206〕《南齊書》，第 157 頁。
〔註207〕《儀禮注疏》，中華書局影印《十三經注疏》本，1980 年，第 1147 頁。
〔註208〕《通典》，第 2685 頁。
〔註209〕《南齊書》，第 157 頁。

「賀循云：『既窆，設奠於墓，以終其事，雖非正虞，亦粗相似。』」《通典》卷一〇二《凶禮・改葬返虞議》云：「循答曰：『既設奠於墓，所以終其事。必爾者，雖非正虞，亦似虞之一隅也。但不得如常虞還祭殯宮耳。』」〔註210〕《通典》文雖小有不同，然其中「雖非正虞，亦似虞之一隅也」正與《南齊志》所謂「雖非正虞，亦粗相似」同義，均為賀循之議。此外《通典》云「既設奠於墓」，而《南齊志》文作「既窆，設奠於墓」，多一「窆」，言設奠在下葬之後，與下文「所以終其事」呼應，實較《通典》為優。

10、《南齊書》卷十《禮志下》云：「皇太子穆妃服，尚書左丞兼著作郎王逡問左僕射王儉⋯⋯」〔註211〕

按，「王逡」下疑脫去一「之」字，當作「王逡之」為是。今見南齊史料中並無名「王逡」者，《南齊書》卷五二《文學・王逡之傳》云：「逡之少禮學博聞。⋯⋯昇明末，右僕射王儉重儒術，逡之以著作郎兼尚書左丞，參定齊國儀禮。初，儉撰《古今喪服集記》，逡之難儉十一條。」〔註212〕《文學傳》之「王逡之」，歷官及與王儉議喪服之制，均與《禮志》所記合，二者當即一人。

11、《南齊書》卷十《禮志下》云：「建元三年（481），太子穆妃薨，南郡王聞喜公國臣疑制君母服。儉又議：『⋯⋯今皇孫自是藩國之王公，太子穆妃是天朝之嫡婦。宮臣得申小君之禮，國官豈敢為夫人之敬。當單衣白袷素帶哭於中門外，每臨輒入，與宮官同。』」〔註213〕

按，「國官豈敢」下疑脫去「不」字，當作「國官豈敢不為夫人之敬」為是。王儉此議，蓋謂國官、宮臣均當為太子妃之喪行禮，故下文云：「（國官）當單衣白袷素帶哭於中門外，每臨輒入，與宮官同。」若作「豈敢為夫人之敬」，文義則正相反，此處必有訛誤，須當出校。

〔註210〕《通典》，第 2685 頁。
〔註211〕《南齊書》，第 161 頁。
〔註212〕《南齊書》，第 902 頁。
〔註213〕《南齊書》，第 162 頁。

第三章 以故事學爲背景的
中古儀注學

第一節 故事學概念的展開：故事與虛言

　　排除之前所舉含義相對寬泛（如「衛公故事」、「山川險易故事」）及年代較爲久遠（如「堯舜故事」、「三代故事」）兩種，本文所關注的「故事」主要是年代較近且與現實禮法制度因革關係密切的各類故事。無論作爲事實還是某種法律條文，這些故事的抽象程度都與一般理解的規律與法律有著相當的區別，然而正是這些看似瑣碎的「故事」規範並影響著中古士人的日常生活。與我們一般設想不同的是，中古的知識精英們對類似故事並非不屑一顧，相反卻投入了相當的熱情與精力。以下筆者準備結合唐人李翱《勸河南尹復故事書》一文，對中古流行的「復故事爲新政」式制度改革觀念加以分析，茲錄全文如下：

> 　　某道無可重，每爲閣下所引納，又不隔卑賤，時訪其第，故竊意閣下或以翱爲有所知也，情苟有未安，不宜以默，故詳之以辭。
>
> 　　河南府版榜縣於食堂北梁，每年寫黃紙，號曰黃卷。其一條曰：「司錄入院，諸官於堂上序立，司錄揖，然後坐。」河南大府，入聖唐來二百年，前人制條，相傳歲久，苟無甚弊，則輕改之不如守故事之爲當也。八九年來，司錄使判司立東廊下，司錄於西廊下得揖，然後就食，而板條黃卷則如故文焉。大凡庸人居上者以有權令

陵下，處下者以姑息取容，勢使然也。前年翱爲戶曹，恐不知故事，舉手觸罰，因取黃卷詳之，乃相見之儀，與故事都異，至某知廚黃卷，爲狀白於前尹，判榜食堂。時被林司錄入讒，盛詞相毀，前尹拒之甚久，而竟從其請。翱以爲本不作，作則勿休，且執故事爭而不得，於本道無傷也，遂入辯焉，白前尹曰：「中丞何輕改黃卷二百年之舊禮，而重違一司錄之徇情自用乎？」前尹曰：「此事在黃卷否？」翱對曰：「所過狀若不引黃卷故事，是罔中丞也，其何敢？」

前尹因取黃卷簡條省之，使人以黃卷示司錄。曰：「黃卷是故事，豈得責人執守？」當司錄所過狀注判云：「黃卷有條，即爲故事，依榜。」當時論者善前尹之所能復故事焉。自後翱爲司錄所毀，無所不言，前尹相告曰：「公以守官直道糾曹，所傷乃至激橫，過朝官於某處揖公，見公公事獨立，且又知毀之所來，故塞耳不聽。」翱慮前尹遷改，來者不知爲誰，終獲戾，故後數十日，以軟腳乞將去官。不五六日，亦幸有敕除替人，因以罷免。

前日閣下偶說及此，云近者緣陸司錄之故，卻使復兩廊相見之儀。此義蓋惑閣下聽者，必曰京兆府之儀如此，閣下從事京兆府，習其故而信之焉爾。夫事有同而宜異者，京兆府司錄上堂自東門北入，故東西廊相見，得所宜也；河南司錄上堂於側門東入，直抵食堂西門，故舊禮於堂上位立，得所宜矣，若卻折向南，是司錄之欲自崇，而卑眾官，非所宜也。此事同而宜異者耳，假令司錄上堂，由南門北入，河南府二百年舊禮，自可守行，亦不當引京兆府之儀而改之也。況又自側門東入者耶。河南尹大官也，居之歲久不爲滯，且如故門下鄭相公之德，而居之六年，閣下之爲河南尹亦近。何知未歸朝廷間，亦有賢者未得其所，或來爲曹掾者耶？安可棄舊禮使之立於東廊下，夏則爲暑日之所熾曝，冬則爲風雪之所飄灑，無乃使論者以閣下爲待一司錄過厚，而不爲將來賢者之謀耶？且此事某前年辯之，因而獲勝，閣下前日亦自言某不知有側門故也。且閣下曹掾，非爲不多，乃無一人執舊禮以堅辯焉，此亦可歎也。夫聖人然後能免小過，竊恐閣下於此事，思慮或有所未至，而官屬等唯唯走退，莫能進言，則誰與閣下爲水火酸鹹少相承者。以大府而苟以自尊者，寡見細人之所行耳，盧司錄性甚公方，未必樂此，閣下召

問之可也。伏望不輕改二百年之舊禮，重惜一時之所未達。意盡詞直，無以越職出位言爲罪，幸甚。某再拜。〔註1〕

按，李翱爲唐代著名思想家、史學家，此文則是其在河南府任職時就司錄參軍入見之儀所發之議論，其中與故事之學相關，可留意者有如下數點：

首先，「黃卷故事」的形成。據引文，河南府抄錄於黃紙之故事來源於歷年所頒行之公文、文告，即版榜。之前緒論章已言及，此類公文、文告都就某些極爲具體的事件而發，或就某次上書奏事而形成批覆，與律令形式中抽象程度較高的「法」、「律」有著明顯的區別。而這種將具體事例、案例抄錄纂集的做法其實在中古行政系統的較高層面上也是頗爲流行的，例如前文所引高宗《定刑政詔》、德宗《征行用故事詔》等均爲顯例。而尤其值得關注的是，此類行用故事彙集而成的條文，無論是國家級別的「令」、還是地方行政機構中的「黃卷」均具備相當的法律效力。〔註2〕

其次，文中所見諸官吏對黃卷故事的尊崇，以及對「復故事」的引以爲榮也頗爲明顯。緒論引韓愈入御史院，即有小吏呈「故事」數十條以備研習之例。又，《唐會要・御史臺》云：「十九年十二月，監察御史崔蕙笞四十，配流崖州。初，建中元年，敕京城諸軍諸使及府縣，季終命御史分曹巡按繫囚，省其冤濫以聞。近年以北軍職在禁密，但移牒而已，御史未嘗至。蕙在官近，不諳故事。至右神策軍云：『奉制巡按。』軍使等以爲持有制命，頗驚愕。軍中遽奏之，上發怒，故有此命。」〔註3〕此則爲不知故事而得罪者。而李翱文中之參軍將京兆府所行之禮移植至河南府行用，也是以「復故事」爲名義。

最後，對於不同故事的辨析。相比律、令、格、式等有明文可據者，故事的來源顯得較爲複雜，既有抄錄事例而成的故事，又有大量實爲通悉典故、舊事的士人學者據行事提煉而成，而並不局限於書面的記錄。前引《晉書・刑法志》、太宗《議定刑政詔》可見，中古歷代爲了避免律令討論過程中，參

〔註1〕　《李文公集》，第278頁。
〔註2〕　前引中村氏所論中古諸種法令形式其效力據抽象程度遞減，其說不爲無據，但結合故事與律令格式形成的關係來看，情況還相當的複雜。前引杜甫有詩云：「黃卷眞如律。」筆者已指出其中黃卷並非如以前注者所云爲詩書典籍，當係幕府中抄錄公文、案卷而成，與河南府之黃卷類似。言黃卷如律，則恰恰道出此種記錄故事的文卷對一般士人的約束力。
〔註3〕　《唐會要》卷五五，第347頁。

與者拘泥具體事例，「只以情言」的情況，均規定了對法令的質疑要以「經義故事」、「前比故事」等「故實」爲據。這也暗示我們，中古時期的故事的確是介於高度抽象的法與一般事實間的形態。更爲重要的是，正是故事這種融合「事與理」、「事與文」的存在溝通了成文法與慣例。

而無論是以故事來駁斥行用成文法令，抑或如引文所示各方就不同故事間的駁議，均涉及到故事學的依據問題。也就是說同樣作爲通行於某種場合的故事，究竟哪一種才擁有更「合法」的效力？李翶文中提出的一個重要原則是「事有同而宜異者」，從某種意義上看，這一說法似乎太過拘泥於已形成的事實而缺乏抽象性。畢竟，如果每個行政機構均依據其積纍的慣例行事，對王朝政治來說，無論從集權統一還是行政效率，都有很大的負面影響。但是正如「禮」這種行爲規範是基於對多種階層性、地方性、時代性「禮俗」的擇從、提煉，而形成的某種具有超越性、抽象性（儘管仍是具體的）的行爲法則。歷代故事同樣經歷著學者的篩選，儘管這種選擇背後的依據已經不是經禮、聖人之言，但其背後類似禮義的因素仍然起著作用。這一因素就是基於荀學「性惡」說而來的對故事中涉及人性因素的負面預設，就引文來看河南府、京兆府相見禮均無相關經禮爲依據，又同樣行用依舊，均堪稱故事，李翶論點的關鍵之處除了本府故事不能輕改外，更重要的還有對「大凡庸人居上者以有權令陵下，處下者以姑息取容，勢使然也」的所謂「人情」的判斷。下文我們將進一步考察中古學者對相矛盾故事的辯駁，以及其中禮義因素的參與。試看以下兩例：

《舊唐書》卷九六《宋璟傳》云：「開府儀同三司王晈卒，及將築墳，晈子駙馬都尉守一請同昭成皇后父竇孝諶故事，其墳高五丈一尺。璟及蘇頲請一依禮式，上初從之。翌日，又令準孝諶舊例。璟等上言曰：『……在外或云竇太尉墳甚高，取則不遠者。縱令往日無極言，其事偶行，令出一時，故非常式。又貞觀中文德皇后嫁所生女長樂公主，奏請儀注加於長公主，魏徵諫云：「皇帝之姑姊爲長公主，皇帝之女爲公主，既有長字，合高於公主。若加於長公主，事甚不可。」引漢明故事云：「群臣欲封皇子爲王，帝曰：『朕子豈敢與先帝子等。』」時太宗嘉納之。……況令之所載，預作紀綱，情既無窮，故爲之制度，不因人以搖動，不變法以愛憎。頃謂金科玉條，蓋以此也。比來蕃夷等輩及城市閒人，遞以奢靡相高，不將禮儀爲意。』」〔註4〕

〔註4〕《舊唐書》，第3033～3034頁。

　　《舊唐書》卷一四八《李吉甫傳》云:「京兆尹元義方奏:『永昌公主準禮令起祠堂,請其制度。』初,貞元中,義陽、義章二公主咸於墓所造祠堂一百二十間,費錢數萬;及永昌之制,上令義方減舊制之半。吉甫奏曰:『伏以永昌公主,稚年夭枉,舉代同悲,況於聖情,固所鍾念。然陛下猶減制造之半,示折衷之規,昭儉訓人,實越今古。臣以祠堂之設,禮典無文,德宗皇帝恩出一時,事因習俗,當時人間不無竊議。昔漢章帝時,欲爲光武原陵、明帝顯節陵,各起邑屋,東平王蒼上疏言其不可。東平王即光武之愛子,明帝之愛弟。賢王之心,豈惜費於父兄哉!誠以非禮之事,人君所當愼也。今者,依義陽公主起祠堂,臣恐不如量置墓戶,以充守奉。』翌日,上謂吉甫曰:『卿昨所奏罷祠堂事,深愜朕心。朕初疑其冗費,緣未知故實,是以量減。覽卿所陳,方知無據。然朕不欲破二十戶百姓,當揀官戶委之。』吉甫拜賀。」〔註5〕

　　按,以上兩例均涉及故事與行用禮令的矛盾,而經禮官、學者辯說,其結果卻頗有不同。前例中,「昭成皇后父竇孝諶」已行用儀注被稱爲故事,卻遭到宋璟爲首的一干禮官的反對,理由是「其事偶行,令出一時,故非常式」,類似的理由已見於前文所引諸例,主要是強調舊例須具備「沿革」方面的依據方可稱爲故事(尤其是故實)。〔註6〕而用以反駁一時之事的主要論據包括被稱爲「金科玉條」的「禮式」,這似乎顯示了在涉及某些變禮疑議問題時,成文令式較之故事先例的優先性。但在後一例中,又可以觀察到幾乎完全相反的情況。義陽公主所欲用之祠堂制度,顯然已經德宗欽定,撰爲禮令,頒行後世。然李吉甫引漢東平王故實加以辯說,最終獲得憲宗首肯。在此,某些故實的權威性似乎又凌駕於禮令之上。

　　本文之前已經指出,中古時期「故事」這一概念包含著事實與規律,亦即經驗思維與理性思維兩種對立的因素。而就游離於成文的律、令、格、式之外,並作爲其形成資源的種種故事而言,這種對立又經常呈現爲「事與理」、「事與文」之間的衝突與轉換。如上引兩例已可以看出,「故事」背景中類似的衝突其實並不拘於成文與否這種形式上的區別,如果將故事視爲一系列帶

〔註5〕　《舊唐書》,第3994～3995頁。

〔註6〕　如前引《晉書·禮志上》何承天論山陵用明器舊例,認爲「此太妃周己之情」,無「經傳前比」可據,故不可引爲故事。又如,同卷朱膺之議鴻祀事,以爲此禮《尚書》「惟論其事,不載儀注,又無行用者」,則是將歷代行禮所用儀注作爲沿革的依據,以衡量故事是否可行。

有規則意味的「事實」的集合。那麼我們可以觀察到，其中既包括行用已久，具有可考察沿革的故事，又有大量事出於一時，而未曾沿用的舊事、舊例。〔註7〕對於這一類故事，中古參與典章制度討論的學者往往會加以駁斥。在某種意義上，不具備沿革的故事、先例如同一些「有事無儀」的古禮很難為後世遵用一樣，〔註8〕並不能被視為真正的「故實」，而更接近「循虛言而忘故事」中的「虛言」概念。在此，「事與文」觀念的對立並不是完全依據故事是否成文而定。

　　而在另一些用例中可以觀察到，故事本身亦可以即為某種成文的儀注或法令。〔註9〕而依照由接近事實再到抽象程度較高來大致排序，法令形式中詔敕、格、令、式及律的效力並非如某些研究者指出的，因其穩定性及抽象程度下降而遞減。〔註10〕《唐會要》卷三五《褒崇先聖（先師以下附）》載長孫無忌之議云：「今新禮及令，無祭先代帝王之文，今請聿遵故實，修附禮令，……又準貞觀二十一年詔，亦以孔子為先聖，更以左邱明等二十二人。與顏回俱配尼父於太學，並為先師。今據永徽令文，改用周公為先聖，遂黜孔子為先師，顏回、邱明並為從祀。謹按《禮記》云：『凡學，春官釋奠於其先師。』鄭元注云：『官謂詩書禮樂之官也，先師者，若漢禮有高堂生，樂有制氏，詩有毛公，書有伏生，可以為師者。』又《禮記》云：『始立學，釋奠於先聖。』鄭元注云：『若周公、孔子也。』據禮為定，昭然自別。聖

〔註7〕　《唐會要》卷一八《緣廟裁制下》云：「故事：將祔禮，先告於廟庭。跪奉入室曰：『以今吉辰，某皇帝神主祔謁。』遂奉神主詣第七室祔享，而不再告。享畢，祔於第九室。設安神之幕而韜之。然則（筆者按，據上下文義，此處當脫去一「不」字）告太廟者，以孫祔於祖，尊不得伸也。是時憲宗神主升祔，宰臣不詳舊典，令有司再告祔禮於太極殿。禮官執議不聽。」按，引文中所記故事，又見《通典》卷九五所錄《大唐元陵儀注》。「某皇帝」者，《儀注》作「代宗」。可見《會要》所云實乃據元陵所行用之儀注加以抽象而成「故事」，進而被視為後世當遵用之禮。此例所見，正是由一次性的故事儀注上陞為更加規律性故事的過程。
〔註8〕　又如《魏書》卷一三《宣武靈皇后傳》云：「太后以肅宗沖幼，未堪親祭，欲傍《周禮》夫人與君交獻之義，代行祭禮，訪尋故式。門下召禮官、博士議，以為不可。而太后欲以幃幔自鄣，觀三公行事，重問侍中崔光。光便據漢和熹鄧后薦祭故事，太后大悅，遂攝行初祀。」按，《周禮》中君、夫人交獻本有明文，然後世並無沿革可據，故禮官、博士均以為不可，惟崔光迎合靈后，舉後漢故事，其事方行。
〔註9〕　如緒論中所引《晉書・刑法志》例，故事實指行用詔書。
〔註10〕　參看《中古時代律令法》第二節，第11頁。

則因天合德，師則偏善一經。漢魏已來，取捨各異。顏回、夫子，互作先師；宣父、周公，迭爲先聖。求其節文，遞有得失。所以貞觀之末，親降綸言，依《禮記》之明文，酌康成之奧說，正夫子爲先聖，加眾儒爲先師，永垂制於後昆，革往代之紕謬。而今新令不詳制旨，輒事刊改，遂違明詔。……又且邱明之徒，見行其學，貶爲從祀，亦無故事。今請改令從詔，於義爲允。其周公仍依別禮，配享武王。」〔註11〕按，此例中藉以修訂禮令者，除歷代沿革及禮義考證外，主要以貞觀二十一年行用詔書爲據。所謂「改令從詔」，尤可見如詔書等就一事而寫定之文，因其接近事實層面，而對更爲抽象的禮令之類有據正之效力。

由此可見，中古故事學之要義仍在如「循虛言而忘故事」之類的事關典章疑議辯難中，以「故事」爲反對「虛言」。在此，「虛言」的概念不僅僅指議禮法制度者拘泥令典所記而不考時變，更有對於某些缺少沿革或儀注支持的所行故事的摒棄。中唐名相陸贄於其《論朝官闕員及刺史等改轉倫序狀》中列舉朝政之弊七則，而故事擇從之失誤亦在其列，其文云：「臣每於中夜，竊自深惟，朝之乏人，其患有七：不澄源而防末流，一也；不考實而務博訪二也；求精太過，三也；嫉惡太甚，四也；程試乖方，五也；取舍違理，六也；循故事而不擇可否，七也。……今之議者多曰：『內外庶官，久於其任。』又曰：『官無其任則闕之。』是皆誦老生之常談，而不推時變；守舊典之糟粕，而不本事情。徒眩聰明，以撓理化。古者人風既樸，官號未多，但別愚賢，匪論資序。不責人以朝夕之效，不計事於尺寸之差，……雖久於任，復何病哉！漢制：部刺史秩六百石，郡守秩二千石。刺史高第者即遷爲郡守，郡守高第者即入爲九卿，從九卿即遷爲亞相、相國。是乃從六百石史而至臺輔其間所歷者三四轉耳。久在其任，亦未失宜。近代建官漸多，列級逾密，今縣邑有七等之異，州府有九等之差，……若依唐虞故事，咸以九載爲期，是宜高位常苦於乏人，下僚每嗟於白首。三代爲理，損益不同，豈必樂於變易哉？蓋時勢有不得已也。……行罰欲速，而進官欲遲，以此爲稽古之方，是猶卻行而求及前人也。頃者臣因奏事，論及內外序遷，陛下乃言：『舊例居官歲月皆久，朕外祖曾作秘書少監，一任經十餘年。』董晉將順睿情，遂奏云：『臣於大曆中，曾任祠部、司勳二郎中，各經六考。』陛下之意，頗爲宜然。以臣愚拙，實有偏見。凡徵舊例，須辨是非，是者不必渝，非者不必守，況於

<hr>

〔註11〕《唐會要》，第 155 頁。

舊例之內，是有舛駁之異哉！先聖之初，權臣用事，其於除授，類多徇情，有一月屢遷，有積年不轉。迨至中歲，君臣構嫌，姑務優柔，百事凝滯，其於選授，尤所艱難。始以頗僻失平，繼以疑阻成否，至使彝倫闕敘，庶位多淹，是皆可懲，易足為法？……故得殊才不滯，庶品有倫，參酌古今，此為中道。……議者昧於明徵，但曰官無其人則闕，得非守舊典之糟粕，而不本事情者乎！今內外群官，考深合轉，陛下或言其已有次第，須且借留，或謂其未著功勞，何用數改。是乃循默者既以無聞而不進，著課者又有成績而見淹，雖能否或差，而沉滯無異。人之從宦，積小成高，至於內列朝行，外登郡守，其於更歷，多已長年。孜孜慎修，計日思進，而又淹逾考限，亟易星霜，顧懷生涯，能不興歎？殊異登延之義，且乖勸勵之方。夫長吏數遷，固非理道，居官過久，亦有弊生。何者？時俗長情，樂新厭舊，有始卒者，其唯聖人；降及中才，罕能無變，基始也砥礪之心必切，其久也因循之意必萌。加以盈無不虧，張無不弛，天地神化，且難常全，人之所為，安得皆當？……此所謂循故事而不擇可否之患也。」〔註12〕按，中古議官吏遷轉遲速者，往往據唐虞故事為說，以為久於其任則朝政自理。〔註13〕陸贄此議卻與眾不同，並指董晉所舉舊例「不本事情」、「不推時變」之失。其又能洞察人情，指出「時俗長情，樂新厭舊，有始卒者，其唯聖人；降及中才，罕能無變，基始也砥礪之心必切，其久也因循之意必萌。」而不是簡單因循前代舊事，此例中陸氏對故事內涵確實可以代表整個中古故事儀注之學的最高水平。

下一節中，本文擬將研究視野推進到儀注修撰及禮官系統領域，通過對齊梁兩代遞修而成的大型禮書——《五禮儀注》成書及相關問題的研究來考察故事、儀注之學之於中古禮制建設的重要意義。

第二節　齊梁《五禮儀注》考

南齊永明年間設禮局、置學士，開撰《五禮儀注》，以定一代之禮。歷十餘年而其書未成。梁武開國之初沿用齊禮局之制，更訪禮學名家為五禮學士，仍修《五禮儀注》，天監十一年書成獻上，又以十餘年繕寫校定，普通五年方始告成。五禮共計千餘卷，卷帙之浩博，在我國古代禮書修撰史上頗

〔註12〕《陸贄集》卷二一，中華書局，2004 年版，第 699～711 頁。
〔註13〕類似論說可見《晉書》卷七五《王彪之傳》，第 478 頁。《魏書》卷七三《李沖傳》，第 501 頁。

爲罕見。而齊、梁兩代名儒、學者多預其事，言禮制之書，儀注之體較說經之文切於實用，因而更能反映當時行用儀制，故稱此書爲南朝禮樂制度之淵藪，實非過譽。然是書經太清之亂，毀去大半，至隋時已不足百卷，故歷代學者均未加重視〔註14〕。今不揆謭陋，撰文考之，凡修撰之始末、所關涉之人物事跡、禮局學士制度，及其於齊、梁兩代乃至後世禮制建設之意義，均在論述之列。

一、修撰始末

　　齊、梁置禮局修撰《五禮儀注》之始末，以《梁書》卷二五《徐勉傳》所載徐勉普通六年《上五禮表》（以下簡稱《上表》）所言最詳〔註15〕。今以徐氏此表所記爲主，以其它材料補充辯證。列《上表》中相關部分如下：

　　1、伏尋所定五禮，起齊永明三年，太子步兵校尉伏曼容表求制一代禮
　　　樂，於是參議置新舊學士十人，止修五禮。

　　伏曼容，《梁書》卷四八《儒林·伏曼容傳》云：「少篤學，善《老》、《易》，倜儻好大言……宋明帝好《周易》……詔曼容執經。齊初，爲通直散騎侍郎……衛將軍王儉深相交好，令與河內司馬憲、吳郡陸澄共撰《喪服義》，既成，又欲與之定禮樂。會儉薨……梁臺建，以曼容舊儒，召拜司馬，出爲臨海太守。天監元年卒官，時年八十二。」〔註16〕

　　《南史》卷七一《儒林·伏曼容傳》云：「齊建元中，上書勸封禪，高帝

〔註14〕　姚振宗《隋書經籍志考證》（《師石山房叢書》，上海開明書店，1936年版）卷一八史部儀注類相關部分對齊、梁修五禮事始末有所考證，然尚有未備。且其書限於體例，未涉及禮局制度等方面。陳寅恪先生《隋唐制度淵源略論稿》（三聯書店，2001年版），禮儀章爲全書之重點，其中隋唐禮三源之說亦久爲學界所知，然其論及梁、陳之源，忽略了齊、梁兩代《五禮儀注》的影響。梁滿倉先生《魏晉南北朝五禮制度研究》（社會科學文獻出版社，2009年版）側重儀制研究，對齊、梁《五禮儀注》成書過程亦未詳考。

〔註15〕　《梁書》，第379頁。

〔註16〕　《梁書》，第662頁。《梁書》、《南史》均不言曼容曾爲「太子步兵校尉」，前注引《南齊書·禮志》記其永明二年上表時爲「步兵校尉」。《南齊書》卷一一《樂志》云：「永明二年，太子步兵校尉伏曼容上表。」卷一七《輿服志》云：「永明初，太子步兵校尉伏曼容議。」均與《上表》同。案，《梁書》卷四八《儒林·伏曼容傳》云：「永明初爲太子率更令，侍皇太子講。」太子步兵校尉爲太子禁衛官，與率更令同爲東宮官屬，則《上表》所言近是，《南齊志》爲省文。

以爲其禮難備，不從。」又云：「曼容多伎術，善音律、射御、風角。」〔註17〕

按，曼容歷仕三代，可謂南朝名儒。觀其爲齊代禮制，多有建議。高帝時建言封禪，即是其證〔註18〕。然南齊立國之初，議定禮儀尚有早於伏曼容者。《南齊書》卷二八《劉善明傳》云：「又諫立學校，制齊禮⋯⋯上又答曰：『更撰新禮，或非易制，國學之美，已敕公卿。』」〔註19〕知建元中，劉善明亦曾建言制齊禮，惟高帝於制禮事較爲愼重，二人之議均未准予〔註20〕。

《上表》記伏氏表求制禮在永明三年，《南齊書》卷九《禮志上》云：「永明二年，步兵校尉伏曼容表定禮樂，於是詔王儉制定新禮，立治禮樂學士及職局，舊學四人、新學六人、正書令史各一人、軶一人，秘書省差能書子弟二人，因集前代，撰治五禮，吉、凶、賓、軍、嘉也。文多不載。」〔註21〕《南齊書》卷一一《樂志》云：「永明二年，步兵校尉伏曼容上表，宜集英儒，刪纂雅樂，詔付外詳，竟不行。」〔註22〕則上表事似當在永明二年，當時曼容又議刪纂雅樂，其議不行，故表文云「止修五禮」〔註23〕。此外，下詔及五禮具體開撰時間是否同在永明二年，仍須考證，詳下文。

詔書既下，治禮樂學士、令史、書手等員畢備。然其時是否已有專門修禮機構，即禮局之制，尚有疑問。《禮志》所言「立治禮樂學士及職局」，「職局」據周一良先生考證，「非機構名稱，而是官名⋯⋯乃爲低級侍衛人員。」〔註24〕可知其時雖屬員已備，卻似仍無禮局之名。

〔註17〕《南史》，中華書局，1975年，第1731頁。

〔註18〕曼容議禮事跡，可考見者尚有：《通典》卷六四《嘉禮九》記其永明初議車制，中華書局，1988年版，第1791頁。《南齊書》卷一七《輿服志》又記其議據五行德運之說改定車旗之色，其議不行。

〔註19〕《南齊書》，第526頁。

〔註20〕《南齊書》卷五二《文學・王逡之傳》云：「少禮學博聞⋯⋯昇明中，右僕射王儉重儒學，逡之以著作郎兼尚書左丞，參定齊國禮儀。初，儉撰《古今喪服集記》，逡之難儉十一條。」此爲受禪前之議禮事。

〔註21〕《南齊書》，第117頁。

〔註22〕《南齊書》，第169頁。

〔註23〕《禮志》云：「立治禮樂學士。」似與此矛盾，或禮樂連言，並無深意。

〔註24〕參見《魏晉南北朝史箚記》，中華書局，1985年，第433頁。案，除周書所考之外，「職局」（或單云局）似有「建置、職掌」之義，《冊府元龜》卷四五七《臺省部・總序》云：「又有中書監令、侍郎、舍人；又有諫議大夫，而職局所治，本志不載。」第5317頁。《宋書》卷八四《孔覬傳》載其《辭荊州安西府記室箋》曰：「記室之局，實惟華要，自非文行秀敏，莫或居之。」皆可證。詳繹《禮志》文，職局若爲低級侍衛，似不當列在學士、令史之前。《南

又案，伏曼容以禮學名家又與王儉友善。參議制禮，雖非首倡，然《五禮儀注》之開撰終始於其議。而史籍只云王儉「欲與之定禮樂」，未明記其預修五禮，頗爲可疑。今考，《梁書》本傳云其受王儉之命與司馬憲、陸澄共撰《喪服義》，《南齊書》卷二三《王儉傳》云：「少作《古今喪服集記》。」二者殆非一書〔註25〕。《陳書》卷一六《劉師知傳》記陳高祖崩後，師知議靈坐夾御者衣服吉凶之制云：「王文憲《喪服明記》云：『官品第三，侍靈人二十。官品第四，侍靈之數，並達士禮，並有十人。』」後又云：「江德藻又議云：『……劉舍人引王衛軍《喪儀》及檢梁昭明故事，此明據已審。』」〔註26〕竊疑劉師知所引《喪服明記》，依官品定制，明非專論喪服、考經之書，而頗似儀注文體，或即伏氏等人所撰之《喪服義》〔註27〕，此書當爲《五禮儀注》中喪禮部分，因王儉爲主修之人故題其名。如此則伏曼容等三人均曾參加《五禮儀注》修撰〔註28〕。其子伏暅在梁時總知修五禮事，詳後。

2、咨稟衛將軍、丹陽尹王儉，學士亦分住郡中，製作歷年，尤未克就。

《南齊書》卷二三《王儉傳》云：「時大典將行，儉爲佐命，禮儀詔冊，皆出於儉。齊臺建，遷右僕射，領吏部，時年二十八……永明元年，進號衛將軍……二年，領國子祭酒、丹陽尹，本官如故。三年，領國子祭酒。」〔註29〕又云：「儉長禮學，諳究朝儀，每博議，證引先儒，罕有其例。八座丞郎，無能異者……少撰《古今喪服集記》。」〔註30〕

齊書》卷一六《百官志》記總明觀建置云：「玄、儒、文、史四科，科置學士各十人。正令史、書令史二人，軱一人，門吏一人，典觀吏二人。」門吏、典觀吏職責與職局相似，以此例之，原文或作「立治禮樂學士，職局：舊學四人、新學六人」。然無相關異文可證，存之以待考。

〔註25〕　《南齊書》，第 438 頁。又，《南齊書》卷五二《文學·王逡之傳》云：「初，儉撰《古今喪服集記》，逡之難儉十一條。」知是書成書較早。

〔註26〕　《陳書》，第 229 頁。

〔註27〕　「義」或爲「儀」之誤，故江德藻稱之爲《喪儀》。

〔註28〕　三人是否亦嘗爲治禮樂學士，難以詳考。至於《喪服義》（或即《喪服明記》）一書，即便不是王儉掌修《五禮儀注》中一篇，亦當與治禮事有密切關係。齊、梁兩代主持修禮者多分撰喪禮，詳後文。

〔註29〕　《南齊書》，第 434 頁。《文選》卷四六任昉《王文憲集序》云：「二年，以本官領丹陽尹……國學初興……復以本官領國子祭酒。三年，解丹陽尹……餘悉如故。」上海古籍出版社，1986 年，第 2077 頁。案，南齊國子學建元四年因國諱廢，至永明三年復立。期間省助教以下，而祭酒、博士不省，事見《百官志》。故本傳、任昉文記王儉二年、三年領國子祭酒。

〔註30〕　《南齊書》，第 436 頁。

《南史》卷二二《王曇首傳附王儉傳》云：「儉弱年便留意三禮，尤善《春秋》……何承天《禮論》三百卷，儉抄爲八帙，又別抄條目爲十三卷。朝儀舊典，晉宋以來實行故事，撰次諳憶，無遺漏者。」〔註31〕

案，王儉爲南朝一代大儒，亦是南齊永明七年以前禮制建設之核心人物〔註32〕。史傳既稱其長於故事儀注之學，其議禮之言史籍見載極多，無煩再引〔註33〕。儉既領命修撰五禮，表文及前引《禮志》中又云有助撰學士、職局、令史之設。禮局之建置，學士之職掌，本文後有專章討論。南齊總明觀學士與修五禮事密切相關，不得不先詳考。

《南史》卷二二《王曇首傳附王儉傳》云：「宋時國學頹廢，未暇修復。宋明帝泰始六年，置總明觀以集學士，或謂之東觀……置儒、玄、文、史四科，科置學士十人，其餘令史以下，各有差。是歲以國學既立，省總明觀，於儉宅開學士館，以總明四部書充之，又詔儉以家爲府。」〔註34〕

《資治通鑑》卷一三六齊武帝永明三年節云：「初，宋太宗置總明觀以集學士，亦謂之東觀。上以國學既立，五月乙未，省總明觀。時王儉領國子祭酒，詔於儉宅開學士館，以總明四部書充之，又詔儉以家爲府。」注云：「分經、史、子、集爲甲、乙、丙、丁四部，又據《宋紀》，明帝泰始六年立總明觀，徵學士以充之，舉士二十人，分爲儒、道、文、史、陰陽者五部學，言陰陽者，遂無其人。」〔註35〕

案，《南齊書》卷二三《王儉傳》云：「是歲省總明觀，於儉宅開學士館，悉以四部書充儉家，又詔儉以家爲府。」〔註36〕與上引相同。表文「學士分住郡中」之「郡」當即王儉之郡府宅，以儉時任丹陽尹，故云。如此則永明三年

〔註31〕《南史》，第595頁。
〔註32〕王儉在南朝經學史上的地位，可參看焦桂美先生的博士論文《南北朝經學史》第二章第三節。
〔註33〕王儉議禮事見於《南齊書·禮志》者即有十餘條。《南齊書》卷二二《豫章王嶷傳》記世祖與豫章王議儀仗事云：「汝若有疑可與王儉諸人量衷，但令人臣之儀無失便行也……吾昨不通仗事，儉已道，吾即令答，不煩有此啓。」卷一一《樂志》云：「永明二年……尚書令王儉造二廟郊配辭。」《南史》本傳又載：「時朝儀草創，衣服制則，未有定準」，王儉據禮定制。知王儉於儀仗、樂章、服制諸儀無不參與創定。
〔註34〕《南史》，第595頁。
〔註35〕《資治通鑑》，中華書局，1976年，第4266頁。案，《通鑑》記學士人數爲二十人，與《南史》、《南齊書·百官志》不同，未知孰是。
〔註36〕《南齊書》，第436頁。

治禮樂學士入儉宅，同年又因國子學立，廢總明觀，總明學士亦入儉宅。《南齊書》卷一六《百官志》云：「總明觀祭酒一人。右泰始六年，以國學廢，初置總明觀。玄、儒、文、史四科，科置學士各十人。正令史一人、書令史二人，幹一人，門吏一人，典觀吏二人。建元中掌治五禮。永明三年，國學建，省。」〔註37〕南齊總明觀學士亦掌制禮〔註38〕，其入儉宅時間與新立治禮樂學士如此接近，不能不令人生疑。竊疑表文此節所記與前引諸種材料實爲同時之事，新立治禮樂學士即由原總明學士中一部分兼掌。《上表》記伏曼容表定禮樂、詔立治禮樂學士均在永明三年，前考曼容上表事當依《南齊書·禮志》，在永明二年。然《禮志》未云下詔立學士及正式開撰在二年或三年，意者下詔修禮固然可能爲永明二年事〔註39〕，然立禮樂學士及正式開撰仍當在永明三年總明學士入儉宅之後。此次修撰至永明七年王儉卒時，尚未最終成書。

3、遺文散逸，後以事付國子祭酒何胤，經涉九載，尤復未畢。

案，表文自王儉之後記事有遺漏，今考如下：

《藝文類聚》卷三七梁簡文帝《徵君何先生墓誌》云：「永明中，王文憲儉受詔撰禮，未竟而卒。屬在司徒文宣王，王以讓先生，因廣加刊緝……乃毀車掛冠，拂衣東嶺，始居若耶，來從秦望。」〔註40〕

《梁書》卷五一《處士·何點傳附何胤傳》云：「尚書令王儉受詔撰新禮，未就而卒，又使特進張緒續成之。緒又卒，屬在司徒竟陵王子良，子良以讓胤。乃置學士二十人，佐胤撰錄。永明十年，遷侍中，領步兵校尉，轉國子祭酒。」〔註41〕

《冊府元龜》卷五六四《掌禮部·儀注》云：「何胤，仕齊爲國子博士，時尚書令王儉受詔撰新禮，使特進張緒續成之，緒又卒，屬在司徒竟陵王子良，子良以讓胤，乃置學士三十人佐胤，撰錄有《政禮》十卷、《士喪儀注》九卷。（按，《南齊列傳》中書郎劉繪、吳郡杜棲並助胤撰禮儀。）」〔註42〕

〔註37〕《南齊書》，第 315 頁。

〔註38〕《南齊書·百官志》列總明觀學士爲太常屬官，《南齊書》卷三六《謝超宗傳》云：「有司奏立郊廟歌，敕……總明學士劉融、何法同等並作。」

〔註39〕《通典》卷四一《禮典·序》云：「齊武帝永明二年詔尚書令王儉制定五禮。」第 1121 頁。其說當據《南齊書·禮志》文。

〔註40〕《藝文類聚》，中華書局，1982 年，第 660 頁。

〔註41〕《梁書》，第 735 頁。

〔註42〕《冊府元龜》，第 6475 頁。又，此段前兩處「何胤」，校定本均作「裔」，《校勘記》云：「裔，原作胤，據宋本改。」前卷載《上表》，此節表文作「後以

據此則永明七年王儉卒後，至何胤接掌之前尚有張緒、竟陵王蕭子良二人。

張緒，《南齊書》卷三三《張緒傳》云：「遷爲祠部尚書，復領中正，遷太常……（建元）四年，初立國學，以緒爲太常卿，領國子祭酒……長於《周易》，言精理奧，見宗一時……世祖即位，轉吏部尚書，祭酒如故。永明元年，遷金紫光祿大夫，領太常。明年，領南郡王師，加給事中，太常如故……七年，竟陵王子良領國子祭酒，武帝敕王晏：『吾欲令司徒辭祭酒，以授張緒，物議以爲云何？』子良竟不拜。以緒領祭酒，光祿、師、中正如故。」〔註43〕

觀張緒仕宋、齊，歷官祠部尚書、太常、國子祭酒，均與治禮相關〔註44〕。然其學並不以禮制見長。又史傳只記其卒年六十九，未云卒於何年。意其繼王儉後領修五禮事，未幾即卒。

蕭子良，《南齊書》卷四○《武十七王·竟陵文宣王蕭子良傳》云：「世祖第二子也……世祖即位，封竟陵郡王……少有清尚，禮才好士……天下才學皆遊集焉……五年，正位司徒……移居雞籠山邸，集學士抄《五經》、百家，依《皇覽》例爲《四部要略》千卷……（七年）尋代王儉領國子祭酒，辭不拜。」〔註45〕

《梁書》卷一九《宗夬傳》云：「齊司徒竟陵王集學士於西邸，並見圖書，夬亦預焉。」〔註46〕

案，子良以宗室顯貴而愛好學術，《梁書》卷一《武帝紀上》云：「竟陵王子良開西邸，召文學，高祖與沈約、謝朓、王融、蕭琛、范雲、任昉、陸倕等並遊焉，號曰八友。」〔註47〕西邸學士中頗多當時名儒文士〔註48〕，又多有從事修撰之經驗。然子良既讓治禮事於何胤，此學士集團似終未大規模參與《五禮儀注》修撰，殊爲憾事。

何胤，《南史》卷三○《何尚之傳附何胤傳》云：「師事沛國劉瓛，受《易》

事付國子祭酒何裔。」第 6467 頁《校勘記》云：「裔，原作胤，據宋本改，宋人避諱，下同。」案，宋人避胤，故作裔，原文當作何胤爲是，疑兩處《校勘記》有誤，今不從。

〔註43〕《南齊書》，第 600 頁。《梁書》卷二一《張充傳》云：「父緒，齊特進。」
〔註44〕 張緒分別於建元四年、永明七年時兩任國子祭酒，然其在位均不久。
〔註45〕《南齊書》，第 692 頁。
〔註46〕《梁書》，第 299 頁。
〔註47〕《梁書》，第 2 頁。
〔註48〕 西邸學士相關問題可參看林家驪先生《竟陵王西邸學士及其活動考略》，《文史》第四十五輯。

—94—

及《禮記》、《毛詩》……尚書令王儉受詔撰新禮，未就而卒，又使特進張緒續成之。緒又卒，屬在司徒竟陵王子良，子良又以讓胤，乃置學士二十人佐胤撰錄。後以國子祭酒與王瑩同爲侍中，時胤單作祭酒，疑所服，陸澄博古多該，亦不能據，遂以玄服臨試……建武初……於是遂買宅欲入東……（梁武）遣領軍司馬王杲之以手敕諭意，並徵謝朏……（著）《禮記隱義》二十卷、《禮答問》五十五卷。」〔註49〕

何胤少年時受學於當時儒宗劉瓛，頗受賞識〔註50〕，其爲人任情放誕，建武中遂隱居不仕，《南史》本傳云：「世論以點爲孝隱士，以弟胤爲小隱士，士人多慕從之。」〔註51〕尤可注意者，何胤亦曾任國子祭酒，《南齊書》卷一六《百官志》云：「（永明）八年，國子博士何胤單爲祭酒，疑所服，陸澄等不能據，遂以玄服臨試，月餘日，博議定，乃服朱服。」〔註52〕正與《南史》本傳所記合〔註53〕。

案，南齊初期似有將修撰五禮事專委國子祭酒之定制。永明七年，王儉卒後，武帝命竟陵王辭祭酒讓與張緒，張緒繼任祭酒並接掌五禮事。不久，蕭子良接掌五禮，又讓與何胤。而何胤又於永明八年時單做祭酒〔註54〕。張緒、蕭子良、何胤三人相繼爲祭酒、又相繼掌治五禮。兩事分觀似無關係，合觀則可見南齊掌修五禮者居官必爲國子祭酒之通則。蓋當時武帝欲用張緒修禮，必先任爲祭酒，故令竟陵王辭之以授。不久張緒離任，子良再任祭酒並掌治禮事，順理成章。子良後又將治禮事付何胤，何胤又不得不單爲祭酒，

〔註49〕《南史》，第790頁。
〔註50〕《梁書》卷五一《處士·何點附何胤傳》云其「縱情誕節，時人未之知也，惟瓛與汝南周顒深器異之。」又，前引簡文帝《徵君何先生墓誌》云：「與沛國劉瓛、汝南周顒爲友。」本傳云其「師事劉瓛」，二人關係似在師友之間，劉瓛事跡詳本文後章。
〔註51〕《南史》，第788頁。
〔註52〕《南齊書》，第315頁。
〔註53〕案，前引《梁書》記何胤任祭酒在永明十年，其實不夠準確。《南史》云其以國子祭酒爲侍中，較得其實，何胤永明八年先單做祭酒並掌修五禮，後任侍中，以符合修禮及國子祭酒相關制度，詳下文。
〔註54〕《南齊書》卷一六《百官志》云：「建元四年，有司奏立置國學，祭酒準諸曹尚書……選經學爲先，若不備，給事中以還明經者以本官領。」案，祭酒之選，雖云「以經學爲先」，然前任祭酒張緒、王儉均以別官兼領，已見前文。《南齊書》卷三九《陸澄傳》云：「（建元）四年，復爲秘書監，領國子博士……永明元年……尋領國子博士……加給事中，中正如故。尋領國子祭酒。」陸澄任國子祭酒當在永明元年，只在任一年，亦以給事中兼領。

以符制度。

《隋書‧經籍志》等目錄中收錄何胤著作數種，因與修禮事有關，考證如下。

《隋書‧經籍志》史部儀注類云：「《政禮》十卷，何胤撰。」〔註55〕

姚振宗《隋書經籍志考證》（以下簡稱《考證》）云：「《唐書‧藝文志》何點《理禮儀注》九卷。按，章氏以《理禮儀注》即是書而不言其所然……今考，是書本名當是《治禮儀注》，唐人諱治，故曰理。而本志改治爲政，總集類李文博《治道集》改爲《政道集》，與此治禮改政禮相同，而又敓『儀注』二字……然則是書乃治禮館之儀注雜事……何胤《本傳》及徐勉《五禮表》乃是其事之本末也。《唐志》做何點，點爲胤之兄，棲隱不預是事，胤則歷其事者凡九年，是出於胤爲多也。」〔註56〕

《隋志》注云：「梁有何胤《士喪儀注》九卷，亡。」

《考證》云：「《唐書‧藝文志》何胤《喪服治禮儀（注）》〔註57〕九卷。按，此或胤在齊時所修五禮之一篇，後人析出別行者。《唐志》做《喪服治禮儀注》，則又似依《儀禮‧喪服傳》之制度以爲儀注，自爲一家之學，在五禮之外者。」〔註58〕

案，姚氏以《新唐書‧藝文志》何點《理禮儀注》九卷當作《治禮儀注》，且此書即是《隋書‧經籍志》《政禮》十卷，作者當爲何胤，所記爲南齊「治禮館之儀注雜事」。其說不爲無據，然筆者以爲尚有可推敲之處。

首先，姚氏推測《新唐志》之《理禮儀注》當作《治禮儀注》，其說可從。然以此書爲記治禮館雜事，則未必是。古書中以儀注爲名者，有職儀、典儀之別，目錄分在職官、儀注兩類。以《隋志》收書爲例，職官類有《晉新定儀注》十四卷，《考證》云：「章氏《考證》云：『儀注類有傳《晉新定儀注》四十卷。』其意蓋以書名相同疑此十四卷即四十卷而重出其目也。然彼四十卷是五禮之儀注，晉初爲荀顗所修，此則百官之儀注，乃裴秀所定，名雖同而實不同也。」〔註59〕姚氏此處訂正章宗源之誤，其說甚是。

〔註55〕 《隋書》，第 970 頁。中華書局本《校勘記》據姚振宗之說改爲《政禮儀注》。筆者以爲姚說固然有據，然作《政禮》實亦可通，當出校不改原文較好。

〔註56〕 《隋書經籍志考證》，《師石山房叢書》本，上海開明書店，1936 年，第 284 頁。

〔註57〕 原文脫去「注」字，據《新唐志》及下文補。

〔註58〕 《隋書經籍志考證》，第 284 頁。

〔註59〕 《隋書經籍志考證》，第 275 頁。

　　以某部門儀注爲書名者亦有兩種，《隋志》職官類有《梁尙書職制儀注》四一卷，《梁書》卷五三《良吏・丘仲孚傳》云：「丘仲孚爲左丞……撰尙書具事雜儀，行於世焉。」〔註 60〕《考證》以爲即是此書〔註 61〕。此當爲尙書省職儀。儀注類有《晉尙書儀》十卷，《考證》云：「《新唐志》有徐廣《晉尙書儀曹新定儀注》四十一卷，又有無名氏《晉尙書儀曹吉禮儀注》三卷，《舊唐志》同，《新志》又有《晉尙書儀曹事》九卷，大抵與此十卷皆殘缺不完者。」〔註 62〕又，《新唐志》儀注類有《梁尙書儀曹儀注》十八卷又二十卷〔註 63〕。此則均爲某部門所修撰之行禮儀注。尙書省儀曹主禮儀事，故此類儀注多冠以尙書、尙書儀曹之名〔註 64〕。

　　如此則一書以「儀注」或「某部門儀注」爲名，若無其它材料左證，實難區別當居職官或儀注類。竊以爲這種情況下當依原目錄分類爲好。《隋志》所收《政禮》，即便如據姚說爲《治禮儀注》之誤，其性質仍宜視爲治禮館所定典禮儀注，並非記「儀注雜事」之職儀〔註 65〕。

　　其次，姚氏以《隋志》《政禮》十卷爲《新唐志》《理禮儀注》九卷，既改《隋志》書名，又有泯滅卷數差異之嫌。其實《新唐志》並列何胤《喪服治禮儀注》、何點《理禮儀注》（可改爲治）均爲九卷〔註 66〕，此二書當爲重出，何氏兄弟，題名不一。何胤掌治《五禮儀注》凡九年，故書名題「治禮」，或因實爲治禮館學士所撰，而稱「治禮」，則與前引尙書省撰《儀注》名《儀曹儀注》類同。《隋志》注（即《七錄》）中「梁有何胤《士喪儀注》九卷，亡。」亦即此書〔註 67〕，爲何胤主持修五禮時分撰。至於《隋志》所錄十卷

〔註 60〕《梁書》，第 772 頁。
〔註 61〕《隋書經籍志考證》，第 280 頁。
〔註 62〕《隋書經籍志考證》，第 282 頁。
〔註 63〕《新唐書》，中華書局，1975 年，第 1479 頁。
〔註 64〕《南史》卷四九《王諶傳附孔逿傳》云：「好典故學，與王儉至交，昇明中爲齊臺尙書儀曹郎，屢箴闕禮，多見信納，上謂王儉曰：『眞所謂儀曹，不忝厥職也。』」可爲儀曹掌撰儀注之左證。所謂「職儀」，則當爲《漢官》之類，與此不同。
〔註 65〕《陳書》卷三三《儒林・沈不害傳》云：「五年……入爲尙書儀曹郎……敕治五禮……著《治五禮儀》一百卷。」可爲旁證。
〔註 66〕《新唐書》，第 1489 頁。
〔註 67〕《經義考》云：「何胤《喪服治禮儀注》，《七錄》作《士喪儀注》。」則朱彝尊即以二者爲一書，筆者以爲姚氏對二書性質的推測雖不爲無據，然似有節外生枝之嫌。此外，還有一個旁證，《隋志》「梁《吉禮儀注》十卷明山賓撰；梁《賓禮儀注》九卷賀瑒撰。」注云：「案梁明山賓撰《吉儀注》二百六卷，

《政禮》，固有可能爲《治禮儀注》之誤，則與前所言三者爲同種儀注，或仍有別爲一書的可能〔註68〕。

要之，以上所言諸書均已亡佚，《考證》與筆者所論均爲就目錄著錄推測〔註69〕。可確知者，何胤主修五禮事時撰有一種言喪服、喪禮之《儀注》。

何胤掌治五禮，佐撰錄學士可考見者尚有杜棲、劉繪二人。

杜棲，《南齊書》卷五五《孝義‧杜棲傳》云：「從儒士劉瓛受學……子良數致禮接，國子祭酒何胤掌禮，又重棲，以爲學士，掌冠昏儀。」〔註70〕

杜棲爲助撰學士，掌修冠禮、婚禮。知何胤主持修撰時，治禮學士已有分工。《新唐書》卷四九《藝文志》史部儀注類，何胤《喪服治禮儀注》、何點《理禮儀注》二書下又有「《冠婚儀》四卷」〔註71〕，疑即杜棲分撰之作。

劉繪，《南史》卷三九《劉勔傳附劉繪傳》云：「歷位中書郎，掌詔誥，敕助國子祭酒何胤撰修禮儀。」〔註72〕

《南齊書》卷四八《劉繪傳》云：「永明末，京邑人士盛爲文章談義，湊竟陵王西邸，繪爲後進領袖，機悟多能。」〔註73〕《南齊書》卷三九《劉瓛傳》云：「子良遣從瓛學者彭城劉繪、從陽范縝將廚於瓛齋營齋。」〔註74〕

錄六卷……司馬褧《嘉儀注》一百一十二卷，錄三卷並亡，存者唯士吉及賓十九卷。」案，《吉禮儀注》、《賓禮儀注》原必不僅爲士禮，而《隋志》稱爲「士吉及賓」，蓋隋時隨見已非完書，惟存士禮部分。以此例之，《治禮儀注》、《喪服治禮儀注》、《士喪儀注》均爲九卷，或云「士喪」、或云「喪服」、或只云「儀注」，意其皆爲同種儀注不完之本乎？

〔註68〕《南史》卷三〇《何尚之傳附何胤傳》記梁武踐阼之初，遣王杲之征何胤出仕，胤謂杲之云：「吾昔於齊朝，欲陳三兩條事：一者欲正郊丘，二者欲更鑄九鼎，三者欲樹雙闕……圜丘南郊，舊典不同。南郊祀五帝靈威仰之類，圜丘祀天皇大帝、北極大星是也。往代合之郊丘，先儒之巨失。今梁德告始，不宜遂因前謬。卿宜陳之。」案，何胤所云三事，均關乎爲政之重禮，殆即出自其《政禮》乎？

〔註69〕《冊府元龜》卷五六四《掌禮部‧儀注》云：「何胤……撰錄有《政禮》十卷、《士喪儀注》九卷。」第6475頁。案，《冊府》所記與筆者推測吻合，然其說當本於目錄，故只能爲旁證。

〔註70〕《南齊書》，第966頁。

〔註71〕《新唐書》，第1489頁。案，《新唐志》將三種《儀注》列在一處，似乎暗示諸書均與何胤掌修《五禮儀注》有關。

〔註72〕《南史》，第1009頁。

〔註73〕《南齊書》，第841頁。又，《南齊書》卷九《禮志上》記「建武二年，前軍長史劉繪」議禮事。

〔註74〕《南齊書》，第679頁。

劉繪亦爲劉瓛弟子，作爲西邸學士與修五禮。值得注意的是，劉繪乃奉敕而爲治禮學士，非當時主修撰者何胤所選。

4、建武四年，胤還東山，齊明帝敕委尚書令徐孝嗣，舊事本末，隨在南第。永元中，孝嗣於此遇禍，又多零落。

「建武四年，胤還東山」指何胤入會稽山歸隱事，已見前。

《南齊書》卷四四《徐孝嗣傳》云：「會王儉卒，上徵孝嗣爲五兵尚書，其年上敕儀曹令史陳淑、王景之、朱玄眞、陳義民撰江左以來儀典，令咨受孝嗣……永元初輔政……自尚書下省出住宮城南宅，不得還家。」〔註75〕

徐孝嗣爲明帝朝之重臣，《南齊書》本傳云：「世祖問儉曰：『誰可繼卿者？』儉曰：『臣東都之日，其在徐孝嗣乎？』」〔註76〕卷六《明帝紀》云：「四年……二月甲子，以右僕射徐孝嗣爲尚書令。」〔註77〕本傳又稱其「愛好文學，器量弘雅，不以權勢自居，朝野稱之。」「永元初受遺詔輔政，東昏侯失德。潛謀廢立，議不能決，召入華林省，賜鴆，卒。」〔註78〕案，徐孝嗣以尚書令接掌五禮事，實違南齊此前以國子祭酒掌治五禮之定制〔註79〕。蓋明帝「明審而有吏才」〔註80〕，而於禮制建設措意較少。《梁書》卷四八《儒林·伏曼容傳》云：「建武中入拜中散大夫，時明帝不重儒術。」〔註81〕《南史》卷五〇《明僧紹傳附明山賓傳》云：「詔使公卿舉士，左衛將軍江祏薦山賓才堪理劇，齊明帝不重學……遂不用。」〔註82〕皆爲其證。明帝既不重儒學，故治禮事只委一重臣，具體負責修撰「儀曹令史陳淑、王景之、朱玄眞、陳義民」等人，《上表》未言是否爲治禮學士，此數人生平亦無考。

此前王儉、何胤在任時修成之五禮儀注存於「南第」。據本傳及表文，孝嗣既於華林省遇禍，則南第之位置當在宮城內〔註83〕，或即本傳所言之「宮

〔註75〕　《南齊書》，第772頁。
〔註76〕　《南齊書》，第772頁。
〔註77〕　《南齊書》，第90頁。
〔註78〕　《南齊書》，第773頁。
〔註79〕　《梁書》卷一三《沈約傳》云：「明帝繼位……遷國子祭酒。」依此前之制，此時本當用沈約掌修五禮。
〔註80〕　《南齊書》，第92頁。
〔註81〕　《梁書》，第662頁。
〔註82〕　《南史》，第1243頁。
〔註83〕　張金龍先生認爲「南第」具體位置當在宮城西掖門內，見《魏晉南北朝禁衛武官制度研究》下冊，中華書局，2004年，第413頁。

城南宅」。

    5、當時鳩斂所餘，權付尚書左丞蔡仲熊，驍騎將軍何佟之共掌其事。
       時修禮局在國子學中門外，東昏之代，頻有兵火。其所散失，又逾
       泰半。

    蔡仲熊，《南齊書》卷三九《劉瓛傳》云：「仲熊歷安西記室，尚書左丞。」
〔註84〕卷九《禮志上》云：「永明二年，兼太常丞蔡仲熊議。」〔註85〕

    《南史》卷五○《劉瓛傳附蔡仲熊傳》云：「時濟陽蔡仲熊禮學博聞，謂
人曰……瓛亦以爲然。仲熊執經議論，往往與時宰不合，亦不改操求其同。
故坎壈不進，歷年方至尚書左丞，當時恨其不遇。」〔註86〕

    案，仲熊既嘗任禮官，其學又爲當時禮學名家劉瓛肯定。則用其掌修五
禮可謂得人。

    何佟之，《梁書》卷四八《儒林·何佟之傳》云：「少好三禮，師心獨學，
強力專精，手不釋卷，讀《禮論》三百篇，略皆上口，時太尉王儉爲時儒宗，
雅相推重……起家揚州從事，仍爲總明館學士，頻遷司徒車騎參軍事，尚書
祠部郎。齊建武中，爲鎮北記室參軍，侍皇太子講，時步兵校尉劉瓛、徵士
吳苞皆已卒，京邑朔儒，惟佟之而已。佟之習明事數，當時國家吉凶儀則，
皆取決焉……歷步兵校尉、國子博士……中興初，爲驍騎將軍。高祖踐阼，
尊重儒術，以佟之爲尚書左丞，是時百度草創，佟之依禮定議，多所裨益……
著禮義百許篇。」〔註87〕

    《南史》卷七一《儒林·何佟之傳》云：「仕齊初爲國子助教，爲諸生講
喪服……都下稱其醇儒……所著文章、禮議百許篇。」〔註88〕

    案，何佟之爲南朝名儒，更爲南齊後期至梁天監初禮制建設之關鍵人
物。其議禮事跡今見於記載者極多〔註89〕，《梁書》本傳言其建武中「國家

〔註84〕《南齊書》，第 680 頁。
〔註85〕《南齊書》，第 123 頁。
〔註86〕《南史》，第 1238 頁。
〔註87〕《梁書》，第 663 頁。案，「讀《禮論》三百篇」之《禮論》當即何承天《禮
      論》，中華書局本未加專名號，今正。後引文中標點不涉文義者，均徑改不出
      注。
〔註88〕《南史》，第 1734 頁。又，佟之著「禮議百許篇」。《梁書》作「禮義」，未知
      孰是。
〔註89〕何氏在齊、梁議禮事跡分見《南齊書·禮志》、《隋書·禮儀志》，其例甚多，
      本文後章亦多有涉及，此處不備引。

吉凶儀則，皆取決焉」，梁初「百度草創，佟之依禮定議，多所裨益。」殆非虛言。觀史傳所記其在齊時仕履，既嘗任尙書祀部郎，又先後爲總明觀學士、國子助教、博士。此諸職均掌治禮、議禮事。梁初開撰《五禮儀注》，又以佟之總知其事，詳後文。《隋書》卷八《禮儀志三》云：「天嘉元年八月癸亥………沈洙議：『……齊建元中，太子穆妃喪，亦同用此禮。唯王儉《古今集記》云，心制終二十七月，又爲王逡所難。何佟之《儀注》用二十五月而除。』」〔註90〕沈洙所云之何佟之《儀注》，既未見於隋唐兩代目錄，亦不知其作於齊時或梁時。然其既於齊末、梁初均掌修五禮。前考王儉、何胤主持修禮期間分別撰有言喪禮之《儀注》，似乎主修撰者分撰凶禮爲當時慣例，則此書作於佟之在任時，可能頗大。

何、蔡二人士持時，修禮局設在在國子學中，國子學之位置、禮局建制等相關問題詳本文後章。

　　6、天監元年，佟之啟審省置之宜，敕使外詳。時尚書省參議……宜俟隆平，徐議刪撰，欲且省禮局，並還尚書儀曹。詔旨云：「禮壞樂缺，故國異家殊，實宜以時修定，以為永準，但頃之修撰，以情取人，不以學進。其掌知者，以貴總一，不以稽古。所以歷年不就，有名無實……外可議其人，人定，便即撰次。」

梁武建國之初，頗留意典章制度建設。天監初，先後下詔制禮、樂、律令。《梁書》卷四八《儒林傳·序》云：「高祖有天下，詔求碩學，治五禮、定六律。」〔註91〕卷二《武帝紀中》云：「詔中書監王瑩等八人參定律令。」〔註92〕《隋書》卷一三《音樂志上》云：「武帝思弘古樂，天監元年，遂下詔訪百僚。」〔註93〕《五禮儀注》是其典制建設重要組環節。

武帝本人既通禮學，尤精音律〔註94〕。在齊爲西邸學士，於齊代修禮事

〔註90〕《隋書》，第 152 頁。案，此「王逡」當爲「王逡之」之誤，參見本文 2 頁注引《王逡之傳》。

〔註91〕《梁書》，第 661 頁。案，具體下詔修禮時間據表文似在天監元年，卷四八《儒林·嚴植之傳》云：「天監二年……高祖詔求通儒治五禮。」二者所記相差不遠。

〔註92〕《梁書》，第 38 頁。詔文見《隋書》卷二五《刑法志》。

〔註93〕《隋書》，第 287 頁。詔文又見於《初學記》卷一五。

〔註94〕《隋書》卷一三《音樂志上》云：「梁武帝本自諸生，博通前載，未及下車，意先風雅，爰詔凡百，各陳所聞。帝又自糾摘前違，裁成一代。」案，此處主要就梁武制雅樂事而言，其實也可擴展到整個梁初禮制建設情況，同卷又

亦當有所見聞〔註95〕，踐阼之初，即駁尚書省立議，而決意修禮，其留心禮制之態度固與齊高帝大異。而其沿用南齊禮局制度，則是齊、梁禮制建設因革之大事。

又，梁武此詔於南齊修禮多有不滿，今考其說如下。所謂「以情取人，不以學進」，就南齊歷任主事者而言，王儉、何佟之均為南朝名儒。何胤、蔡仲熊亦精禮學。張緒、蕭子良雖不以儀注之學見長，然掌事未久。惟徐孝嗣以權臣而兼掌修禮事，然其在任亦不久。若以從事修撰學士之選擇標準而言，伏曼容學術精深且與王儉交好，此或得言「以情取人」，而史籍未明言曼容預修五禮。至於何胤為劉瓛門人，助其撰錄學士劉繪、杜棲亦從劉瓛問學。然劉瓛為當時儒宗，天下士人，靡然向風，修撰學者多出其門，亦無足怪。至於劉瓛本人未能入禮館從事修撰，固是憾事。然歷代集學者修書，均不能舉天下賢才而無一遺漏，大可不必深責。況其本人無意仕進。故筆者以為，武帝所謂「不以學進」實當指梁初明山賓等五禮學士，此五人均仕南齊，而未有從事修禮之記載，詳見後文。至於責其「掌知者，以貴總一，不以稽古」，南齊《儀注》今可見者太少，無法判斷。

7、於是尚書僕射沈約等參議，請五禮各置舊學士一人，人各自舉學士（《通鑑》第4603頁作學古，當誤）二人相助抄撰。其中有疑者……請旨斷決。乃以舊學士右軍記事參軍明山賓掌吉禮；中軍騎兵參軍嚴植之掌凶禮；中軍田曹行參軍兼太常丞賀瑒掌賓禮；征虜記事參軍陸璉掌軍禮；右軍參軍司馬褧掌嘉禮，尚書左丞何佟之總參其事。

《資治通鑑》卷一四七天監十一年節注云：「舊學士十人共修五禮，今請分五禮各置學士。」〔註96〕案，永明初王儉主持修禮時，未明言學士有分工。自何胤接任，命杜棲掌冠、婚禮，則彼時已有分掌。又，五禮舊學士各自舉

記「天監四年，掌賓禮賀瑒，請議皇太子元會出入所奏……是時禮樂制度，燦然有序。」可見史臣對天監間禮制建設頗為贊許，

〔註95〕蕭衍梁初議禮、制樂事跡見載《隋書‧禮志》、《樂志》者極多，《南齊書》卷九《禮志上》載「永明二年……司徒西閣祭酒梁王議（筆者案，此梁王當即蕭衍。然《梁書》卷一《武帝紀上》記武帝嘗為王儉府東閣祭酒，未知孰是）」明堂、南郊配祀之制，是其在南齊曾參與議禮。梁武之禮學成就，可參看陳戍國先生《中國禮制史》魏晉南北朝卷，湖南教育出版社，1995年，第256、268頁。

〔註96〕《資治通鑑》，第4603頁。

學士助撰，梁代修他書亦有此制，《梁書》卷四八《儒林‧孔子袪傳》云：「賀琛受敕撰《梁官》，啓子袪爲西省學士，助撰錄。」〔註97〕

　　明山賓等五禮舊學士乃梁修《五禮儀注》之關鍵人物，諸人議禮事多見於《隋書‧禮儀志》，不俱錄。今摘錄史傳中與治禮相關事跡如下：

　　明山賓，《梁書》卷二七《明山賓傳》云：「七歲能言名理，十三博通經傳，居喪盡禮……梁臺建，爲尙書駕部郎，遷治書侍御史，右軍記室參軍，掌治吉禮，時初置《五經》博士，山賓首膺其選……大通元年卒，時年八十五。」〔註98〕

　　《南史》卷五〇《明僧紹傳附明山賓傳》云：「詔使公卿舉士，左衛將軍江祏上書薦山賓才堪理劇，齊明帝不重學，謂祏曰：『聞山賓讀書不輟，何堪官邪』遂不用。」〔註99〕

　　案，山賓在齊時，其學不得用。至武帝時受命掌治吉禮。又，《梁書》卷四八《儒林傳‧序》云：「四年春……詔曰……置五經博士各一人。」〔註100〕卷三《武帝紀下》亦云：「修飾國學，增廣生員，立五館，置《五經》博士。」〔註101〕梁天監四年立《五經》博士，開館授徒，之前修禮學士多入選，詳後文。

　　嚴植之，《梁書》卷四八《儒林‧嚴植之傳》云：「少善莊老，能玄言，精解喪服、《孝經》、《論語》。及長，遍治鄭氏《禮》、《周易》、《毛詩》、《左氏春秋》……天監二年，板後軍騎兵參軍事，高祖詔求通儒治五禮，有司奏植之治凶禮。四年，初置《五經》博士，各開館教授，以植之兼《五經》博士……植之講，五館生畢至，聽者千餘人六年，遷中撫軍記室參軍，猶兼博士……七年，卒於館，其年五十二。」〔註102〕

　　案，植之在齊時亦曾從劉瓛受學。《南齊書》卷三九《劉瓛傳》載：「初，瓛講《月令》畢，謂學生嚴植曰」云云〔註103〕。此「嚴植」當爲「嚴植之」之誤。《冊府元龜》卷五六四《制禮部‧儀注》云：「天監初，板後軍騎兵參

〔註97〕《梁書》，第680頁。
〔註98〕《梁書》，第405頁。
〔註99〕《南史》，第1243頁。
〔註100〕《梁書》，第661頁。
〔註101〕《梁書》，第96頁。
〔註102〕《梁書》，第671頁。
〔註103〕《南齊書》，第680頁。

軍事。」與本傳所記同〔註104〕。表文此處言其歷官「中軍騎兵參軍」，史傳未見。

賀瑒，《梁書》卷四八《儒林·賀瑒傳》云：「少傳家業，齊時沛國劉瓛爲會稽府丞，見瑒深器異之。嘗與俱造吳郡張融，指瑒謂融曰：『此生神明聰敏，將來當爲儒者宗。』薦之爲國子生。舉明經，揚州祭酒，俄兼國子助教。歷奉朝請、太學博士、太常丞，母憂去職。天監初，復爲太常丞，有司舉治賓禮……四年，初開五館，以瑒兼《五經》博士，別詔爲皇太子定禮……悉禮舊事，時高祖方創定禮樂，瑒所建議，多見施行。七年，拜步兵校尉，領《五經》博士……九年，卒於館……於禮尤精，館中生徒常數百，弟子明經、對策至數十人。」〔註105〕

案，賀瑒爲著名學者賀循之孫，《藝文類聚》卷三七簡文帝《徵君何氏墓誌》云：「陸璉、賀瑒之徒，更道北面。」〔註106〕則其既見重於劉瓛，又從何胤問學，觀其歷官國子助教、太學博士、太常丞，均與禮儀事相關，然不見其在南齊時預修《五禮儀注》之記載〔註107〕。

陸璉，《梁書》、《南史》均未記其事跡。《南史》卷七一《儒林傳·序》云：「天監四年，乃詔開五館，建立國學。總以《五經》教授，置《五經》博士各一人。於是以平原明山賓、吳郡陸璉、吳興沈峻、建平嚴植之、會稽賀瑒補博士，各主一館。」〔註108〕《隋書》卷六《禮儀志·序》云：「梁武始命群儒，裁成大典……軍禮則陸璉。」〔註109〕卷八《禮儀志三》云：「梁天監初，陸璉議定軍禮。」〔註110〕知其亦先預修五禮後又爲《五經》博士〔註111〕。

〔註104〕《冊府元龜》，第 6475 頁。
〔註105〕《梁書》，第 672 頁。
〔註106〕《藝文類聚》，第 660 頁。
〔註107〕《藝文類聚》卷五十三載劉潛《爲江僕射禮薦士表》云：「陛下緝禮裁樂，化俗移風……伏見兼太學博士會稽賀瑒，字德璉。幼能斧藻，長則琢磨……如使聯事宗伯，握蘭建禮，庸用得其才，人知自勖。」第 960 頁。案，此表爲劉潛在齊時爲尚書僕射江祐作，「握蘭」、「建禮」均指尚書郎而言，「聯事宗伯」則有用爲禮官之義。
〔註108〕《南史》，第 1370 頁。
〔註109〕《隋書》，第 107 頁。
〔註110〕《隋書》，第 159 頁。
〔註111〕據前引簡文帝《徵君何氏墓誌》，陸璉曾從何胤問學。其事跡可考見者尚有，《梁書》卷四七《孝行·滕曇恭傳》云：「天監元年，陸璉奉使巡行風俗，表言其狀。」又，諸書又常誤其名爲「陸瑋」，嚴可均輯《全梁文》，分陸璉、

司馬褧，《梁書》卷四〇《司馬褧傳》云：「父燮，善三禮，仕齊官至國子博士，褧少傳家業，強力專精，手不釋卷，其禮文所涉書，略皆遍略，沛國劉瓛爲儒者宗，嘉其學，深相賞好……初爲國子生，起家奉朝請，稍遷王府行參軍，天監初，詔通儒治五禮，有司舉褧治嘉禮。除尚書祠部郎中。是時創定禮樂。褧所建議，多見施行……褧學尤精於事數。國家吉凶禮，當世名儒明山賓、賀瑒疑不能斷，皆取決焉。」〔註112〕

據此，則司馬褧禮學造詣，猶在明山賓、賀瑒之上。《隋書》卷六《禮儀志一》記「（天監）七年……博士陸瑋（筆者案，當作璉。）、明山賓、禮官司馬褧議」南郊一獻禮〔註113〕。其中司馬褧獨稱禮官，蓋因其天監中任祠部郎中。則其於制禮事負有雙重之責任。

案，此五人皆飽學之士，除明山賓外，均曾受學或見重於名儒劉瓛〔註114〕，而諸人於南齊均未預修五禮。知前引梁武詔，指齊時修禮擇人「不以學進」，並非無的放矢。諸人至梁時方受重用，先委以修禮事，至初立《五經》博士，除司馬褧外又均入選。

梁武帝之前不採尚書省「還禮局於尚書儀曹」之議，一方面保留禮局機構，另一方面在修禮人選上尤加措意，更以南齊末任修禮主事何佟之總參其事，保障了梁修五禮的質量。

陸瑋爲二人。商務印書館，1999年，第637、648頁。《隋書·禮儀志》記梁禮部分亦有作「陸瑋」處，均當正。

〔註112〕《梁書》，第567頁。

〔註113〕《隋書》，第110頁。

〔註114〕《南齊書》卷三九《劉瓛傳》云：「少篤學，博通《五經》，聚徒教授，常有數十人……素無宦情，自此不復仕……除尚書祠部郎，並不拜……太祖踐阼，敕瓛使數入，而瓛自非詔見，未嘗到宮門……後以母老闕養，重拜彭城郡丞，謂司徒褚淵曰：『自省無廊廟之才，所願唯保彭城丞耳。』上又以瓛兼總明觀祭酒……終不就……除步兵校尉，並不拜。瓛姿狀纖小，儒學冠於當時，京師士子貴遊莫不下席受業……竟陵王子良親往修謁，七年，表世祖爲瓛立館……未及徙居，遇病，子良遣從瓛學者彭城劉繪將廚於瓛宅營齋……所著文章皆是禮義。」

案，劉瓛爲當時儒宗，亦是南齊儒學復興關鍵人物，可參看成林《劉瓛與南朝宋齊之際儒學復興》，《江西社會科學》，2008年第12期。齊、梁兩代預修五禮學者中，何胤、劉繪、杜棲、蔡仲熊、嚴植之等人或從瓛問學，或曾蒙其獎掖，竟陵王蕭子良對其尤加禮敬。劉瓛本人禮學最精，然其決意仕進，故並未參與五禮修撰事。永明七年王儉卒，張緒接掌之後又離任，武帝本委竟陵王子良接任五禮，子良轉付於何胤，推測也是因爲其與劉瓛關係密切。

8、佟之亡後，以鎮北諮議參軍伏暅代之，後又以暅代嚴植之掌凶禮，
　　暅尋遷官，以五經博士繆昭掌凶禮。

《冊府》所錄表文與此處不同。其上節述五禮舊學士分職中無「中軍
騎兵參軍嚴植之掌凶禮」句，此節則作「佟之後以鎮北諮議參軍伏暅、嚴
植（筆者案，此處當脫「之」字）掌凶禮，暅尋遷官，以五經博士繆昭掌
凶禮。」〔註115〕。今案，《梁書》、《南史》表文所記五人分職整齊，似無
誤。《冊府》表文前節既無掌凶禮者，此處又云以伏暅、嚴植之代佟之掌凶
禮，其意蓋以之前佟之總知五禮事又兼掌凶禮，然又未記伏暅任總知事。
二者未知孰是。前考南齊兩任主修禮者王儉、何胤均兼修喪禮，何佟之亦
有言喪禮《儀注》未知作於齊或梁時。若此書為其在梁初時作，則確有如
《冊府》所錄表文所記，先以何佟之總參併兼掌凶禮之可能。《隋書》卷八
《禮儀志三》云：「天監四年，掌凶禮嚴植之定《儀注》，以亡月遇閏，後
年中祥，疑所附月。」〔註116〕卷七《禮儀志二》云：「（天監）四年……佟
之曰：『《祭統》云：「獻之屬，莫重於祼。」今既存尸卒食之獻，則祼鬯之
求，實不可闕。又，送神更祼，經記無聞，宜依禮革。』奏未報而佟之卒。」
〔註117〕嚴氏之《儀注》恰在佟之亡後〔註118〕，且其後伏暅總參其事又兼
凶禮，亦可推見之前何佟之職掌。或《冊府》所見尚為古本，後人以其行
文不夠嚴整而妄改耶？

伏暅，《梁書》卷五三《良吏・伏暅傳》云：「曼容之子也，幼傳父業，
能言玄理……起家奉朝請，仍兼太學博士……高祖踐阼，遷國子博士，父憂
去職，服闋為車騎諮議參軍，累遷司空長史、中書侍郎、前軍將軍、兼《五
經》博士。與吏部尚書徐勉、中書侍郎周舍總知五禮事。」〔註119〕

伏暅先代何佟之總知五禮，天監七年嚴植之卒，又代嚴植之掌治凶禮。
表文言其在任不久即遷官，本傳記其「總知五禮事」後「出為永陽內史」，又
「徵為新安太守。」〔註120〕是其離京為官後退出修禮事。

《五經》博士繆昭，事跡無考。

〔註115〕《冊府元龜》，第 6461 頁。
〔註116〕《隋書》，第 153 頁。
〔註117〕《隋書》，第 132 頁。
〔註118〕《新唐書・藝文志》史部儀注類有《士喪禮儀注》十四卷，在嚴植之名下。
〔註119〕《梁書》，第 774 頁。
〔註120〕《梁書》，第 774 頁。

9、復以禮儀深廣……更使鎮軍將軍、丹陽尹沈約，太常卿張充及臣同
　　參厥務，臣又奉別敕總知其事。末又使中書侍郎周舍、庾於陵二人
　　復豫參知。

　　據前《伏暅傳》，與伏氏總知五禮事爲徐勉、周舍。徐勉此表則云其「奉
別敕，總參其事。」又先有沈約、張充，後有周舍、庾於陵參知。蓋徐勉所
云爲伏暅離任後之事〔註121〕，《伏暅傳》則將先後任總知者並舉，以致與《上
表》小有差異。今分列諸人與治禮相關事跡如下：

　　徐勉，《梁書》卷二五《徐勉傳》云：「起家國子生。太尉文憲公王儉時
爲祭酒，每稱勉有宰輔之量……尋遷太學博士……高祖踐阼，拜中書侍郎……
嘗於殿內講《孝經》，臨川靖惠王、尚書令沈約備二傅，勉與國子祭酒張充爲
執經……時選極親賢，妙盡時譽。」〔註122〕

　　《南史》卷六〇《徐勉傳》云：「又除尚書僕射、中衛將軍……博通經史，
多識前載，齊世王儉居職以後，莫有逮者。朝儀國典，昏冠吉凶，勉皆預圖
議。」〔註123〕

　　案，徐勉爲梁代名相，又長於儀注之學，《南史》本傳記「初，勉受詔知
撰五禮，普通六年功畢，表上之日」云云，即爲本文所引之表。

　　周舍，《梁書》卷二五《周舍傳》云：「博學多通，尤精義理……起家齊太
學博士……遷太常丞……梁臺建，爲奉常丞。高祖即位，博求異能之士，吏部
尚書范雲與顯素善，重舍才器，入爲中書通事舍人……累遷中書侍郎、鴻臚卿。
時王亮得罪歸家，故人莫有至者，舍獨敦舊恩，及卒，身營殯葬，時人稱之。
召拜尚書祠部郎，時天下草創，禮儀損益，多自舍出……遷尚書吏部郎，太子
右衛率，右衛將軍……國史詔誥，儀體法律……皆兼掌之。」〔註124〕

　　《南史》卷三四《周朗傳附周舍傳》云：「於是勉、舍同參國政……二人
俱稱賢相。」〔註125〕

　　周舍在齊時曾任太常丞，入梁又爲祠部郎，可知其熟習儀注之學。表文

〔註121〕　《伏暅傳》記其任新安太守後，復爲國子國子博士，因「意望不滿，多託疾居
　　　　　家」，又往「會稽築宅」，終起爲豫章內史。則其離任後再未參與五禮修撰事。
〔註122〕　《梁書》，第 377 頁。
〔註123〕　《南史》，第 1479 頁。又記其「齊時撰《太廟祝文》二卷。」
〔註124〕　《梁書》，第 375 頁。
〔註125〕　《南史》，第 896 頁。

云其以中書侍郎參知五禮事，《梁書》卷一六《王亮傳》記亮天監二年因元會失禮，貶爲庶人，天監九年卒〔註126〕。《隋書》卷七《禮儀志二》記「（天監）七年，舍人周舍議」祭日乘玉輅事〔註127〕。則周舍任中書侍郎、始參知五禮事當天監七年至九年間。《伏暅傳》記其爲總知，而表文只言參知五禮，或周舍參與修禮事雖晚，然其位望較高，故有稱其爲總知者。

沈約，《梁書》卷一三《沈約傳》云：「時竟陵王亦召士，約與蘭陵蕭琛、琅邪王融、陳郡謝朓、南鄉范雲、樂安任昉等皆遊焉，當世號爲得人……（齊）明帝即位……遷國子祭酒……明帝崩，歸政於冢宰，尚書令徐孝嗣使約撰定遺詔……高祖受禪，爲尚書僕射……天監二年，遭母憂……起爲鎮軍將軍、丹陽尹……十二年，卒官。時年七十三。」〔註128〕

《南史》卷五七《沈約傳》云：「歷仕三代，該悉舊章，博物洽聞，當世取則。」〔註129〕

案，表文記沈約以鎮軍將軍、丹陽尹參五禮事，《梁書》本傳言其任此二職在天監二年爲母服喪中，「服闋，遷侍中、右光祿大夫」。則其開始參與修禮約在天監二年至四年之間，同時在任又有徐勉、張充，三人參知修禮事時何佟之尚任總知，是三人在任較伏暅爲早，其後徐勉又奉旨總參修禮事，則在伏氏離任之後。

沈約在南齊曾任國子祭酒，何胤之後本當接掌五禮事，但明帝最終任用徐孝嗣，已見前文。沈約既以博學聞名，又擅長音律，天監初武帝下詔訪古樂，沈約即多有建議。其後梁之樂章亦多出自其手，事見《隋書·音樂志》〔註130〕，此處不備引。

張充，《梁書》卷二一《張充傳》云：「父緒，齊特進，金紫光祿大夫，有名前代……後爲司徒諮議參軍……並爲司徒竟陵王賓客……高祖霸府開……遷梁王國郎中令、祀部尚書……天監初，除太常卿……充長於義理，登堂講說，皇太子以下皆至。」〔註131〕

案，張充治學以義理見長，又曾任禮官，均與其父相似。《梁書》卷二

〔註126〕《梁書》，第 268 頁。
〔註127〕《隋書》，第 133 頁。
〔註128〕《梁書》，第 233 頁。
〔註129〕《南史》，第 1413 頁。
〔註130〕《隋書》，第 293 頁。
〔註131〕《梁書》，第 327 頁。

《武帝紀中》云：「（天監）五年……二月庚戌，以太常張充爲吏部尚書。」
〔註132〕則其參知五禮事，當不晚於天監五年。

庾於陵，《梁書》卷四九《文學・庾於陵傳》云：「七歲能言玄理。及長，精警博學，有才思。天監初，齊隨王子隆爲荆州，召爲主簿，使與謝朓、宗夬抄撰群書……遷驃騎錄事參軍，兼中書通事舍人……累遷中書黃門侍郎，舍人、中正並如故。」〔註133〕

以上概述齊、梁修《五禮儀注》始末，並列舉參與修撰者事跡，參照《梁書》及《南史》《儒林傳》，可以看出此次修撰幾乎囊括了齊、梁間所有以禮學知名的學者，未參與修禮學者中，崔靈恩自北齊歸梁，已在天監十三年五禮修成以後，皇侃師事賀瑒，「精力專門，盡通其業」，當因其資歷尚淺，未被選爲五禮舊學士，但仍有可能以助撰學士身份參與了修禮。其餘如司馬筠，天監初嘗爲祀部郎，《隋書・禮儀志》載其參議修定梁禮，因非直接參與修撰事，故不論〔註134〕。彙集了眾多禮學名家，《五禮儀注》的修撰實可稱得上是齊、梁經學與南朝現行禮樂制度的一次「親密接觸」了，單就修撰者學識而言，此次制禮活動的學術含量在整個禮書修撰史上也是罕有其匹的。

二、禮局、修撰官職掌及相關制度考論

前文已詳述齊、梁兩代置禮局，修撰《五禮儀注》之始末及所涉人員事跡，對於相關職官制度也有所涉及。本節則專論禮局及相關職官建置、職掌問題〔註135〕，以考見兩代從制度建設方面對修禮事業的支持。此外，南齊總明觀學士、國子祭酒與梁初《五經》博士從職能和人員配置等方面，與修禮事業有重大關係，故均在考論範圍。

1、禮局及治禮學士

《南齊書》卷九《禮志上》云：「永明二年，步兵校尉伏曼容表定禮樂，於是詔王儉制定新禮，立治禮樂學士及職局，舊學四人、新學六人、正書令史各一人、幹一人、秘書省差能書子弟二人，因集前代，撰治五禮，吉、凶、

〔註132〕《梁書》，第43頁。
〔註133〕《梁書》，第43頁。
〔註134〕以上諸人事跡見《梁書》卷四八《儒林傳》。
〔註135〕單純從典制、職官研究角度看，禮局、學士等相關制度也頗有可考證之處。本文主要側重與制禮有關問題。

賓、軍、嘉也。文多不載。」〔註136〕

據前引周一良先生考證，此處所言永明二年所立之「職局」非機構之名，當理解爲低級侍衛武官。或並非職銜，僅爲「職掌、建置」之意。然其時主事之人既定，又立治禮樂學士，包括令史、軼、抄寫弟子等人員配置一應俱全。若言此時並無修禮局之機構名號存在似有違常理。筆者之前推測，《禮志》所言永明二年所立治禮樂學士與永明三年遷入王儉府的總明觀學士可能爲同一批人，時間上的差異恐爲記載之誤（《上表》記立治禮樂學士即在永明三年）。由於修撰處設於王儉丹陽尹郡府，所以不稱禮局。此前總明觀學士遷入儉府，則總明學士仍在而總明觀之名則無，其例一也。

史料中明確記載之南齊禮局，見表文「永元中，孝嗣於此遇禍，又多零落。當時鳩斂所餘，權付尙書左丞蔡仲熊、驍騎將軍何佟之共掌其事。時修禮局在國子學中門外，東昏之代，頻有兵火。」又，《南齊書》卷九《禮志上》云：「永元元年，步兵校尉何佟之議曰：『……佟之任非禮局，輕奏大典，實爲侵官，伏追慚震。』從之。」〔註137〕皆可證永元元年時有設於國子學中門外之禮局〔註138〕。然禮局始設，是否即在此時，尙有疑問。據常理推測，王儉永明七年卒後，府中治禮學士或即總明學士中一部分無由再住儉家。其後繼任掌治五禮者均爲國子祭酒，則禮局作爲修五禮機構正式出現，並於此時遷入國子學內，可謂順理成章。但是仍有支持禮局出現可能較晚的一些材料，亦不容忽視。《南齊書》卷九《禮志上》記永明十一年，兼祠部郎何佟之議社稷壇之朝向，奏請改定《儀注》。其時「儀曹稱治禮學士議」云云，佟之又駁其議。後「治禮又難佟之，凡三往返。至建武二年，有司議：『治禮無的然顯據。』佟之議乃行。」〔註139〕案，由於史籍中缺少對南齊

〔註136〕《南齊書》，第117頁。

〔註137〕《南齊書》，第140頁。

〔註138〕南齊國子學之具體位置，《健康實錄》卷九記東晉孝武帝太元十年春：「尙書令謝石以學校陵遲，上書請興復國學與太廟之南。」後又引梁人顧野王《輿地記》云：「在江寧縣東南二里一百步右御街東，東逼淮水，當時人呼爲國子學。西有夫子堂，畫夫子及十弟子像。西又有皇太子堂，南有諸生中省，門外有祭酒省、二博士省，舊置博士二人。梁大同中，又置正言博士一人，加助教理禮（筆者按，理當作治，避唐諱改。此處標點或當作『加助教、治禮』，爲兩種職官。）。」中華書局，1986年，第277頁。《南齊書》卷二八《崔祖思傳》記其於齊初啓陳政事云：「宜太廟之南，弘修文序。」皆可證南齊國子學在太廟之南。

〔註139〕《南齊書》，第137頁。

儀曹、禮局、治禮學士三者間統轄關係的準確記載。所謂「儀曹稱治禮」似乎可以理解爲永明十一年時，治禮學士尚爲儀曹下屬，此時尚在何胤初掌五禮事不久。又，據前述修禮始末，建武四年何胤歸隱，徐孝嗣接掌五禮，當時具體負責修撰者爲儀曹令史，而不言治禮學士。至於表文記梁初何佟之奏請禮局省置之宜，云：「時尚書省參議……宜俟隆平，徐議刪撰，欲且省禮局，並還尚書儀曹。」是禮局原屬尚書省儀曹之證，然其所言當爲齊末何佟之、蔡仲熊共掌修禮事時之制度，無法左證之前禮局早立的猜測。要之，尚書儀曹至遲在何胤主持期間已參與五禮修撰事，期間治禮學士是否亦由其統轄不詳。至徐孝嗣掌修禮事時，儀曹令史直接從事修禮〔註 140〕。禮局之設立可視爲爲南齊修禮事業獨立、專門化發展在制度上的一個體現。至於設立時間，當不晚於永元元年，即在徐孝嗣監修之末期〔註 141〕。

　　梁初未廢置禮局，然史籍中言及梁代之禮局頗少。《隋書》卷一三《音樂志上》云：「梁氏之初，樂緣齊舊。武帝思弘古樂，天監元年，遂下詔訪百僚……是時北中郎司馬何佟之上言：『案《周禮》「王出入則奏《王夏》，尸出入則奏《肆夏》，牲出入則奏《昭夏》」。今樂府之《夏》，唯變《王夏》爲《皇夏》，蓋緣秦漢以來稱皇故也。而齊氏仍宋儀注，迎神奏《昭夏》，皇帝出入奏《永至》，牲出入更奏引牲之樂，其爲舛繆，莫斯之甚。請下禮局改正。』」〔註 142〕而其局員、相關制度均無考。天監四年，立《五經》博士，五禮學士四人入選，分館授徒，則治禮之事或隨在各博士之處。

　　南齊治禮學士設立之初〔註 143〕，有所謂「舊學四人」、「新學六人」之分。亦即表文所謂「新舊學士」。其含義不詳。從字面推測似就治禮之學術而言。然則新學之學士比重大於舊學，與梁武所斥「不以稽古」相應。南齊治禮學士今可考見姓名者惟何胤主持時助撰劉繪、杜棲二人。其中劉繪爲奉帝命助

〔註 140〕此時治禮學士是否存在亦不詳。
〔註 141〕需要指出的是，治禮學士制度之於齊、梁五禮修撰事業的意義遠大於禮局。後者的功能主要是爲治禮學士提供場所，其自身地位並不甚高。關於禮局設立時間的考證，主要目的還是澄清史實。筆者仍然傾向於認爲，南齊禮局之設立不會過晚。尚書儀曹本負責修禮，已見前注。以治禮學士爲主體的禮局在名義上隸屬儀曹，其制可能出現在何胤掌修期間，甚至更早（至明帝不重學，禮局制度此間曾受到一定破壞）。但由於材料太少，無法確證。
〔註 142〕《隋書》，第 287 頁。
〔註 143〕亦有簡稱爲「治禮」者，見前引《南齊書・禮志》永明十一年何佟之與治禮議社稷壇朝向事。

撰，杜棲則爲何胤所選，知當時學士選用制度並非有一定之規。

梁代，「五禮各置舊學士一人，人各自舉學士二人相助抄撰」，並以舊學士明山賓等五人分掌五禮，俱見表文。而其中「舊學士」似乎並無區分新舊學術之意，《隋書》卷一三《音樂志上》載沈約答武帝訪古樂詔云：「竊以秦代滅學，《樂經》殘亡……宜選諸生，分令尋討經史百家，凡樂事無大小，皆別纂錄。乃委一舊學，撰爲樂書……以定大梁之樂。」〔註144〕知當時制樂之事擬另訪舊學爲之，不與修禮事同。而「舊學士」則當與「舊學」同義，指年高望重之學者〔註145〕。

齊、梁修撰五禮，於治禮學士外尚設有諸種職官，分考如下：

（1）總知

梁代有「總知」、「總參」五禮事之稱，即總負責五禮修撰事之人。南齊歷任總負責者已考在前。梁代最初以齊末任總知之一何佟之總參五禮，併兼掌凶禮，佟之亡後，伏暅任總知，亦曾掌凶禮。又有徐勉、周舍等亦稱總知。案，歷代修撰大型官書，多以高官顯貴掛名主持，實則不預其事。然通觀齊、梁歷任總知者，惟齊之徐孝嗣屬此種情況，餘者多爲精通禮學之名儒學者。故各人總知五禮修撰事外，如何胤、何佟之、伏暅又皆能分治一禮。而兩代總知者往往分撰凶禮，不知是否因南朝禮學風尚特重喪服之故。

（2）參知

南齊不聞有參知之設。據表文，梁代先有沈約、張充、徐勉「同參厥務」，又有周舍、庾於陵「復豫參知」。參知一職似無具體分掌。

《梁書》卷三八《賀琛傳》云：「高祖聞其學術，召見文德殿，與語悅之，謂僕射徐勉曰：『琛殊有家業。』……俄兼太學博士，稍遷中衛參軍事、尚書通事舍人，參禮儀事……傾之，遷御史中丞，參禮儀事如先……俄復爲尚書左丞，遷給事黃門侍郎，兼國子博士，未拜，。改爲通直散騎常侍，領尚書左丞，並參禮儀事……遷散騎常侍，參禮儀如故。」〔註146〕

案，賀琛爲賀瑒之姪，能傳其禮學，本傳云：「琛幼，伯父瑒授其經業，

〔註144〕《隋書》，第 288 頁。
〔註145〕如果我們假定梁代舊學士確就資望而言，則舊學士所舉之抄撰學士有可能即爲資歷稍遜者。如此抄撰學士相對舊學士而言實可稱之爲新學士，和南齊舊學學士、新學學士可相對照。
〔註146〕《梁書》，第 541 頁。

一聞便通義理……閒則習業，尤精《三禮》……所撰《三禮講疏》、《五經滯義》及諸儀法，凡百餘篇。」〔註147〕又云其「前後居職，凡郊廟諸儀，多所創定。」〔註148〕史籍中記賀琛議禮事跡頗少，而本傳於其所歷諸職均言有參禮儀事之任。蓋賀琛以禮學通明見賞於武帝，故帝常使其參議禮儀，並非一常設職官。

（3）其它

表文及相關材料中涉及職官還有禮局下屬令史、書手之類，由於此類職官非修禮事獨有，在此不詳考。

值得一提的是梁代《五經》典書一職，表文記天監十一年五禮皆修成上尚書省後云：「又列副秘閣及《五經》典書各一通。繕寫校定，以普通五年二月始獲洗（《冊府》作完）畢。」案，典書乃掌文書、圖籍之下級官吏，漢後歷代皆置。《五經》典書作爲《五經》博士屬吏，參與了《五禮儀注》繕寫校定工作，其實是《五經》博士與修禮事關係密切的一個體現，後文有詳論〔註149〕。

2、南齊總明觀祭酒與國子祭酒

《南齊書・百官志》總明觀、國子學同列太常屬官。二者建置情況約略已考證於前。其下屬之祭酒、學士等均與議禮、治禮事相關，分考如下：

總明觀，《南齊書》卷一六《百官志》云：「總明觀祭酒一人，右泰始六年，以國學廢，初置總明觀，玄、儒、文、史四科，科置學士各十人，正令史一人，書令史二人，幹一人，門吏一人，典觀吏二人。建元中，掌治五禮。永明三年，國學建，省。」〔註150〕

本文之前已論述總明學士與永明初所立治禮學士關係，均爲之前論者所未涉及。再比較二者之建置，總明觀未廢前之屬官，「科置學士各十人，正令史一人，書令史二人，幹一人，門吏一人，典觀吏二人。」與前引《禮志》所記永明初所置「治禮樂學士及職局，舊學四人、新學六人、正書令史各一人、幹一人。」頗爲相似〔註151〕。

〔註147〕《梁書》，第 540 頁。

〔註148〕《梁書》，第 543 頁。

〔註149〕姚振宗云：「五經典書似即五禮總序之文列之卷首分爲五篇者歟？」乃其不明職官制度之失。《隋書經籍志考證》，第 285 頁夾註。

〔註150〕《南齊書》，第 315 頁。

〔註151〕治禮學士恰與總明學士中一科相當（推測爲其中儒學學士充任），亦可左證本文之前提出治禮學士由總明學士中一部份兼掌的推測。當然也可能因爲此種

《南齊書》卷三六《謝超宗傳》云：「有司奏立郊廟歌，敕司徒褚淵、侍中謝朏、散騎侍郎孔稚珪、太學博士王詗之、總明學士劉融、何法岊、何曇秀等十人並作。」〔註152〕案，此爲總明學士建元中掌治五禮之證〔註153〕，史傳記其事跡皆過於簡略，又與治禮事五關，今不引。又有何憲、何佟之亦曾爲總明學士〔註154〕，詳後。總明觀最初即因國諱廢學而設〔註155〕，而其學士又有轉爲國子學屬員者，益可見兩者關係之密切。總明觀於永明三年省，其學士入王儉宅，以宅爲府，則總明觀之名當無。王儉永明七年卒，以常理度之，總明學士自不當再住於王儉府中，其中兼治禮樂學士者或即轉入設於國子學內之禮局。筆者認爲，至少有部分總明學士改任國子學屬官。以下據何憲、何佟之二人仕履考證。

《南齊書》卷三九《陸澄傳》云：「儉自以博聞多識，讀書過澄……儉集學士何憲等盛自商略。澄待儉語畢，然後談所遺漏者數百千條。」〔註156〕此學士當爲總明觀學士〔註157〕。《南史》卷四九《王諶傳附何憲傳》云：「博涉該通、群籍畢覽，天閣寶秘，人間散逸，無遺漏焉……位本州島別駕、國子博士。」〔註158〕案，何憲任國子博士當在其爲總明學士之後，《陸澄傳》所記可補《南史》仕履之遺。史傳又不言其間別任何職，推測即因總明觀廢而改任國子學博士〔註159〕。

員屬配置乃是南齊學士定制。總明觀下屬「典觀史」應該是負責觀內日常雜務的小史。「職局」的職能與其有類似之處。

〔註152〕《南齊書》，第636頁。

〔註153〕此「五禮」乃就禮樂制度而言，非指《五禮儀注》。

〔註154〕《南史》卷七二《文學・司馬憲傳》云：其「待詔東觀爲學士，至殿中郎……使魏見稱於北。」案，前考司馬憲與陸澄、伏曼容共撰《喪服義》，並推測其在王儉主持時參與《五禮儀注》修撰，《南齊書》卷九《禮志上》記「建元元年七月……殿中郎司馬憲」議禮事，則其至永明時已非總明學士。
此外，史籍中可考見南齊歷任總明觀祭酒有虞願、丘靈鞠、王諶等，見各人本傳。因與修禮事關係較少，在此不詳考。

〔註155〕案，南齊屢有國諱廢學之議，《南齊書》卷九《禮志上》云：「建武四年正月，詔立學。永泰元年，東昏侯即位，尚書符依永明舊事廢學。」

〔註156〕《南齊書》，第685頁。

〔註157〕案，《南齊書》記此事在陸澄永明元年領國子博士後，此時南齊之學士見於史籍者以總明學士爲多。

〔註158〕《南史》，第1213頁。

〔註159〕《南齊書》卷三四《孔逭傳》云：「時人呼孔逭、何憲爲王儉三公。」王儉任國子祭酒，家中又有總明學士。何憲既爲儉之腹心，則其改任國子學屬官，順理成章。此外，本文此處未考慮兼職情況，蓋因史籍中少見同時任總明學

　　《梁書》卷四八《儒林‧何佟之傳》云：「起家揚州從事，仍爲總明觀學士。」〔註 160〕《南史》卷七一《儒林‧何佟之傳》云：「仕齊，初爲國子助教。」〔註 161〕《南齊書》卷九《禮志上》記「永明三年……助教何佟之」議禮事〔註 162〕。案，何佟之永明三年時任國子助教，則其爲總明觀學士，尚在此前〔註 163〕。

　　國子學爲貴族子弟教育機構，《南齊書》卷一六《百官志》云：「國子祭酒一人，博士二人，助教十人。建元四年，有司奏置國學，祭酒準諸曹尚書，博士準中書郎，助教準南臺御史。選經學爲先。若其人難備，給事中以還明經者，以本位領。其下典學二人，三品，準太常主簿；戶曹、儀曹、各二人，五品；白簿治禮吏八人，六品……其夏，國諱廢學，有司奏省助教以下。永明三年，立學，尚書令王儉領祭酒。八年，國子博士何胤單爲祭酒，疑所服，陸澄等不能據，遂以玄服臨試。月餘日，博議定，乃服朱衣。」〔註 164〕

　　建元四年，國學初立，張緒以太常卿領國子祭酒，《南齊書》本傳記其「世祖繼位，轉吏部尚書，祭酒如故，永明元年遷金紫光祿大夫，領太常。」〔註 165〕《南齊書》卷九《禮志上》云：「建元四年，世祖繼位……尚書領國子祭酒張緒等十七人並同儉議。」〔註 166〕《南齊書》卷三九《陸澄傳》云：「（建元）四年，領國子博士……永明元年……尋領國子博士……尋領國子祭酒。」〔註 167〕張緒首任國子祭酒，在任未幾，國諱廢學，省助教以下，而祭酒不省。故其任職至世祖繼位之初。永明元年則有陸澄接任。二年王儉

　　　　士與國子學官者。
〔註 160〕《梁書》，第 664 頁。
〔註 161〕《南史》，第 1734 頁。
〔註 162〕《南齊書》，第 142 頁。
〔註 163〕在不考慮兼官的情況下，我們當然也可以推測何佟之先任國子助教，後爲總明學士。但如此就還須假設永明三年總明觀在廢入王儉府後仍在增置新員，這似乎與常理不合。畢竟總明觀設立之目的即作爲國子學因故廢置時的補充。國學既立，爲了安置舊有學士，將其遷入儉府，應該只是一種臨時措施。至於部分學士與修《五禮儀注》，既是總明學士職責所在，但恐怕也由於議定王儉主持修禮後，府中恰有總明學士，便於選用之故。
〔註 164〕《南齊書》，第 315 頁。
〔註 165〕《南齊書》，第 601 頁。
〔註 166〕《南齊書》，第 121 頁。
〔註 167〕《南齊書》，第 683 頁。

任祭酒，並掌治五禮。其後歷任張緒、何胤均爲主持修禮者，國子祭酒掌治五禮在此期間幾成定制。故王儉卒後張緒接掌五禮，而帝命竟陵王子良辭祭酒以授之，張緒二任祭酒，未幾即卒。子良再任祭酒，因其將治禮事轉付何胤，故何胤於永明八年單做祭酒。《百官志》此處特書其「單做」，蓋因前任國子祭酒多以他官兼領。何胤此任有違常例，故書之。而何氏違例單做之原因乃在此前治禮者必爲國子祭酒之制。

此制度直至明帝朝方打破。建武四年，何胤歸隱。《梁書》卷一三《沈約傳》云：「明帝繼位……徵爲五兵尙書，遷國子祭酒。」〔註168〕則此時本當由時任國子祭酒之沈約接任治禮事。然明帝只委之於尙書令徐孝嗣，其後接任者蔡仲熊、何佟之亦非祭酒。

國子學與治禮相關尙有如下事：

禮局於何佟之主持時設於國子學中門內，可推測較早時亦設於此，顯然與歷任掌治五禮者多爲國子祭酒有關。國子學屬官有「白簿治禮吏」，當屬低級治禮官〔註169〕。南齊議禮程序據《南齊書・禮志》所記爲「通關尙書丞郎並下二學詳議。」〔註170〕其中當然也包括議定《五禮儀注》。

以下引三則《禮志》所記國子博士、助教議禮事跡：

「建武二年正月，有司以爲世宗文皇帝今二年正月二十四日再忌日……至尊及群臣泄哀之儀，應定準。下二學、八座丞郎……給事中領國子助教謝曡濟議……太學博士崔慞同陶韶議，太常沈俒同李撝議，國子博士劉瓛等同謝曡濟議……祠部郎何佟之議曰……尙書令王晏等十九人同佟之議，詔『可』。」〔註171〕

「隆昌元年，有司奏，參議明堂，咸以世祖配。國子助教謝曡濟議：『……宜祖宗兩配，文武雙祀。』助教徐景嵩、光祿大夫王逡之謂宜以世宗文皇帝

〔註168〕《梁書》，第233頁。
〔註169〕前引顧野王《輿地記》云梁代國子學「大同中，又置正言博士一人，加助教理禮。」「理」當作「治」，知梁代國子學亦有負責治禮官員。
〔註170〕《南齊書》，第121頁。此外尙有「付尙書及二學詳議」等說法，均大同小異，不全引。劉宋之議禮程序據《宋書》卷一四《禮志》記載有「宜下二學禮官、博士」、「輒勒二學禮官議正」等，逕稱國子學學官爲禮官（案，南朝之太學非有員屬之實體，參見閻步克先生《察舉制度變遷史稿》第十章附錄《南朝二學考》，中國人民大學出版社，2009年，第197頁），可見宋、齊學官與制禮、議禮事均有參與之責。
〔註171〕《南齊書》，第164頁。

配。祀部郎何佟之謂：『……謂文皇宜推世祖以配帝。雖事施於尊祖，亦義章於嚴父焉。』左僕射王晏議……詔『可』。」〔註172〕

「永明六年，太常丞何諲之議……國子助教桑惠度議……諲之議不行。」〔註173〕

綜合此節及前文所考，南齊制禮、議禮之責大體分在尚書儀曹、總明觀學士、國子學學官、治禮學士四處〔註174〕。儀曹掌治儀注，爲其職責所在。總明觀、國子學名義上雖屬太常，實爲學術、教育機構，其學士、學官多飽學宿儒，參禮儀事爲歷代慣例。南齊爲修《五禮儀注》新立治禮學士，可以說是禮書修撰制度進一步專門化的體現。但首批學士之人選即與總明學士有密切聯繫，歷任總知者多爲國子祭酒。相較之下，梁初預修五禮者大部分併非來自以上幾種機構，可見梁代在制度專門化方面更爲徹底〔註175〕。

3、梁代五經博士

《梁書》卷四八《儒林傳・序》云：「高祖有天下……詔求碩學，治五禮，定六律……天監四年詔曰：『可置五經博士各一人。』於是以平原明山賓、吳郡陸璉、吳郡沈峻、建平嚴植之、會稽賀瑒補博士。各主一館……七年，又詔曰：『……宜大啓庠斆，博延冑子。』」〔註176〕

案，梁代未見有總明觀之設，其立學似較晚〔註177〕。故其修禮、議禮事較集中於禮學士、禮官。五經博士之設在五禮學士後兩年，五禮學士中四人入選。唯一未嘗爲五禮學士而爲《五經》博士之沈峻，《陳書》卷三三《儒林・

〔註172〕《南齊書》，第 128 頁

〔註173〕《南齊書》，第 133 頁。

〔註174〕《禮志》記太常屬官參與議禮亦不鮮見，但由於太常負責具體行禮，於制定儀注事參與較少，故此處暫不論。

〔註175〕當然，選用有修撰經驗的舊有學士或現有相關人員（如明帝時之儀曹令史）修禮，效果並不必然的遜色於梁代主要從禮學水平高低考慮任用的制度。事實上，通過前文所考，我們可以看到南齊在修禮制度建設方面一度頗有連續性，人選方面也不存在大的問題，最終其書未成應該是多方面因素造成的。齊代將修禮學士制度融合於舊有制度的做法與梁初專爲修一書而選用學士的制度很難說何者更爲優越。

〔註176〕《梁書》，第 462 頁。

〔註177〕《儒林傳》明言天監七年立學，然前引《伏暅傳》記其「高祖踐阼，遷國子博士，父憂去職。」《伏曼容傳》云曼容「天監元年卒官。」則伏暅天監元年即爲國子學屬官。又，沈峻任兼國子助教在初立五經博士初立前，亦當早於天監七年（見下文注）。如此則梁初時即有國子學學官，然《儒林傳》所記又似無誤，且不能排除梁代先有國子學學官而招納生員較晚的可能。姑存之待考。

沈文阿傳》云：「父峻，以儒學聞於梁世……自太清之亂，臺閣故事，無有存者，文阿父峻，梁武世嘗掌朝儀，頗有遺稿。」〔註178〕案，《梁書》卷四八《儒林·沈峻傳》云：「博通《五經》，尤長《三禮》。初爲王國中尉，稍遷侍郎，併兼國子助教。時吏部郎陸倕與僕射徐勉書薦峻曰『五經博士庾季達須換，計公家必欲詳擇其人。凡聖賢所講之書，必以《周官》立義……惟助教沈峻，特精此書。弟謂宜用此人。』勉從之。奏峻兼五經博士。與館講授，聽者常數百人。」〔註179〕前引《儒林傳·序》，沈峻爲首批五經博士之一〔註180〕。雖未兼任五禮學士，然其「掌朝儀」，亦可知《五經》、五禮兩種學士關係之密切〔註181〕。尤可注意者，所謂「遺稿」，當即爲梁初所修之《五禮儀注》。其子沈文阿在陳時修禮，即據此存稿，此爲梁修《五禮儀注》流傳存佚之大事，詳後文。沈峻以《五經》博士而有五禮學士所脩儀注，當即表文所云《五經》典書處所保存之副本。

三、《儀注》體例、材料來源及相關問題考論

齊、梁所修《五禮儀注》歷經太清之亂，至隋時大部份均已亡佚。《隋書·經籍志》所記不足二十卷，而史籍言其卷數又多有不同，可見是書原貌已久不爲人所知。《隋書·禮儀志》中保留了部份梁初武帝、禮官、學士議禮言論。其中涉及兩代儀注成書、存佚、體例處頗多，可謂彌足珍貴。存佚、流傳問題關涉《五禮儀注》於禮制史之意義，後章還將詳述。《隋志》中諸種材料是探討齊、梁儀注沿革的關鍵，本章將重點考證。

1、卷數、存佚及體例

表文云：「五禮之職，事有繁簡，及其列畢，不得同時。《嘉禮儀注》以天監六年五月七日上尚書，合十有二秩，一百一十六卷，五百三十六條。《賓禮儀注》以天監六年五月二十日上尚書，合十有二秩，一百三十三卷，五百

〔註178〕《陳書》，第434頁。
〔註179〕《梁書》，第164頁。
〔註180〕《沈峻傳》記其接替庾季達兼任五禮博士，與此矛盾。庾季達事跡未詳。
〔註181〕關於五經博士及五館生相關問題，可參考閻步克先生《察舉制度變遷史稿》，中國人民大學出版社，2009年，第218頁。梁初首批《五經》博士多爲五禮學士兼任，又有《五經》博士繆昭掌修凶禮，《儀注》撰成，除副秘閣外，《五經》典書處亦有副本。足見兩種學士制度關係之密切，有可能《五經》博士之設立就是基於之前五禮學士制度的成功。

四十五條。《軍禮儀注》以天監九年十二月二十九日上尙書，合十有八秩，一百八十九卷，二百四十條。《吉禮儀注》以天監十一年十一月十日上尙書，合二十有六秩，二百二十四卷，一千五條（《冊府》作一千五百，依各書條數推算，《冊府》誤）。《凶禮儀注》以天監十一年十一月十七日尙尙書，合四十有七秩，五百一十四卷，五千六百九十三條。大凡一百二十秩，一千一百七十六卷，八千一十九條。又列副秘閣及《五經》典書各一通。繕寫校定，以普通五年二月始獲洗（《冊府》作完）畢。」〔註182〕

　　案，天監六年至十一年間五禮《儀注》相繼告成。然諸禮之卷數，史籍、目錄記載各異。《隋書‧經籍志》史部儀注類云：「梁《吉禮儀注》十卷，明山賓撰；梁《賓禮儀注》九卷，賀瑒撰。」注云：「案，梁明山賓撰《吉禮儀注》二百六卷，錄六卷；嚴植之《凶儀注》四百七十九卷，錄四十五卷；陸璉《軍儀注》一百九十卷，錄二卷；司馬褧《嘉儀注》一百一十二卷，錄三卷。並亡，存者惟士吉及賓十九卷。」〔註183〕

　　章宗源《考證》云：「《隋志》所記卷數與《梁書》本傳及《五禮表》所載不盡合。」

　　姚振宗《考證》云：「此注漏賀瑒卷目，似傳寫之失。其四禮卷數與《梁書》徐勉《表》上目錄亦各不相符，今無從知矣。」〔註184〕

　　案，《五禮儀注》卷數除《隋志》、本傳、表文所記外〔註185〕，尙見於《冊府元龜》卷五六四《掌禮部‧儀注》所列歷代修撰儀注者事跡後，分列於下：「嚴植之……撰《儀注》四百七十九卷，錄四十五卷……明山賓……撰《吉禮儀注》二百四十四卷，《禮儀》二十卷，《孝經喪服》十五卷，錄六卷。（一云《吉禮儀注》十卷、《賓禮儀注》十卷。）……陸璉，撰《軍禮儀注》一百九十二卷，錄二卷……賀瑒撰《賓禮儀注》一百四十五卷（一云九十卷）……司馬褧……撰《嘉禮儀注》一百一十二卷，錄二卷。」〔註186〕《冊府》此處列舉諸禮卷數，材料當據諸史本傳及目錄。然與前引諸說均不同，相差之數亦無規律可循。蓋其所據諸史即與今本不同。

〔註182〕《梁書》，第382頁。
〔註183〕《隋書》，第970頁。
〔註184〕《隋書經籍志考證》，第284頁夾註。
〔註185〕五禮學士各人本傳所記《儀注》卷數與《上表》同，此外，《舊唐書‧經籍志》、《新唐書‧藝文志》收錄多種五禮學士分撰《儀注》，卷數較少，均非完本。
〔註186〕《冊府元龜》，第6475頁。

　　值得注意的是，梁修《五禮儀注》卷數之多在古代禮書修撰史上極爲罕見。《晉書》卷一九《禮志上》云：「及晉國建，文帝又命荀顗因魏代前事，撰爲新禮。參考古今，更其節文。羊祜、任愷、應貞並共刊定，成百六十五篇，奏之。尚書僕射朱整奏付尚書郎摯虞討論之。虞表所宜增損云：『……又此禮當班於天下，不宜繁多。顗爲百六十五篇，篇爲一卷，合十五餘萬言。臣尤謂卷多文煩，類皆重出。案《尚書‧堯典》祀山川之禮，惟於東嶽備稱牲幣之數，陳所用之儀，其餘則但曰「如初」……文約而義舉。今禮儀事通而名異者，輒別爲篇，卷煩而不典。皆宜省文通事，隨類合之。事有不同，乃列其異。如此，所減三分之一。』虞討論新禮訖，以元康元年上之。所陳惟明堂五帝、二社六宗及吉凶王公制度，凡十五篇。有詔可其議。」〔註 187〕

　　案，晉初荀氏初定之新禮，與摯虞刊定後之本，一繁一簡，主要差別在於記同類儀制之詳略，正是儀注書修撰兩種不同體例。梁修五禮卷數極多，可推測其寫法當接近於荀顗新禮。但須指出的是，其後採用了類似體例的《大唐開元禮》卷數仍不及之〔註 188〕。

　　南齊修《五禮儀注》未成，然其書於梁初尤存。《南齊書》卷九《禮志上》云：「永明二年，步兵校尉伏曼容表定禮樂，於是詔尚書令王儉制定新禮……因集前代，撰治五禮。吉、凶、賓、軍、嘉也。文多不載。若郊廟庠序之儀，冠婚喪紀之節，事有變革，宜錄時事者，備今志。」〔註 189〕《資治通鑒》卷一四七梁天監十一年節云：「初，太子步兵校尉伏曼容表制一代禮樂……經齊末兵火，僅有在者。」〔註 190〕案，此兩條材料均顯示至少天監年間，齊代儀注尚有存者，然數量頗少〔註 191〕。至於梁修《五禮儀注》，《陳書》卷三三《儒林‧沈文阿傳》云：「自太清之亂，臺閣故事，無有存者，文阿父峻，梁武世嘗掌朝儀，頗有遺稿，於是斟酌獨撰，禮度皆自之出。」〔註 192〕案，沈峻梁初爲《五經》博士，此處所云之遺稿，當即天監十一年後，五禮分別撰畢，副《五經》典書處之《五禮儀注》，存在博士處至普通五年繕寫校定完成，故

〔註 187〕《晉書》，中華書局，1974 年，第 581 頁。
〔註 188〕這裏只就梁修五禮而言，南齊儀注幾經散佚，卷數無考。
〔註 189〕《南齊書》，第 117 頁。
〔註 190〕《資治通鑒》，第 4603 頁。
〔註 191〕筆者以爲，梁初曾據齊儀行禮，南齊儀注其時見存者實不少，詳本章後文。
〔註 192〕《陳書》，第 434 頁。

未全毀於兵燹〔註 193〕。

梁《五禮儀注》一重要體例是將梁武帝本人參與議禮時所作裁斷列於卷首。表文云：「若有疑義，所掌學士當職先立議，通咨五禮舊學士及參知，各言異同，條牒啓文，決之制旨。疑事既多，歲時又積，制旨裁斷，其數不少，莫不網羅經誥，玉振金聲，義貫幽微，理入神契。前儒所不釋，後學所未聞。凡諸奏決，皆載篇首。具列聖旨，爲不刊之則。」〔註 194〕

《隋書》卷六《禮儀志上》記許亨在陳時議禮云：「亨又奏曰：『《梁儀注》曰，一獻爲質，三獻爲文。事天之事，故不三獻。』」〔註 195〕同卷又記梁初議禮事云：「（天監）七年，帝以一獻爲質，三獻爲文，事天之道，理不應然，詔下詳議。」〔註 196〕案，許亨所引之《梁儀注》，當即梁五禮中之《吉禮儀注》，陳時是否尚存，今已難考。然其中「一獻爲質」云云正與梁武帝天監七年議禮之論合，可見其書之體例〔註 197〕。

《隋書・禮儀志》記載了大量梁武帝與五禮舊學士、參知、禮官諸人議禮、定禮事跡，爲梁代《五禮儀注》修撰過程之實錄。梁初議禮之程序據表文所言，爲「若有疑義，所掌學士當職先立議，通咨五禮舊學士及參知，各言異同，條牒啓文，決之制旨。」據《隋志》所載，又多有武帝本人先發疑義，再下詔令禮官、學士詳議之例。蓋因武帝於禮樂之學修養頗深，制禮時又時常別出新意之故。然其在與臣下議禮時能做到禮賢下士，不以帝位壓人，卷八《禮儀志三》云：「古者天子征伐，則宜於社，造於祖，類於上帝，還亦以牲徧告。梁天監初，陸璉議定軍禮，遵其制。帝曰：『宜者，請征伐之宜，造者稟謀於廟，類者奉天時以明伐，並明不敢自專。陳幣承命可也。』璉不

〔註 193〕至於這部分殘本究竟分量如何，及對陳代之影響，詳見後文。
〔註 194〕《梁書》，第 381 頁。
〔註 195〕《隋書》，第 112 頁。
〔註 196〕《隋書》，第 110 頁。
〔註 197〕案，同卷又記許亨稱梁武議風伯、雨師、五祀皆當南、北郊兩祀之說有疑當
　　　　改。其所稱引梁武之說亦當來自梁《五禮儀注》，文繁不錄。關於南齊《五禮
　　　　儀注》的體例，《南齊書》卷九《禮志上》云：「於是詔王儉……因集前代，
　　　　撰治五禮。」卷四四《徐孝嗣傳》云：「上敕儀曹令史陳淑、王景之、朱玄眞、
　　　　陳義民撰江左以來儀典，令咨受孝嗣。」由此可見，至少在王儉、徐孝嗣掌
　　　　修期間，南齊《儀注》修撰中尚記前代禮制沿革，這種體例與唐王涇《大唐
　　　　郊祀錄》、宋歐陽修等《太常因革禮》較爲接近，不過南齊《儀注》除記沿革
　　　　外還主要用於實際指導行禮，所以其具體儀節的記錄應該比以上兩書更爲詳
　　　　盡。

能對，嚴植之又爭之，於是告用牲幣，反亦如之。」〔註198〕案，減少祭祀用牲本是梁武帝一貫主張，然其終依嚴植之之議，觀此例，可知當時議禮之風氣頗爲自由。《五禮儀注》卷首之列武帝制旨亦並非只爲逢迎聖意之設〔註199〕。

以上簡述梁初議定五禮的一般情況，其新定《儀注》與南齊《儀注》間關係詳下節。

2、齊、梁《五禮儀注》與《南齊書・禮志》、《隋書・禮儀志》中所見「儀注」之關係。

《南齊書・禮志》、《隋書・禮儀志》中有許多涉及「儀注」之處。《南齊志》所稱之「儀注」，多爲南齊歷朝所撰《五禮儀注》。《隋志》所載梁初議禮材料中所涉及之「儀注」，情況則較爲複雜。既有指新修《五禮儀注》者，又有部分爲梁初時所用南齊《儀注》，很值得考察。釐清這些「儀注」具體所指，不僅有助於更好理解文義，更有利於考察梁初新修五禮與沿用前代儀注相交錯的複雜情況。但由於篇幅所限，本文此節不準備做窮盡式考察，只選取其中較有代表性的例子。以下先考《南齊書・禮志》、《隋書・禮儀志》中所見南齊《儀注》。

目錄中所見南齊一代儀注極少〔註200〕。這固然與南齊國祚較短有關，卻也反映了南齊《五禮儀注》儘管並未修成，但在實際行禮實踐中發揮了重要的作用。

《南齊書》卷九《禮志上》云：「（永明）十年……祠部郎何諲之議：『功臣配饗，累行宋世。檢其遺事，題列坐位，具書贈官爵謚及名，文不稱主，便是設板也……。』有司攝太廟舊人云見宋功臣配饗坐板，與尚書召板相似，事見《儀注》。」〔註201〕

「永明五年十月，有司奏：『南郡王昭業冠，求《儀注》未有前準。』」〔註202〕

〔註198〕《隋書》，第 159 頁。

〔註199〕本文較多關注歷代儀注沿革問題。至於梁修《五禮儀注》總體成就，由於牽涉較多，擬另撰文考之。天監《儀注》列武帝裁斷於卷首，保留了部分議禮實錄，《開元禮》只記儀節而不記沿革，《大唐郊祀錄》、《太常因革禮》記沿革而儀注不全，就這一點而言實不如齊、梁《儀注》體例完善。

〔註200〕《新唐書・藝文志》史部儀注類有嚴植之《南齊儀注》二十八卷，似爲其在梁時作。

〔註201〕《南齊書》，第 134 頁。

〔註202〕《南齊書》，第 145 頁。

「永泰元年，尙書令徐孝嗣議曰：『……先儒以禮成好合，事經於三，然後用卺合，《儀注》先酳卺，以再以三，有違旨趣。』」〔註203〕

案，以上三處均爲南齊所修《五禮儀注》，首則中《儀注》尙爲梁初史臣所見〔註204〕。後兩則均指出當時所用《儀注》之缺失、謬誤。

《隋書・禮儀志》中明言爲齊儀者，有數例：

「明堂在國之陽。梁初，依宋、齊，其祀之法，猶依齊制。禮有不通者，武帝更與學者議之。舊齊儀，郊祀，帝皆以衮冕。」〔註205〕

「齊儀初獻尊彝，明堂貴質，不應三獻。」〔註206〕

由於時代較爲接近，梁初議禮材料中類似的說法很難判斷當時是否確有齊代《儀注》可據，或只是就記憶或所見而言。

《隋志》中還有一些「儀注」，雖見於梁初禮官議禮之論，且稱爲「今儀注」，或指修撰中的梁代《儀注》，然亦有可能指梁初可見之南齊《儀注》。兩種情況中均有梁初曾短暫據齊儀行禮之痕跡，這也是本章要重點探討的，自變量例：

「天監三年……何佟之又啓……今南北二郊，《儀注》有祼，即乖尙質，謂宜革變。博士明山賓議，以爲《表記》『天子親耕，粢盛秬鬯，以事上帝』蓋明堂之祼耳。郊不應祼。帝從之。」〔註207〕案，此節記天監三年何佟之、明山賓、梁武帝議南北郊祼禮事。明氏爲五禮學士中掌修吉禮者。其既同意佟之之議，以爲《儀注》有誤，又引《禮記》以左證。而何佟之稱現行儀制「宜革變」，觀二人之語氣，所謂「今《儀注》」，似非明氏所主修之《吉禮儀注》，而是當時可見之南齊《儀注》，梁初尙依此《儀注》行禮〔註208〕。

「四年……佟之又曰：『鄭玄云：「天子諸侯之祭禮，先有祼尸之事，乃迎牲。」今《儀注》乃至薦熟畢，太祝方執珪祼地，違繆若斯。又近代人君，

〔註203〕《南齊書》，第147頁。
〔註204〕依照中華書局本斷句，何氏所議只到「有司攝太廟」句之前，這樣「事見《儀注》」就成了梁代史官的說法。如果將這一句視爲何氏所說，則此處《儀注》爲南齊所見，其中記錄了宋、齊太廟配饗坐板沿革。
〔註205〕《隋書》，第119頁。
〔註206〕《隋書》，第119頁。
〔註207〕《隋書》，第109頁。
〔註208〕據前引，梁初明堂行禮亦曾用齊儀，「其祀之法，猶依齊制」，又云「禮有不通者，武帝更與學者議之。」本段議二郊祼禮事，實與此同，惟郊祀明言有《儀注》可據，明堂雖亦用齊禮，而不言有《儀注》。

不復躬行祼禮，太尉既攝位，實宜親執其事，而越使卑賤太祝，甚乖舊典。愚謂祭日之晨，宜使太尉先行祼獻，乃後迎牲』……奏未報而佟之卒。後明山賓復申其理。帝曰：『佟之既不復存，宜從其議也。』自是使太尉代太祝行祼又牽牲。」〔註209〕案，《隋書》卷一四《樂志中》記北齊樂章，云：「進熟，皇帝入北門，奏《皇夏》樂辭。」〔註210〕後又云：「太祝祼地，奏登歌樂辭。」〔註211〕《南齊書》卷一一《樂志》云：「皇帝入廟北門奏《永至樂》歌辭。」又云：「太祝祼地奏登歌辭。」〔註212〕從樂章中反映的儀節次序來看，兩代廟禮均以進熟在祼地求神之前，而《三禮》中所記儀節次序爲先祼後獻，南、北齊之制頗異於古禮〔註213〕。蓋王肅自南齊北奔，助魏孝文帝定禮，北齊又沿用魏制，由此可見〔註214〕。觀佟之云今《儀注》「違繆若斯」、「甚乖舊典」，直指其失而語氣毫無顧忌，頗不似討論其本人正在掌修之梁《五禮儀注》。明山賓又附合其說，則此處所謂「今《儀注》」亦當爲南齊《儀注》而非明氏新定。何佟之天監四年卒，知梁代此前尚據此行禮。

同卷記何佟之天監四年議禮事，尚有「佟之曰：『《祭統》云：「獻之屬，莫重於祼。」今既存尸卒食之獻，則祼鬯之求，實不可闕，又送神更祼，經記無聞，宜依禮革。』」〔註215〕明山賓亦附議。案，此處未明言《儀注》，

〔註209〕《隋書》，第 132 頁。

〔註210〕《隋書》，第 321 頁。

〔註211〕《隋書》，第 322 頁。

〔註212〕《南齊書》，第 180 頁。

〔註213〕《禮記・郊特牲》云：「既灌然後迎牲。」鄭玄《祭統》「君執圭瓚灌尸」注云：「天子諸侯之祭禮，先有灌尸之事，乃後迎牲。」則祼地求神尚在迎牲、殺牲前，遑論進熟。此制實爲自古禮家通識。至於兩齊及梁初先獻後祼，當由秦漢以來祭祀儀節簡化之故，具體成因及源流與本文主旨無關，在此不再詳考。

〔註214〕陳寅恪先生《隋唐制度淵源略論稿》一書中關於南北朝禮儀制度淵源有相當精彩的論述，陳書云：「惟北齊儀注即南朝前期文物之蛻嬗，其關鍵實在王肅之北奔。」又云：「北齊後主時所修之五禮當即《隋志》之《後齊儀注》二百九十卷，鄴都典章悉出洛陽，故武平所修亦不過太和遺緒而已。」三聯書店，2001 年，第 13 頁。案，所謂「太和遺緒」，即指王肅助孝文制禮事。《新唐書・藝文志》儀注類有常景《後魏儀注》五十卷，陳氏以爲「常景之書撰於元魏都洛之末年，可謂王肅之所遺傳，魏收之所祖述（筆者注：魏收武平中監議五禮，見《北齊書・魏收傳》），在二者間承上啓下之產物也。」第 13 頁。要之，陳氏以南齊、北魏、北齊三代《儀注》一脈相承，持論甚精。本文所舉三代廟祭均進熟後方行祼禮，其制自成一系而與歷代不同，可爲此說之旁證。

〔註215〕《隋書》，第 132 頁。

或就所見實際行禮情況而言。送神之祼，《宋書》卷一四《禮志一》引《郊祀儀注》云：「太祝送神，跪執匏陶，酒以祼地。」〔註 216〕卷二〇《樂志二》載《宋章廟樂舞歌》，帝詣便殿奏《休成》之樂歌辭云：「祝詞罷祼，序容輟縣，蹕動端庭，鑾回嚴殿。」〔註 217〕《南齊書》卷一一《樂志》載《祀明堂歌辭》（建元、永明中奏）中「初獻，奏凱容宣德烈歌辭」，辭云：「祝辭罷祼，序容輟縣。蹕動端庭，鑾回嚴殿。」〔註 218〕案，宋、齊兩代樂辭中「祝辭罷祼」均指祭畢送神又行祼禮，此制梁初尤未改，至何佟之立議，方正之〔註 219〕。

案，以上三例均與何佟之有關。蓋因何氏在南齊時即掌修禮事，諳熟齊代儀制，入梁後又總知修撰，梁《五禮儀注》未成之際，暫據齊代《儀注》行禮，在此基礎上更議刪改，而佟之多有建議。其所稱《儀注》，或指開撰不久而參用齊儀較多之梁代五禮，然筆者以為其中確有實指當時可見之齊儀而言者。本文此節舉例主要為證明南齊《儀注》在梁初尚存頗多，如果只論梁初參用齊禮，《隋志》材料尚多，且這種現象在歷代禮制因革中常見，此處不再詳考〔註 220〕。

此外值得注意的是《隋志》中所見「永明六年《儀注》」。梁初祭祀用樂，亦曾短暫的依照南齊而未改。《隋書》卷一三《音樂志上》云：「梁氏之初，樂緣齊舊，武帝思弘古樂。天監元年，遂下詔訪百僚曰：『……卿等學術通明，可陳其所見。』是時對樂者七八十家，咸多引流略，浩蕩其詞，皆言樂之宜

〔註 216〕《宋書》，第 347 頁。

〔註 217〕《宋書》，第 600 頁。

〔註 218〕《南齊書》，第 176 頁。

〔註 219〕案，送神又祼，未見於《三禮》，兩漢、魏晉似亦無此制。此外，梁初行禮，究竟是依據彼時尚存之南齊《儀注》，或部分完成之梁《儀注》（從以上舉例可見，其最初沿用齊禮頗多），在《隋志》某些材料中殊難判斷，大體時間愈後梁新禮告成愈多，而用齊儀愈少。

〔註 220〕梁初沿用齊代儀制中，固有南齊獨創之儀制，如前考宗廟先獻後祼之禮。然尚有大部分儀制為歷代遵行，至少是宋、齊仍在沿用。至於梁武與諸學士、禮官在修撰梁禮期間中不斷對前代（尤其是齊代）《儀注》有誤之處進行探討、改定，這一過程本身就是梁修《五禮儀注》最重要之環節，且一直貫穿整個修撰事業。《隋書》卷六《禮儀志一》云：「（天監）七年，帝以一獻為質，三獻則文，事天之道，理不應然，詔下詳議。博士陸瑋（當作璉）、明山賓，禮官司馬褧，以為『宗祧三獻，義兼臣下，上天之禮，主在帝王，約理中義，一獻為允』。自是天地之祭皆一獻，始省太尉亞獻，光祿終獻。」案，天地三獻，非南齊獨有之制，梁初猶沿用之。後改為一獻，則是其獨創。

改，不言改樂之法。帝既素善鍾律。詳悉舊事，遂自制禮樂。」〔註221〕

又云：「乃定郊禋宗廟及三朝之樂，以武舞爲大壯舞……以文舞爲大觀舞……國樂以雅爲稱……眾官出入，宋元徽三年《儀注》奏《肅成》樂，齊及梁初亦同，至是改爲《俊雅》……皇帝出入，宋孝建二年《起居注》奏《永至》，齊及梁初亦同，至是改爲《皇雅》……牲出入，宋元徽三年《儀注》奏《引牲》，齊及梁初亦同，至是改爲《滌雅》……薦毛血，宋元徽二年《儀注》奏《嘉薦》，齊及梁初亦同。至是改爲《牷雅》……北郊、明堂、太廟並同用……降神及迎送，宋元徽三年《儀注》奏《昭夏》，齊及梁初亦同，至是改爲《誠雅》……皇帝飲福酒，宋元徽三年《儀注》奏《嘉祚》，至齊不改，梁初改爲《永祚》，至是改爲《獻雅》……至燎位，宋元徽三年《儀注》奏《昭遠》，齊及梁不改。就埋位，齊永明六年《儀注》奏《隸幽》，至是燎、埋俱奏《禋雅》……其辭並沈約所制。」〔註222〕

又，「陳初，武帝詔求宋齊故事。太常卿周弘讓曰：『齊氏承宋，咸用元徽舊式，宗祀朝饗，奏樂俱同。惟北郊之禮，頗有增益……此乃元徽所闕，永明六年之所加也。』」〔註223〕

案，引文多次提及「齊及梁初亦同」，正是梁初曾短暫用齊樂之證。而其中「齊永明六年《儀注》」則似梁、陳時仍可見。永明六年主修《五禮儀注》者爲王儉，《南齊書》卷一一《樂志》云：「永明二年……尚書令王儉造太廟二室及郊配辭。」同卷載南郊歌辭云：「太祖高皇帝配饗，奏《高德宣烈》之樂，永明二年造奏。」注云：「尚書令王儉辭。」〔註224〕或與此有關〔註225〕。

以上考查了《南齊志》、《隋志》中所涉及南齊《五禮儀注》的情況。《隋志》中議禮所稱引《儀注》，明確爲梁新修《五禮儀注》的頗多，然有易於上述情況混淆者，今舉數例：

「至天監七年，始造大裘，而《明堂儀注》猶云袞服，十年，儀曹郎朱異以爲：『禮，大裘而冕，祀昊天上帝、五帝亦如之。良由天神高遠，義須誠

〔註221〕《隋書》，第287頁。
〔註222〕《隋書》，第292頁。
〔註223〕《隋書》，第306頁。
〔註224〕《南齊書》，第179頁。
〔註225〕前引《南齊書·禮志》三條材料中，兩條事在武帝後，內容爲禮官指當時《儀注》之誤。一條事在永明五年，稱當時《儀注》未有前準，據此推測，似乎永明六年時王儉掌修之《儀注》雖未完全告成，但已有成書可據。

質，今從泛祭五帝，禮不容文。』於是改服大裘。」〔註226〕此《明堂儀注》，當爲明山賓新修《吉禮儀注》中言明堂者。此處記錄了梁初禮官議禮時參考古禮改定《儀注》的過程〔註227〕。

「四年，何佟之議：『……《少牢饋食》殺牲於廟門外，今《儀注》詣廚烹牲。』謂宜依舊。帝可其奏。」〔註228〕案，此謂當依舊，蓋非僅指《儀禮》，而是就南齊之制而言，則此今《儀注》亦不可能再指齊儀，而當爲新修《五禮儀注》〔註229〕。

「七年，舍人周捨以爲：『禮「玉輅以祀，金輅以賓」，則祭日當乘玉輅。』詔下其議。左丞孔休源議：『玉輅既有明文，而《儀注》金輅，方由宋、齊乖謬，宜依捨議。』帝從之。」〔註230〕梁滿倉先生認爲孔休源所稱爲齊代《儀注》〔註231〕，筆者以爲，既云「宋、齊乖謬」，則此《儀注》當指梁天監五禮，此處所記錄的正是禮官討論、改定《五禮儀注》中所用齊儀不當之處的過程，與上引《明堂儀注》情況相同。

以上據《南齊志》、《隋志》材料討論齊、梁《儀注》相關問題，知梁《五禮儀注》開撰之初，參用南齊儀制頗多，更早時可能徑用齊《儀注》指導行禮。而隨著修撰工作的進行，南齊《儀注》又更多的成爲禮官、學士探討議改的重點〔註232〕，可以認爲對南齊《儀注》的改定和梁禮自身的確立這兩個過程其實在很大程度上是重合的〔註233〕。陳戍國先生指出：「梁朝郊祀與漢朝

〔註226〕《梁書》卷四〇《許懋傳》云：「（天監）十年，轉太子家令。宋、齊舊儀，祀天、祀帝皆用袞冕。至天監七年，懋始請置大裘，至是，有事於明堂，《儀注》猶云服袞冕，懋駁云：『《禮》云：「大裘而冕，祀昊天上帝亦如之。」』良由天神尊遠，須貴誠質，今泛祭五帝，禮不容文。』改服大裘，自此始也。」與《隋志》所記不同。

〔註227〕前引《隋志》云：「舊齊儀，郊祀，帝皆袞冕。」知天監七年時之梁《儀注》猶與齊制相同，自魏晉以降，郊祀等重禮皆用袞冕，至齊及梁初仍沿用未改，武帝改用大裘頗有復古之意，可參見閻步克先生《服周之冕》第七章《南朝冕服的復古與創新》，中華書局，2009年，第266頁。

〔註228〕《隋書》，第132頁。

〔註229〕將此例與前引何氏之論對比，知當時舊有齊儀及新修梁儀並存，何氏言及兩種《儀注》時，語氣亦有差異，因其在梁從事修禮，不能不有所顧忌。

〔註230〕《隋書》，第133頁。

〔註231〕《魏晉南北朝五禮制度考論》，社會科學文獻出版社，1995年，第147頁。

〔註232〕從《隋志》材料來看，類似議禮事大體在天監七年以前出現最爲頻繁，其後漸次減少。

〔註233〕所謂改定既包括梁《儀注》中用齊禮的部分，也指較早時直接用於行禮的南

到劉宋各代區別不大，然而梁武帝蕭衍執政前期不甘寂寞，自矜高明，多有
興廢，郊祀禮儀逐漸有了既不同於梁初未改革之時，又大不同於以往各朝的
內容。」〔註234〕筆者認為，如果將陳先生的說法擴展到整個梁天監新禮，那
麼本章通過對梁初禮官稱引《儀注》具體所指的分析，所得出的結論與陳說
大體一致。至於如何評價天監新禮創新性，此處不擬多論〔註235〕。

四、齊梁《五禮儀注》在禮制史上的意義

齊代《五禮儀注》最終未能修成，但在指導南齊行禮實踐時發揮了重要
作用，而其之於南北朝禮制沿革，同樣意義重大。陳寅恪先生指出：「隋文帝
繼承宇文氏之遺業，其制定禮儀則不依北周之制，別採梁禮及後齊《儀注》，
所謂梁禮並可概括陳代，以陳禮幾全襲梁舊。」又指出：「惟北齊《儀注》即
南朝前期文物之蛻嬗，其關鍵實在王肅之北奔。」〔註236〕又云：「王儉以熟練
自晉以來江東之朝章國故，著名當時，其《喪服記》本為少時所撰，久已流
行於世……仲寶卒年為永明七年，王肅北奔之歲為北魏太和十七年，即南齊
永明十一年，在儉卒以後，是肅必受其宗賢之流風遺著所薰習，遂能抱持南
朝之利器，遇北主之新知，殆由於此歟？」〔註237〕

陳先生敏銳的注意到了南齊禮儀制度對北朝乃至隋唐禮的影響。筆者認
為可補充的是，王肅在南齊所薰習的禮樂制度不僅僅來自於王儉及其《喪服
集記》，畢竟喪服只是喪禮及五禮制度的一部分。真正由王肅傳至北朝並助其
創制的應該是正在修撰中的南齊《五禮儀注》〔註238〕。

　　齊《儀注》，對後者改定的結果應該也加入到了天監新修《儀注》中。

〔註234〕陳戍國，《中國禮制史》魏晉南北朝卷，湖南教育出版社，2001年，第258
　　　　頁。
〔註235〕至少《隋書·音樂志》對天監中禮樂制度有比較正面的評價，見本文頁注。
　　　　此外隋初定禮時本擬參用梁禮，也表現後代對梁代禮制的肯定，見本文第四
　　　　章。
〔註236〕《隋唐制度淵源略論稿》，第13頁。
〔註237〕《隋唐制度淵源略論稿》，第16頁。
〔註238〕《北齊書》卷二九《李渾傳附李繪傳》記北魏修禮事云：「時敕侍中西河王、
　　　　秘書監常景選儒學十人緝撰五禮，繪與太原王乂同掌軍禮。」案，其中「儒
　　　　學十人」很容易讓人聯想到南齊永明初，立治禮樂學士，「舊學四人，新學六
　　　　人」。似乎從形式上北魏也在模仿南齊五禮修撰制度。而且這種相似性不應僅
　　　　僅視為南北朝五禮修撰常規化背景下的巧合。卷三七《魏收傳》記其「掌詔
　　　　誥，除尚書右僕射，總議兼五禮事，位特進。收奏請趙彥深、和士開、徐之

　　梁天監初開撰《五禮儀注》是其國初典章制度建設的一個重要組成部分。武帝在齊時曾任王儉司徒府祭酒，並參與議禮，加之與竟陵王西邸學士交遊頗多，應該對齊代修五禮事有所瞭解。其本人禮學造詣精深，所選用治禮學士也均爲當時一流學者，齊代未竟之五禮修撰事業至此方得以完成。此外，梁初曾短暫的使用過南齊《儀注》，指導行禮實踐，基礎就在於彼時齊代所修《儀注》尚存，而在梁代最初擬定的《儀注》中頗有齊儀的成份，本文之前均已詳述。梁代一方面繼承了南齊禮局制度，甚至開撰之初徑用齊代舊人何佟之主持，另一方面起用了在南齊未受重用的禮學專家分掌五禮，又設置參知等職。議禮程序也更加完備，從制度建設角度看較之南齊更爲獨立。天監四年，置《五經》博士，五禮舊學士大多入選，從某種意義上，可以說是五禮學士制度促成了後來的《五經》博士制度。

　　梁修《五禮儀注》對陳代禮制影響，就修禮制度而言，《陳書》卷三三《儒林‧沈德威傳》云：「天嘉元年，徵出都……尋授太學博士，轉國子助教……遷太常丞，兼五禮學士，尋爲尚書儀曹郎，後爲祀部郎。」知陳初沿用梁制，亦設五禮學士。《隋書》卷六《禮儀志‧序》云：「梁武帝始命群儒，裁成大典……陳武克平建業，多依梁舊，仍詔尚書左丞江德藻、員外散騎常侍沈洙、博士沈文阿、中書舍人劉師知等，或因行事，隨時取捨。」〔註239〕陳代歷朝五禮修撰情況，據《陳書》諸傳簡述如下〔註240〕：

　　文帝，卷三三《儒林‧張崖傳》云：「天嘉元年爲尚書儀曹郎，廣沈文阿《儀注》，撰五禮。」〔註241〕《儒林‧沈不害傳》云：「五年……入爲尚書儀曹郎，遷國子博士，領羽林監，敕治五禮……著《治禮儀注》一百卷。」〔註242〕

　　廢帝，卷二四《周弘正傳》云：「廢帝嗣位，領都官尚書，總知五禮事。」〔註243〕

　　宣帝，卷二九《宗元饒傳》云：「高宗初即位……遷御史中丞，知五禮事。」

才共兼……多引文士執筆，儒者馬敬德、熊安生、權會實主之。」相比較而言，至少人員組成方式上，北齊與南齊、北魏已無相似，這並不是否定三代禮制一脈相承，而是南齊五禮及修撰制度在北朝發展的自然過程。

〔註239〕《隋書》，第 107 頁。
〔註240〕《隋書經籍志考證》儀注類陳代《儀注》處亦有總結，可參看是書第 286 頁。
〔註241〕《陳書》，第 441 頁。
〔註242〕《陳書》，第 448 頁。
〔註243〕《陳書》，第 309 頁。

〔註 244〕卷三〇《顧野王傳》云：「（太建）六年……遷黃門侍郎、光祿卿，知五禮事。」〔註 245〕

後主，卷三〇《蔡徵傳》云：「至德二年……授左民尚書，與僕射江總撰五禮事。」〔註 246〕

陳寅恪先生論隋唐禮儀制度，有北魏、北齊、梁陳三源之說。論梁陳之源云：「明克讓、裴政俱以江陵俘虜入西魏，許善心以陳末聘使，值國滅而不歸，其身世與庾信相似。虞世基、袁朗在陳時即有才名，因見收擢，皆爲江南之名士，而家世以學業顯於時者也。隋修五禮，欲採梁陳以後江東發展之新跡，則茲數子者，亦猶北魏孝文帝之王肅、劉芳，然則史所謂隋『採梁儀注以爲五禮』者，必然由此諸人所輸入，無疑也。」〔註 247〕

禮儀制度傳承，大致經有習禮之人及儀注之書兩種途徑。陳說特重家學傳承及禮學人才流動。筆者以爲，如從典籍流傳角度來看，梁代《五禮儀注》大部分亡於侯景兵火，時《五經》博士沈峻有部分藏稿，當爲《五經》典書處所存副本。後由其子沈文阿於陳天嘉中修訂成八十卷〔註 248〕，又經張崖增廣。其後陳代歷朝五禮，當如《隋志》所云，爲隨事增修。其中尚有多少天監新禮成份已難確定。《劉師知傳》記高祖崩後，劉師知、徐陵等禮官、學者議夾靈服制諸儀，惟能引《昭明儀注》，而不能據嚴植之《凶禮儀注》，其時尚在梁初，則陳代有書可據之梁儀似頗爲有限〔註 249〕。《儀注》的缺乏，給梁天監禮在後世流傳帶來了很多困難。

《隋書》卷六《禮儀志·序》云：「陳武克平建業，多準梁舊……高祖命牛弘、辛彥之等採梁及北齊《儀注》，以爲五禮云。」〔註 250〕卷八《禮儀志三》

〔註 244〕《陳書》，第 385 頁。
〔註 245〕《陳書》，第 400 頁。
〔註 246〕《陳書》，第 392 頁。
〔註 247〕《隋唐制度淵源略論稿》，第 57 頁。
〔註 248〕《南史》卷七一《儒林·沈峻傳附沈文阿傳》記其在文帝即位初，議謁廟儀制云：「奠摯不珪，致享無帛，公王同璧，鴻臚奏賀，若此數事，未聞於古，後相沿襲，至梁行之……豈同於惟新之禮乎……謹撰謁廟還升正寢，君臣陪薦儀注如別。」案，由此可見沈文阿對其父所傳之梁《五禮儀注》並非遵行不改。
〔註 249〕《陳書》卷一六《劉師知傳》，第 229 頁。此次議禮參與者甚多，其中引用王儉《喪服明記》及梁昭明太子喪禮相關《儀注》諸書，唯獨沒有引及天監《五禮儀注》。
〔註 250〕《隋書》，第 106 頁。

云：「開皇初，高祖思定典禮。太常卿牛弘奏曰：『聖教陵替，國章殘缺，漢晉爲法，隨俗因時，未足經國庇人，弘風施化。且制禮作樂，事歸元首，江南王儉，偏隅一臣，私撰儀注，多違古法。就盧非東階之位，凶門豈設重之禮？兩蕭累代，舉國遵行。後魏及齊，風牛本隔，殊不尋究，遙相師祖。故山東之人，浸以成俗。西魏以降，師旅弗遑，賓嘉之禮，盡未詳定。今修明啓運，憲章伊始，請據前經，革茲俗幣。』詔曰：『可。』弘因奏徵學者，撰儀禮百卷。悉用東齊《儀注》以爲準，亦微採王儉禮。」〔註251〕

　　隋初擬定五禮時，命禮官「採梁及北齊《儀注》」。後牛弘等人撰成，「悉用東齊《儀注》以爲準，亦微採王儉禮」，最終未言用梁禮。而牛弘表文中對王儉《儀注》並齊、梁及北魏、北齊沿用其禮均大加詆斥，其意殊爲難解。陳氏以爲：「牛弘詆斥王儉，而其所修隋朝《儀禮》，仍不能不採儉書，蓋儉之所撰集乃南朝前期制度之總和。即經王肅輸入北朝，蔚成太和文治之盛，所以弘雖由政治及地域觀點立論，謂『後魏及齊風牛本隔』，然終於『遙相師祖，故山東之人，浸以成俗』也。又史言弘『撰《儀禮》百卷，悉用東齊《儀注》以爲準』，而奇章反譏前人取法江左，可謂數典忘祖，無乃南北之見有所蔽耶？或攘其實而諱其名耶？」〔註252〕

　　筆者認爲，隋文帝最初的制禮設想中並未諱言採用梁禮，若言牛弘奉命修禮，卻囿於「南北之見」指斥魏、齊沿用王儉《儀注》，似顯牽強。至於推測牛弘實用北齊《儀注》而諱言之，亦無直接證據〔註253〕。其實，聯繫隋文帝最初擬參用梁禮、牛弘表文中言論、及隋代最終定禮實際情況來看，還有一種合理的推測。如本文之前所論，梁天監禮之書籍載體《五禮儀注》至陳初已所剩無多，陳代《儀注》固多有梁禮成份，然多本於侯景之亂後之梁禮，經歷朝「隨事增修」，水平似乎並不甚高。牛弘欲遵帝意，採梁禮以修隋代《儀注》，其時可謂無書可據。牛弘既不敢明違帝意，則必曲爲之說，以梁禮不足據而不用。然其又不願空言以責之，只能先指王儉《儀注》之失，再言「兩蕭累代，舉國遵行。」以明其不用梁禮之意。其稱王儉《儀注》，亦非齊《五禮儀注》，而當是王儉少作《古今喪服集記》。通觀牛弘之論，稱王儉《儀注》不可據，只能引喪禮中就盧、凶門之失。若其得見齊、梁之《五禮儀注》，當

〔註251〕《隋書》，第 156 頁。
〔註252〕《隋唐制度淵源略論稿》，第 16 頁。
〔註253〕《隋唐制度淵源略論稿》，第 17 頁。

不至如此以偏概全。另外，在筆者看來，比起探究牛弘這番言論含義更為重要的問題是〔註254〕，對於隋唐禮梁、陳之源的論述與《隋志》關於牛弘定禮最終只用東齊《儀注》這一說法間的矛盾，陳書還欠缺更為合理的解釋。如果說參與到隋禮修撰工作中具有梁、陳禮背景的一批學者，最終並未將梁、陳儀制注入隋禮中，那麼梁、陳儀制籍由此諸人而融入隋唐禮的說法在一定程度上就失去了意義。

　　本文之前談到，齊代《儀注》梁初尚存，並用於指導行禮。甚至在五禮學士最初修定《五禮儀注》中也頗有齊儀成份〔註255〕。然而隨著梁《五禮儀注》修撰的不斷完善，一系列有別於南齊乃至前代禮制的獨特儀節開始出現，這些我們在上章引用梁初議禮材料時已經討論過。可以說最終修成的天監《五禮儀注》與南齊儀制（包括受其影響的北魏、北齊禮）之間已有了較大的差異。通過對梁、陳間儀注書流傳的考證，我們認為太清之亂後，梁初五禮散佚嚴重，所以陳代繼承到的天監禮頗為有限，至於之後隋、唐兩代欲參用梁禮自然也更加困難了。

　　當然，評價梁、陳儀制因革，及二者對隋唐禮影響，需要更為具體的儀節對比，陳文在這一方面已有很好的考證〔註256〕，但筆者以為仍有進一步研究的餘地。通過對《隋書・禮儀志》中所記梁、陳兩代《儀注》具體行禮儀節進行比對，不難發現梁代，尤其是武帝朝，以《五禮儀注》為代表的梁禮與陳制頗有一些區別，《隋志》稱陳禮「悉用梁舊」的說法固然無大誤，但在一定程度上掩蓋了梁、陳禮的不同。現以《隋志》開篇所記郊祀儀制為例〔註257〕：

〔註254〕對於牛弘所言的確切含義，還可以有很多推測，但似乎均不夠妥當。比如，固然可以再假設，牛弘修禮時參用了梁代儀制而諱言其實。但這一思路還有幾點問題，首先，仍與史言隋禮最終未參用梁制之說矛盾。其次，隋文帝本人並未諱言用梁禮，即便我們將文帝擬用梁及北齊儀注一事發生時間推至牛弘上此表之後，矛盾仍然存在。最後，許善心、虞世基與牛弘一同參與隋禮修撰事，其地位故在弘之下，但畢竟同為修撰，牛弘是否敢於無視諸人尚有疑問。

〔註255〕這裏要指出的是，總體而言，歷代禮儀中相同之處都要大於不同。這些相同點大部分可以追溯至先秦三禮。所以齊、梁禮有繼承之處非常正常。本文主要關注的則是以天監《五禮儀注》代表的梁初禮的創新性及傳承問題。

〔註256〕《隋唐制度淵源略論稿》，第57頁。

〔註257〕此前還須明確在利用儀節比較方法來確定禮制沿革問題時的原則，也就是說，如果一種具體儀節（包括靜態的諸如祭品種類、祭祀對象以及動態的即具體行禮方式兩個方面）為先秦以降歷代通用，則稱其為某代沿用某代之制，

「陳制……有事南郊，以皇考德皇帝配，除十二辰座，加五帝位，其餘
準梁之舊。北郊……以皇妣昭后配，從祀亦準梁舊。及文帝天嘉中，南郊改
以高祖配，北郊以德皇帝配天。太中大夫、領大著作、攝太常卿許亨奏曰：『昔
梁武帝云：「天數五，地數五，五行之氣，天地俱有。」故南北郊內，並祭五
祀。臣按……五神位在北郊，圓丘不宜重設。』制曰：『可。』亨又奏曰：『梁
武帝議，箕、畢自是二十八宿之名，風師、雨師自是箕、畢下隸。非即星也。
故郊雩之所，皆兩祭之。臣按……而今南郊祀箕、畢二星，復祭風伯、雨師，
恐乖祀典。』制曰：『若郊設星位，任即除之。』亨又奏曰：『《梁儀注》云：
「一獻為質，三獻為文。事天之事，故不三獻。」臣按……梁武此義為不通
矣……今請凡郊丘祀事，準於宗祧，三獻為允。』制曰：『依議。』」〔註258〕

　　案，《隋志》所謂陳代「準梁舊」者，主要涉及從祀神位、星位等，其中
亦偶有變易之處。許亨奏改梁禮中不當者三事，其中南郊不當祭五祀、風伯、
雨師尚屬配祀神位，而議改一獻為三獻，則屬於較為重大的儀制改變〔註259〕。
前文記梁郊禮云：「七年，帝以一獻為質，三獻為文。事天之道，理不應然，
詔下詳議……博士陸瑋（當作璉）、明山賓、禮官司馬褧，以為『宗祧三獻，
義兼臣下，上天之禮，主在帝王，約理申義，一獻為允』。自是天地皆一獻，

固然無誤，但就禮制沿革研究而言，實無意義，因為類似這種歷代通行之制
實已成為中華民族禮制中最為基幹的部分。這些從先秦沿用的制度，就其源
頭可稱之為古禮，但其實在歷代禮制中生生不息，算得上是「活著的古禮」。
陳戍國先生和閻步克先生均認為在隋唐禮三源之外有必要加上古禮、漢晉禮
二源，可參看閻步克：《服周之冕》第九章《隋朝冕制三題》，中華書局，1999
年，第317頁。也是考慮到了歷代禮制有共通之處，所以更看重隋唐禮對古
禮中前代沿用較少部分的利用，即所謂「復古」現象，因為還有大量禮制亙
古未變，早已化身為漢晉禮、南北朝禮、隋唐禮而綿延不息了。
至於真正反映歷代禮制沿革，也是需要著力考證的是某代所用（也包括缺失）
某種獨特儀節，此儀節又為其後朝代沿用這種情況（歷代用《三禮》之制復
古其實也可歸為此類）。例如梁武帝天監十六年下詔宗廟斷葷，此制為古代祭
祀禮之獨創，久為學者所知。《北齊書》卷一四《上洛王思宗傳附王元海傳》
云：「文宣天保末年敬信內法，乃至宗廟不血食，皆元海所謀。」天保末年據
武帝下詔雖有數十年，但在判斷梁、北齊宗廟不血食是因為篤信佛法而分別
作出的制度改變同時，仍須考慮北朝參用梁制的可能。至於前文所舉南齊、
北齊均行先祼後獻等例，通過繫聯這些獨特儀制的傳承脈絡考證歷代禮制沿
革，與陳氏通過考察習禮之人事跡得出的結論相符，則更為顯證。

〔註258〕《隋書》，第111頁。
〔註259〕祭禮之獻數是禮家聚頌的問題之一，可參看孫詒讓《周禮正義》卷三八《司
　　　　尊彝》節，中華書局，1987年，第1523頁。

始省太尉亞獻，光祿終獻。」知郊祀改一獻爲梁初議禮之結果，實爲梁禮之獨創〔註260〕。從郊祀儀制沿革來看，陳制同於梁禮者多爲歷代變化較少的部分，而眞正五禮儀注》中較有獨創性的儀制，陳代並未繼承〔註261〕。

　　郊祀禮後，《隋志》又記歷代明堂儀制。梁代，天監十年儀曹郎朱異議明堂「請依郊儀，止一獻清酒。且五帝天神，不可求之於地，二郊之祭，並無黍肉之禮。並請停灌及授俎法。」其所建議，「帝並從之」〔註262〕。陳制，「明堂殿屋十二間，中央六間，依齊制，安六座。四方帝各依其方，黃帝居昆維護，而配饗坐依梁法。」〔註263〕隋代，「皇帝、太尉、司農行三獻禮於青帝及太祖。自餘有司助奠。祀五官於堂下，行一獻禮。」〔註264〕案，陳代既用許亨之議，郊禮復爲三獻，則明堂亦不當仍用梁禮，其明堂結構、配饗雜用齊、梁之制，也可見梁、陳禮相異之處。隋制明堂祭五帝亦用三獻，而不採用梁代創制之一獻禮〔註265〕。此外據朱異所述，梁代郊禮祭畢無分授牲肉於與祭者之儀，《隋書》卷一五《音樂志下》記隋代圜丘樂章云：「皇帝飲福酒，奏《需夏》辭：『……惠均撤俎，祥降受釐。』」〔註266〕《大唐開元禮》卷四《皇帝冬至祀圜丘》記祭典將畢時之儀注云：「諸祝各進，跪，徹豆，興，還尊所，奉禮曰：『賜胙。』」〔註267〕是隋、唐祭天帝，禮畢均有賜胙之禮，不與梁代同。

　　以上利用《隋志》材料比較了梁、陳、隋唐在郊祀、明堂儀制方面的異

〔註260〕前邊我們還提到何佟之主張「郊不應祼」，議改定《儀注》，《周禮・小宰》注云：「惟人道宗廟有祼，天地大神，至尊不灌，莫稱焉。」郊祀無祼灌則獻數少於宗廟，梁代之制在這方面可以說很有復古之意。祭天行祼禮，蓋始於晉，可參見《宋書・禮志一》所記南郊儀注。梁代去天地之祼，隋唐禮郊祀行三獻，亦無祼禮，但據《隋書・音樂志》所記北朝祭祀樂章，北齊、北周郊祀同樣無鬱鬯之設，如此看來，隋、唐郊祀無祼這一儀節設定很難說就是沿用梁禮。

〔註261〕同卷下文記云：陳代「後主嗣位，無意典禮之事，加舊學宿儒，漸以凋喪，至於朝亡，竟無改作。」則陳代中期以後，修禮人才凋零，恢復天監舊制的可能更小了。

〔註262〕《隋書》第120頁。案，朱異所議尚有改用漆俎，牲用特牛等事，因缺乏陳、隋儀制中相應材料，今不備引。

〔註263〕《隋書》第121頁。

〔註264〕《隋書》第122頁。

〔註265〕魏晉以來，歷朝多行三獻，至梁武創新改爲一獻，陳代又復爲三獻，然隋、唐同用三獻不必一定爲襲用陳代之制。

〔註266〕《隋書》第360頁。

〔註267〕《大唐開元禮》，影印文淵閣《四庫全書》本，646冊第76頁。

同。已經可以看到，梁初新禮多涉及儀制中較爲重要環的節，而這些創新儀
節至陳代及隋唐往往不再沿用，梁、陳禮相近之處固然不少，但若泛泛而言
陳用梁舊，實在是掩蓋了梁天監禮創新之處。至於隋代，文帝定禮之初擬用
梁禮，然就材料所見，其參用梁禮中有代表性的儀節頗少〔註268〕。這與本文
之前通過對儀注書流傳研究得出的結論是一致的。應該說，在禮制沿革過程
中，尤其涉及繁複的儀注之學，僅僅靠具有某朝禮學背景的學者來傳承還是
有所不足的。此外，陳文舉例多涉輿服制度，以下再舉一例：

　　《隋志》云：「高祖元正朝會方御通天服，郊丘宗廟盡用龍袞衣，大裘毳
黼皆未能。及平陳，得其器物，衣冠法服始依禮具。然皆藏御府，弗服用焉。
及大業元年，煬帝始詔吏部尚書牛弘、工部尚書宇文愷、兼內史侍郎虞世基、
給事郎許善心、儀曹郎袁朗等憲章古制，創造衣冠，自天子達於胥皁，服章
皆有等差，若先所有者，則因循取用。弘等議定乘輿服合八等焉。」〔註269〕
陳氏認爲：「故梁陳舊人若虞世基、許善心、袁朗等尤爲制定衣冠不可少之人，
此隋制禮兼資梁陳之證也。」〔註270〕

　　筆者以爲，若討論梁、陳之源，則必須先區別梁、陳之人與梁、陳之禮。
就冕服制度而言，梁、陳禮間的區別亦不可忽視〔註271〕，《隋書》卷一一《禮

〔註268〕本文之前提到南齊、北齊及梁初同用的先獻後祼之儀，梁修《五禮儀注》時已
　　　　做了更正，隋、唐行禮順序均爲祼在獻前，這種儀節的設定是否參考了梁禮呢？
　　　　筆者認爲，由於在陳代與後周相關材料中無法找到行先獻後祼的證據，假定兩
　　　　代次序已與梁時相同應該是合理的，畢竟類似南齊、北齊那種異於尋常的行禮
　　　　順序很容易在祭祀樂章中有所反映。陳代當是受到了梁禮的影響，而後周之制
　　　　除了可能受梁代影響外，其本朝修禮者自行改定的可能性仍很大。
　　　　前引《北齊書》，魏收武平中監修五禮，參與修撰者中有名儒熊安生，爲實際
　　　　主事者之一。《周書》卷四五《儒林·熊安生傳》記周太祖滅齊後對熊氏禮遇
　　　　有加，「至京，敕令於大乘佛寺參議五禮。」熊安生在齊、周均參與修禮，則
　　　　周初之制恐與齊代相近之處。至周軍入金陵，大收法物、樂器，事見《隋書·
　　　　禮儀志》、《音樂志》，《周書》卷三二《唐謹傳》記其：「一無所取，惟得書兩
　　　　車，載之以歸。」如果周人所得典籍中有梁之儀注書，則確實存在梁初之禮
　　　　樂制度輸入後周的可能。但僅就祼獻次序這一儀節而言，梁、陳屬於一系，
　　　　梁禮是一個較近的源頭，但是隋禮受同樣較近的北周禮影響的可能同樣存
　　　　在。本文之前談到梁代取消送神祼禮的，北周、隋唐祭祀材料中也沒有送神
　　　　之祼的記載，其中源流問題應該與此例類似。
〔註269〕《隋書》第262頁。
〔註270〕《隋唐制度淵源略論稿》，第65頁。
〔註271〕閻步克先生《服周之冕》對梁、陳冕服制度沿革、異同考證極詳，本文此處
　　　　多用其說。

儀志六》記陳武帝即位之初用徐陵議，「乘輿服制，皆採梁之舊」，後「至天嘉初，悉改易之，定令俱依天監舊事，然亦往往改革。」〔註272〕案，陳初所採，當是梁後期制度，文帝時又依天監《五禮儀注》改定。據前考，天嘉年間有張崖，「廣沈文阿《儀注》，撰五禮」，而沈氏之《儀注》，乃據其父沈峻所藏梁《五禮儀注》增補而成，兩代《儀注》流傳線索正與儀制變革相吻合〔註273〕。而陳代此次依照梁初禮改定服制，又多有革新。其中一項重要改革，據閻步克先生所考，是陳代繼梁武恢復了大裘冕與袞冕後，進一步備齊了《周禮》六冕，可以說在冕服制度方面達到了徹底的復古〔註274〕。準確的講，隋初得到的這套冕服其實是代表著陳禮而非梁禮〔註275〕。至於許善心等梁、陳舊人所做的「因循取用」的工作，其中有多少是依據梁禮或陳禮，尚無足夠材料可以說明〔註276〕。

要特別指出的是，本文目的不是論證陳氏每個例子均有問題，而是試圖指出，無論是研究梁、陳禮制沿革還是隋唐禮之源，都應該更重視梁初《五禮儀注》與陳禮、隋禮間的斷層問題，而不應該簡單的講梁、陳禮視為相似度極高的一個系統。同時，除了具有某朝禮學背景的學者朝代間活動外，儀注書的流傳也是影響南北朝至隋唐禮制沿革流變的主要途徑，需要加以關注。而在具體的儀節比對時，某代具有獨創性的儀節是否為後代採用，才是兩個朝代禮制傳承的最主要標誌。在這個意義上講，陳文也確實舉出了隋用梁禮很好的例證。

《隋書》卷一二《禮儀志七》云：「始後周採用周禮，皇太子朝賀皆袞冕九章服。開皇初自非助祭皆冠遠遊冠。至此，牛弘奏云：『皇太子冬正大朝請服袞冕。』帝問給事郎許善心曰：『太子朝謁著遠遊冠，有何典據？』對曰：

〔註272〕《隋書》，第218頁。
〔註273〕冕服之制可依賴實物傳承，此次依天監禮定令未必全據儀注書完成。
〔註274〕《服周之冕》第七章《南朝冕服的復古與創新》，第275頁
〔註275〕當然可以認為陳代六冕是對梁初服制復古的一種延續，從而將梁、陳禮列為一個系統。但據閻步克先生考證，陳代這次改制實為對西魏、北周制度復古的一種響應，不一定與梁代有關。總之，從此例可以看出，在探討禮制因革時，多發掘梁、陳禮不同之處，其意義更為重大。
〔註276〕閻步克先生即認為開皇冕服制度實際是脫胎於北周之制。舉出證據有兩代均無大裘冕、且袞服九章等均與梁制差別較大等，其說可從，參看《服周之冕》，第313頁。如果說梁、陳舊人用北朝之制定隋之冕服，則梁、陳對於隋禮的影響也只局限為其提供制禮人才，而不是梁陳禮本身融入隋唐之制了。

『《晉令》皇太子給五十朝服遠遊冠，至宋泰始六年更議儀注……兼左丞陸澄議：「……宜遵前王之令典，革近代之陋制，皇太子朝請服冕。」至宋以下始定此儀，至梁簡文之爲太子，嫌於上逼，還遠遊冠，下及於陳，皆依此法，後周之時亦言服冕入朝，至於開皇，復遵魏晉故事。臣謂皇太子著遠遊冠謙不逼尊，於禮爲允。』帝曰：『善。』竟用開皇舊式。」〔註277〕陳氏云：「此節可取作例以爲證明者，即隋代制禮實兼採梁陳之制。雖北周之制合於經典，牛弘亦所同意，然煬帝從許善心之言，依魏晉故事，不改開皇舊式，蓋不欲泥經典舊文，而以江東後期較近之故事爲典據，可知北齊間接承襲南朝前期之文物尚有所不足，不得不用梁陳舊人佐參定也。」〔註278〕

　　這個例子確實體現了隋文帝採用有梁禮背景禮官根據梁禮提出的建議〔註279〕，應該說許善心的梁代禮學背景在這次議禮過程中與其所引用的梁代儀制十分契合〔註280〕。筆者認爲，這樣的例子方能顯示禮學人才作爲某朝禮制的代表影響朝代間禮制因革。問題是這樣的例子並不是很多〔註281〕。

〔註277〕《隋書》，第263頁。

〔註278〕《隋唐制度淵源略論稿》，第66頁。

〔註279〕儘管此例中梁初之制是來源於魏晉，但是所謂的獨創性儀節並不一定就是某種前所未有的制度。此外，還要考慮其它方面的證據。在本例中，參照許善心的提議，毫無疑問，隋代受梁禮影響更爲直接。又，《隋書·許善心傳》云：其「家有舊書萬餘卷。」善心父許亨在陳初議禮時屢引梁《五禮儀注》，似其有書可據，許善心或亦得見。可想而知，儀注書在禮學世家中的傳承也是家學很重要的一個體現。

〔註280〕當然，這次議禮的背景也可以再深入探討。首先，開皇冕服制度是準備依北朝之制設計的，《隋書》卷一二《禮儀志》記隋代服制云：「高祖初即位，即改周制。」經過裴政建議，「於是定令，採用東齊之制。」這一記載與隋初整個儀注修撰方略是一致的（閻步克先生認爲隋初冕服制度源出周代，「周代因子」影響大於南朝。不過閻先生也指出，「開皇冕服外觀，除了章數不同，與北齊還是有不少相似之處的。」《服周之冕》，第314頁下注）。而開皇冕制太子用遠遊冠其實是據魏晉之制而來，裴政論及五時冕色即以漢晉制度爲準，可爲旁證。
其次，大業年間這次冠制討論中，許善心又特別提出了梁、陳有意降低太子用冕等級的舊事，其實也是有原因的。《隋書》卷一二《禮儀志七》云：「開皇中，皇太子冕同天子，貫白珠。及仁壽元年，煬帝爲太子，以白珠太逼，表請從青珠。」可見楊廣對於太子冕制早有心得，至於其自居謙抑，實際想法是什麼就不爲人知了。總之這次命許善心參議，恐怕是有些明知故問的，所幸許氏體察聖意，沒有如牛弘般不識時務。

〔註281〕具體儀節方面，隋唐用梁禮的例子還是有的。《隋書》卷六《禮儀志一》云：「（天監）五年，明山賓以爲……及郊廟受福，惟皇帝再拜。明上靈降祚，臣

　　禮儀制度是一個包含多個層面制度的複合體，之前談及郊祀、明堂行禮儀節和冕服制度，筆者還想從尊彝制度來考察梁及北朝直至隋唐禮之間的異同，《周禮》中《春官·司尊彝》等章節所記載的六尊、六彝及五齊、三酒配合使用的制度是古代祭祀儀節中十分重要的部分〔註282〕，但自秦漢以降，關於尊彝形制的說法眾說紛紜，酒齊做法失傳均導致歷代尊彝制度較三禮所記簡陋了許多〔註283〕。而梁初定禮及北朝復古，此項制度又有了向先秦回歸的傾向，到隋唐時尊彝制度復古基本完成。

　　先看梁代之制，《隋書》卷七《禮儀志二》云：「（天監）五年，明山賓議：『樽彝之制，祭圖唯有三樽：一曰象樽，周樽也；二曰山罍，夏樽也；三曰著樽，殷樽也。徒有彝名，竟無其器，直酌象樽之酒，以為珪瓚之實。竊尋祼重於獻，不容共樽，宜循彝器，以備大典。案禮器有六彝，春祀夏礿，祼用雞彝鳥彝。王以珪瓚初祼，後以璋瓚亞祼，故春夏兩季，俱用二彝。今古禮殊，無復亞祼，止循其二（案，即云無亞祼，此處疑當作「止循其一」）。春夏雞彝，秋冬斝彝，庶禮物備矣。』帝曰：『雞是金禽，亦主異位。但金火相伏，用之同夏，於義為疑。』山賓曰：『臣愚管，不奉明詔，則終年乖舛。案鳥彝是南方之物，則主火位，木生於火，宜以鳥彝春夏兼用。』帝從之。」〔註284〕今案，所謂祭圖只有三樽，六彝有名無器，包括祼禮時只從象樽中取酒無專門之盛器，說的應該都是梁初襲用南齊之制〔註285〕。在明山賓的建議下，梁初這次尊彝制度改革，主要是完善了尊彝種類，《隋書》卷一三《音樂志》記梁宗廟皇帝初獻奏登歌，其辭云：「犧象既飾，罍俎斯具。我鬱載馨，

下不敢同也，詔並依議。」案，受福後再拜禮，《三禮》中沒有明確規定，明氏此議主要目的當然是為突出帝位至尊，不過仍算是合情合理。《大唐開元禮》郊、廟儀注均記受福酒后皇帝再拜（《開元禮》其它儀節有「在位者皆再拜」、「某官以下再拜」之說，知其言皇帝再拜並非省文。當然，唐代大祀均行三獻禮，所以亞獻、終獻官飲福也行再拜），由於陳及北朝歷代沒有相關記載，至少目前可以認為《開元禮》此制是襲用梁禮。不過這種例子終究太少，也印證了天監《五禮儀注》過早散失對梁禮流傳造成的極大影響。

〔註282〕從狹義的祭儀角度講，尊彝酒齊其實是比輿服車制更為核心的制度。但相比歷代服制、車制，對於南北朝隋唐間尊彝制度，學者一直關注較少。

〔註283〕王肅、鄭玄關於犧樽形制的不同說法，以及鄭玄據漢代製酒之法推測先秦五齊三酒可見孫詒讓《周禮正義》卷九、卷三八《酒正》、《司尊彝》等節相關考述。中華書局，1987年。

〔註284〕《隋書》第133頁。

〔註285〕今本阮諶《三禮圖》有犧樽，明氏所云《祭圖》未詳，似為前代儀注之書。

黃流乃注。」〔註286〕在前代三樽之外又提到了犧樽，估計應當是六尊齊備了，然而《周禮》盛鬱鬯所用六彝，經過與武帝與禮學士討論後，卻沒有全部恢復，理由是近代已不行皇后祼禮，故而只保留了春夏之雞彝與秋冬之斝彝〔註287〕，其後梁武又用五行之說將雞彝換成了鳥彝。總的來看，梁初此次尊彝復古因爲彝制有闕顯得並不是那麼徹底。

再來看北齊之制，《隋書》卷一四《音樂志中》記北齊廟祭，太祝祼地奏登歌樂辭云：「鬱鬯惟芬，珪璋惟潔。彝斝應時，龍蒲代用。」〔註288〕北齊是否有六尊之制，文獻中沒有確證。不過就六彝制度來講，高齊要比梁代復古的更徹底，天監議禮因爲皇后不預廟祭，所以六彝中皇后所用就省略了。而後齊樂辭中「珪璋」之「璋」，正是皇后酌鬱鬯祼地求神所用之璋瓚，亦與《隋書·禮儀志》記後齊廟禮「皇后預祭」吻合，看來其樂章之詞並非用典而不顧事實。當然祼禮由太祝負責，則璋瓚應當也是由太祝代用。這裏不妨再考查一下兩代《儀注》的經學背景，《禮記·郊特牲》鄭注云：「祭齊加明水，三酒加玄酒。」這是說古人貴質，祭祀酒齊都要配以清水，也就是所謂明水。具體的配合方法據《鄭志》所云爲「一雞彝盛明水，鳥彝盛鬱鬯。」〔註289〕以春夏祭爲例，樽酒配置就應該是，雞彝盛水，鳥彝盛鬱鬯，秋冬及禘祫之制可以此類推。用鄭說來比較兩代之制，北齊祭祀材料中沒有明確提到明水，暫且不論。梁初之制以帝後分用雞彝、鳥彝，顯然是與鄭說不同了，《通典》卷四九《吉禮八》云：「時享，王酌雞彝，後酌鳥彝。」孫詒讓指出此制與鄭說不同〔註290〕，不過看來《通典》所記倒是於梁初實際行禮制度一致的〔註291〕。

後周宇文氏大力推行制度復古，在尊彝酒齊方面也當有所作爲，不過由於材料有限，以下只就確實可考者言之。《隋書》卷一四《音樂志中》記後周圜丘，初獻及獻配帝畢登歌辭云：「鬱金酒，鳳凰樽。」〔註292〕《司尊彝》鄭注云：「雞彝、鳥彝，謂刻而畫之爲雞、鳳凰之形。」這裏的鳳凰樽很有可能

〔註286〕《隋書》第 299 頁。
〔註287〕《周禮》六彝中虎彝、蜼彝據鄭玄說乃用於禘祫，在時享之外，此處暫不論。
〔註288〕《隋書》第 322 頁。
〔註289〕見《司尊彝》孔穎達疏引。《周禮注疏》，《十三經注疏》，中華書局，1980 年，第 773 頁中欄。
〔註290〕《周禮正義》，第 1516 頁。
〔註291〕至於二者源流問題現已難以詳考了。
〔註292〕《隋書》，第 334 頁。

指的就是鳥彝〔註293〕，而且以鳥彝盛鬱鬯，也許前引鄭說相符。同卷記宗廟歌辭，《皇夏》章辭云：「雕禾飾斝，翠羽承樽。」〔註294〕《司尊彝》鄭注云：「斝讀爲稼，稼，彝畫禾稼也。」此則爲後周有斝彝之證〔註295〕。

隋唐尊彝制度復古的趨勢更爲明顯，《隋書》卷一五《音樂志下》記隋代宗廟歌辭，其中有「幽金既薦」、「彝斝盡飾」之類描述，均是隋代有盛鬱鬯器之證，《大唐開元禮》卷三七《皇帝時享太廟》陳設章云：「春夏每室雞彝一、鳥彝一、犧樽二、象樽二、山罍二；秋冬每室斝彝一、黃彝一、著樽二、壺樽二、山罍二。」又晨裸節夾註云：「雞彝、斝彝及犧尊、著尊、壺尊之上尊皆實以明水，山罍之上尊實以玄酒。鳥彝、黃彝實以鬱鬯。」〔註296〕

總的來看，《開元禮》尊彝之制與《周禮》雖有小異，但可算得上是極大程度的復古了。比較歷代之制，梁禮雖擬古而不徹底，在涉及亞裸用器時根據當時實際情況做了改動，這種做法固然無可厚非，甚至合情合理，但與北朝包括唐禮相比，復古的程度就要差很多了。北齊皇后預祭，古禮爲亞裸設計的璋瓚酌鳥彝、黃彝也備齊了。周代後亦預祭，相應裸器史籍無考，不過《隋書》卷七《禮儀志二》云：周代「亦以皇后與祭，其儀與後齊同，所異者，皇后亞獻訖，後又薦加豆之籩」〔註297〕。可見周代皇后參與行禮尙多於後齊，亞裸用器存在可能很大。《開元禮》六尊六彝齊備，但沒有了皇后參與的環節，這一點可以說是制禮者對南朝傳統的妥協，卻不能單純視爲沿用梁禮〔註298〕。更重要的是，唐禮中鬱鬯、明水與彝器配合之法顯然接近鄭玄之說而與梁制及《通典》所記不同。至少在尊彝制度這個微觀層面上，梁代的復古做法及其背後的經學取向從一開始就獨樹一幟，與北朝、隋唐禮拉開了距離。

通過以上對現存儀注材料的分析，我們發現以天監《五禮儀注》爲代表

〔註293〕六尊中的象樽據鄭玄說亦爲刻畫鳳凰之形，不過筆者認爲此處所指應該還是鳥彝。

〔註294〕《隋書》，第 339 頁。

〔註295〕在此不妨回顧南齊之制，我們推測之前明山賓所言爲南齊或梁初情況，而南齊祭祀材料中也確實沒有提及盛鬱鬯的六彝，《南齊書·音樂志》載《籍田樂章》中有「瓊斝盡飾」，但此斝乃爲飲器中之斝爵，並非盛鬱鬯器，可見齊代祭祀樂章基本寫實而沒有誇張。

〔註296〕《大唐開元禮》，第 272 頁。

〔註297〕《隋書》，第 136 頁。

〔註298〕可參看《魏晉南北朝史箚記》「皇后預祭宗廟」條，第 427 頁。

的梁初禮，其獨創性較之南北朝其它時期非常突出，這些梁禮創新之處本來很可能籍由梁、陳兩代禮學人才參與創制隋禮等途徑而融入隋、唐儀制。但是最終，《五禮儀注》的亡佚極大的妨礙了天監禮流傳，這使得我們只能遺憾的說，梁《五禮儀注》之於禮制史最大的意義其實正在於其過早的湮滅無聞。這部彙集了齊、梁間諸多禮學名家修成的《儀注》巨製最終沒有對後世產生應有的影響，讓我們在歎惋之餘，對於隋唐五禮的源流也有了一些新的認識〔註299〕。

〔註299〕閻步克先生繼陳戍國先生後，明確提出隋唐制度五源之説，即在原有三源外，增加了漢晉之制及古禮，《服周之冕》，第316頁。隨著對新的制度源頭的發掘，是否意味著原有三源中有被過高估計之處呢？筆者以爲從禮制層面看，至少梁初之制對隋唐禮的影響是應當重新審視的。

第四章 中古禮官系統考論

　　緒論中筆者已按核心與非核心之別將中古常見諸種禮官大致分類，本章則圍繞中古禮官系統演進的三個關鍵時期，即兩晉劉宋、北魏及中唐時諸種禮官職能及重要任職者進行討論，以考見歷代禮官結構變動對禮制建設所產生之影響。齊、梁兩代禮官制度較為特殊，且與當時修撰《五禮儀注》事關係密切，前章已有詳細考證，此處不再贅述。北齊、周、隋禮官材料相對較少，且其構成特點與北魏相似處頗多，故亦不擬再做專門研究。至於北朝歷代修撰大型禮書儀注事，仍可參看齊梁《五禮儀注》節相關討論。

　　中古禮官系統，歷代雖有消長變動，然就整體而言，諸禮官之職能、地位不變者仍占多數。本文既著眼於歷代禮官系統之新變，則於其中因襲未改者，為節約篇幅計，詳於前而略於後，不再重複論述。

第一節　兩晉與劉宋：禮官系統初步形成

一、晉宋歷任太常卿

　　魏末太常鄭袤與晉初禮制建設頗有關係，《晉書》卷四四《鄭袤傳》云：「高祖眾，漢大司農。父泰，揚州刺史，有高名。袤少孤，早有識鑒。……轉太常。高貴鄉公議立明堂辟雍，精選博士，袤舉劉毅、劉寔、程咸、庾峻，後並至公輔大位。」〔註1〕

　　按，鄭袤入晉後年事已高，以「散侯就第」，並未視事，然其在曹魏時所

〔註 1〕《晉書》，第 1249～1250 頁。

薦舉博士中劉寔、庾峻及其子鄭默皆曾任禮官，詳下文。以下請述武帝時歷任太常事跡：

華表，《晉書》卷四四《華表傳》云：「平原高唐人也。父歆，清德高行，為魏太尉。表年二十，拜散騎黃門郎，累遷侍中。正元初，……後遷尚書。五等建，封觀陽伯。坐供給喪事不整，免。泰始中，拜太子少傅，轉光祿勳，遷太常卿。數歲，以老病乞骸骨。……表以苦節垂名，司徒李胤、司隸王宏等並歎美表清澹退靜，以為不可得貴賤而親疏也。」〔註2〕

按，今文獻中所見泰始十年間任太常者似只有華表一人，可見西晉國初禮制建設中，太常一職地位並不重要〔註3〕。關於泰始間整體禮官系統構成，後文將有評述。《本傳》未言華表長於禮學，史籍中亦未檢得其議禮言論，其由九卿中之光祿轉任太常似乎只因年高德劭，故武帝示以榮寵之意，然表之子嶠、孫恒皆邃於禮學，於太康、中興間參與制禮、議禮事，其或有家學淵源，亦未可知。

鄭默，《晉書》卷四四《鄭袤傳附鄭默傳》云：「起家秘書郎，考覈舊文，刪省浮穢。……武帝受禪，……入為散騎常侍。初，帝以貴公子當品，鄉里莫敢與為輩，求之州內，於是十二郡中正僉共舉默。……及武帝出祀南郊，詔使默驂乘。……後以父喪去官，尋起為廷尉。……遷太常。時僕射山濤欲舉一親親為博士，謂默曰：『卿似尹翁歸，令吾不敢復言。』默為人敦重，柔而能整，皆此類也。……及齊王攸當之國，下禮官議崇錫典制。博士祭酒曹志等並立異議，默容過其事，坐免。」〔註4〕

劉寔，《晉書》卷四一《劉寔傳》：「平原高唐人也。……寔少貧苦，賣牛衣以自給。然好學，手約繩，口誦書，博通古今。……泰始初，進爵為伯，累遷少府。咸寧中為太常。轉尚書。杜預之伐吳也，寔以本官行鎮南軍司。……後起為國子祭酒、散騎常侍。愍懷太子初封廣陵王，高選師友，以寔為師。元康初，進爵為侯，累遷太子太保，加侍中、特進、右光祿大夫、開府儀同三司，領冀州都督。九年，策拜司空，遷太保，轉太傅。……自少及老，篤學不倦，雖居職務，卷弗離手。尤精《三傳》，辨正《公羊》。」〔註5〕

〔註2〕《晉書》，第1260頁。
〔註3〕據《本傳》，華表之前必有出任太常者，但當時禮學名家基本都在後文所考太常外各類禮官系統之中。知當時即尚有任太常者，亦非一流名家。
〔註4〕《晉書》，第1251～1252頁。
〔註5〕《晉書》，第1190～1197頁。

彭灌，《晉書》卷四四《李胤傳》云：「太康三年薨，……詔曰：『故司徒李胤，太常彭灌，並履忠清儉，身沒，家無餘積，賜胤家錢二百萬、穀千斛，灌家半之。』」〔註6〕

按，鄭默爲鄭袤子，袤於泰始九年卒，默卒於太康元年，則其繼華表後任太常當在咸寧中。鄭默人望學養俱佳，其去職則與當時議齊王攸之國事有關。晉武帝本欲傳位於子，而齊王司馬攸頗得眾望，武帝詔命太學諸博士議定齊王歸國禮儀，博士祭酒曹志等人進言反對，武帝震怒降罪，諸博士屬太常治下，故鄭默亦受牽連而去職。此次議禮事件對考察學官在禮官系統中地位頗爲重要，本文之後有專門討論。劉寔、彭灌在鄭默之後相繼任太常，而二人在職時間均不久。彭氏事跡較少，高唐劉氏兄弟皆以經學著名於當世〔註7〕，《晉書》卷九一《儒林傳・序》云：「子眞以好禮居秩宗。」〔註8〕劉寔繼任鄭默，恐怕其中有武帝免去鄭默後需一禮學名家裝點門面之故，劉寔在任不久便參與伐吳事，其後更位至三公，可見其有一定的政治才幹，並非純學術型禮官。

張華，《晉書》卷三六《張華傳》云：「華學業優博，辭藻溫麗，朗贍多通，圖緯方伎之書莫不詳覽。少自修謹，造次必以禮度。……晉受禪，拜黃門侍郎，封關內侯。華強記默識，四海之內，若指諸掌。武帝嘗問漢宮室制度及建章千門萬戶，華應對如流，聽者忘倦，畫地成圖，左右屬目。帝甚異之，時人比之子產。數歲，拜中書令，後加散騎常侍。……華名重一世，眾所推服，晉史及儀禮憲章並屬於華，多所損益。當時詔誥皆所草定，聲譽益盛，有台輔之望焉。……會帝問華：『誰可託寄後事者？』對曰：『明德至親，莫如齊王攸。』既非上意所在，微爲忤旨，間言遂行。乃出華爲持節、都督幽州諸軍事、領護烏桓校尉、安北將軍。……朝議欲徵華入相，又欲進號儀同。初，華毀徵士馮恢於帝，紞即恢之弟也，深有寵於帝。紞嘗侍帝，從容論魏晉事，……紞稽首曰：『陛下既已然微臣之言，宜思堅冰之漸，無使如會之徒復致覆喪。』帝曰：『當今豈有如會者乎？』紞曰：『東方朔有言「談何

〔註6〕《晉書》，第 1254 頁。
〔註7〕《魏書》卷二九《方技傳》云：「臣松之案：辰所稱鄉里劉太常者，謂劉寔也。辰撰輅傳，寔時爲太常，潁川則寔弟智也。寔、智並以儒學爲名，無能言之。《世語》稱寔博辯，猶不足以並裴、何之流也。」
〔註8〕《晉書》，第 2346 頁。劉寔議禮事跡見於有《宋書・禮志四》所記太康九年與傅咸、成粲議社稷事。然其時已不在太常任上。傅、成二人亦爲禮官，事跡見後。

－145－

容易」，《易》曰：「臣不密則失身」。』帝乃屏左右曰：『卿極言之。』統曰：『陛下謀謨之臣，著大功於天下，海內莫不聞知，據方鎮總戎馬之任者，皆在陛下聖慮矣。』帝默然。頃之，徵華為太常。以太廟屋棟折，免官。遂終帝之世，以列侯朝見。」〔註9〕

按，《晉書》卷三《武帝紀》云：「（太康）三年春正月丁丑，……以尚書張華都督幽州諸軍事。」〔註10〕又云：「（太康五年）五月丙午，宣帝廟梁折。」〔註11〕則張華任太常只有太康四、五兩年。張華之學以博物見長，又嫻習典章故事、兼有文采（《本傳》中事例甚多，今不備引），未任太常前已兼掌禮儀之事〔註12〕。正是我們之前所說典型的核心型禮官（太常）而兼有非核心禮官經歷（特命型禮官），史籍中所見張華議郊廟吉凶大禮事跡不多，這一方面可能是材料不足之故，另一方面張華所擅長者為「朝儀國典」之類所謂「官儀」，《儒林傳·序》言其「以博物參朝政」，正可見其禮學特點〔註13〕，而此類議禮事《禮志》中相對涉及較少。此外張華政事能力頗為出眾，咸寧末，與羊祜力主伐吳，帝委以度支尚書，「量記漕運，決定廟算」〔註14〕。滅吳功成，其時已有台甫之望，而因議齊王事，加之賈充一黨馮恢進讒言，終改任太常，遠離了政事中心。張華在太常任上能薦賢舉能，但就修定儀注、參議五禮而言，似不能與晉代一些更為純粹的學術型太常相比。

劉智，《晉書》卷四一《劉寔傳附劉智傳》云：「弟智，字子房，貞素有兄風。少貧窶，每負薪自給，讀誦不輟，竟以儒行稱。歷中書黃門吏部郎，出為潁川太守。平原管輅嘗謂人曰：『吾與劉潁川兄弟語，使人神思清發，昏

〔註9〕 《晉書》，第 1068～1071 頁。
〔註10〕 《晉書》，第 73 頁。
〔註11〕 《晉書》，第 75 頁。
〔註12〕 除《本傳》所言損益儀禮憲章外，張華任黃門郎時與傅玄等同制郊廟歌辭，事見《晉書·樂志》。
〔註13〕 張華議禮風格似可據沈約事跡推測，後者與張華類似，均以博物多識而長於詩賦，但於經禮則較少創見。沈約於梁初掌制《五禮儀注》，其議禮之說則主要見於《宋書·禮志》中史臣按語。沈約往往據詩文典故反駁何承天等禮學家對前代儀注的推擬，而其所議又多以元會、宴饗等朝儀為主，這大約是此類儀注學者共有的議禮特點。沈約議禮事見後文。
〔註14〕 晉代以降，九卿職權為尚書所侵奪，為職官研究中定論，可參看祝總斌先生《兩漢魏晉南北朝宰相制度研究》，社會科學出版社，1998 年版，第 488 頁。度支尚書總錢糧輜重，可見張華為武帝重用。前引劉寔參與伐吳事，亦任尚書，可以與此對照。

不假寐。自此之外，殆白日欲寢矣。』入爲秘書監，領南陽王師，加散騎常侍，遷侍中、尚書、太常。著《喪服釋疑論》，多所辨明。太康末卒，諡曰成。」〔註15〕

按，劉智與其兄同以經學見長，以尚書轉任太常，爲本文所見首例，其在任只一年，議禮事跡較少。

任愷，《晉書》卷四五《任愷傳》云：「父昊，魏太常。愷少有識量，尚魏明帝女，累遷中書侍郎、員外散騎常侍。晉國建，爲侍中，封昌國縣侯。愷有經國之幹，萬機大小多管綜之。性忠正，以社稷爲己任，帝器而昵之，政事多諮焉。泰始初，鄭沖、王祥、何曾、荀顗、裴秀等各以老疾歸第。帝優寵大臣，不欲勞以筋力，數遣愷諭旨於諸公，諮以當世大政，參議得失。愷惡賈充之爲人也，不欲令久執朝政，每裁抑焉。……或爲充謀曰：『愷總門下樞要，得與上親接，宜啓令典選，便得漸疏，此一都令史事耳。且九流難精，間隙易乘。』充因稱愷才能，宜在官人之職。帝不之疑，謂充舉得其才。即日以愷爲吏部尚書，加奉車都尉。愷既在尚書，選舉公平，盡心所職，然侍覲轉希。充與荀勖、馮紞承間浸潤，謂愷豪侈，用御食器。充遣尚書右僕射、高陽王珪奏愷，遂免官。……後起爲太僕，轉太常。……時以愷有佐世器局，而舒登三公，愷止守散卿，莫不爲之憤歎也。愷不得志，竟以憂卒。」〔註16〕

按，任愷於文帝時預修《新禮》，爲武帝器重，咨以政事。後任吏部，雖爲賈充一黨所謀，然亦號稱職，可見其學術事功兼長。而際遇則與張華頗有相似之處。任愷本期望於政事領域一顯身手，但因與賈充一黨不睦，終被置之太常「散地」，以至鬱鬱而終，恐其在太常任上亦無太多作爲。這主要是因爲，對張華、任愷這類志存高遠者而言，議禮、制禮不過其參掌軍國大政之餘，因學業優博，可以兼顧之事。若一旦眞正就任禮官，則無疑是其仕途中之低谷，此時因各人性格，又能隨遇而安，或恪盡職守，但終歸與對政事並不介懷的純學術型禮官有所不同。

成粲，《晉書》卷四五《何攀傳》：「太常成粲、左將軍卞粹勸攀泣職。」〔註17〕

〔註15〕《晉書》，第 1198 頁。
〔註16〕《晉書》，第 1285～1287 頁。
〔註17〕《晉書》，第 1291 頁。

按，《晉書》卷一九《禮志》云：「及武帝太康六年（籍田），⋯⋯乃使侍中成粲草定其儀。」〔註18〕成粲任太常當在太康六年之後〔註19〕，其任侍中後之仕履未詳，若以侍中轉太常則是史籍中另一種常見遷轉途徑。而成粲先定儀注，後爲禮官，與張華、任愷先參與制禮後任太常相似，然不知其政事才幹如何。

此外又有山濤，《晉書》卷四三《山濤傳》云：「後除太常卿，以疾不就。會遭母喪，歸鄉里。濤年逾耳順，居喪過禮，負土成墳，手植松柏。詔曰：『吾所共致化者，官人之職是也。方今風俗陵遲，人心進動，宜崇明好惡，鎮以退讓。山太常雖尚居諒闇，情在難奪，方今務殷，何得遂其志邪！其以濤爲吏部尚書。』」〔註20〕

按，《本傳》未言山濤繼任太常，而詔書仍以太常稱之，其由吏部傳任僕射，據前引《鄭默傳》，此時欲向太常鄭默舉薦一親親爲博士。則其被任爲博士在鄭默之前。

1、惠帝時可見太常

摯虞，《晉書》卷五一《摯虞傳》云：「虞少事皇甫謐，才學通博，著述不倦。⋯⋯以母憂解職。久之，召補尚書郎。⋯⋯又表論封禪，見《禮志》。⋯⋯元康中，遷吳王友。時荀顗撰《新禮》，使虞討論得失而後施行。⋯⋯後歷秘書監、衛尉卿，從惠帝幸長安。⋯⋯後得還洛，歷光祿勳、太常卿。時懷帝親郊。自元康以來，不親郊祀，禮儀弛廢。虞考正舊典，法物粲然。」〔註21〕

按，無論作爲非核心型禮官還是核心型禮官，摯虞都是西晉禮官系統中最值得關注的一員。摯虞受學於當時著名學者皇甫謐，太康初任尚書郎，負責刪定之前荀顗、任愷等人所制《新禮》，直至元康元年書成獻上，其間駁正《新禮》之失、改定儀注體例各類議禮事跡極多，其主張往往得到採納。考慮到其所任尚書郎可能即爲祀部，所以這一段禮制建設我們將在下節中詳述。懷帝初，摯虞以太常身份主持制禮、行禮，則是目前爲止所見禮學名家在太常任上發揮作用的最典型例子。儘管從整體來看也許此段經歷並不如此前修定《新禮》對晉代禮制影響爲大。但必須指出的是，在禮官研究中考察太常卿職能與禮制

〔註18〕《晉書》，第590頁。
〔註19〕前引其與傅咸、劉寔議社稷事，傅咸時爲車騎司馬，劉已離任太常，則時任太常者可能即爲成粲。
〔註20〕《晉書》，第1225頁。
〔註21〕《晉書》，第1419～1426頁。

建設關係，永嘉初年的摯虞顯得更爲重要。也許與後來一些遍歷各級禮官的學者相比，摯虞的禮官經歷尚不夠完整，但較之此前鄭默、劉智等人，摯虞已經是相對純粹的學術型禮官長期任職禮官系統的典型例子了。

潘尼，《晉書》卷五五《潘岳傳附潘尼傳》云：「尼少有清才，與岳俱以文章見知。性靜退不競，唯以勤學著述爲事。……太康中，舉秀才，爲太常博士。……時三王戰爭，皇家多故，尼職居顯要，從容而已。雖憂虞不及，而備嘗艱難。永嘉中，遷太常卿。」〔註22〕

按，潘尼所任之太常博士，筆者以爲實爲太學博士，後文學官節有詳說。潘氏以文學之士出任太常，《爲王光祿轉太常讓表》云：「況宗卿清重，歷選所難，漢晉以降，莫非素範。……潘尼之文雅深純，華表之從容退默。自此迄茲，風流繼軌。」〔註23〕則後世亦頗以潘尼爲太常中翹楚，然其任職時已近永嘉之亂，禮制廢弛〔註24〕，史籍中未見其議禮事跡〔註25〕。

以上大致按照繼任先後次序排比了西晉歷任太常卿，但是考察太常一職在西晉禮官系統中的地位顯然還需要對比同期祠部、學官、法官情況，祠部等官下文皆有詳考。這裏我們將回顧西晉兩次重要禮書修撰過程以及非核心型禮官（即學官、法官、特命型禮官）在修禮及日常議禮活動中的情況。更爲重要的是，以下還將考察核心型禮官尤其是本節所論太常卿的特命型非核心禮官經歷。

《晉書》卷一九《禮志上》云：「晉始則有荀顗、鄭沖裁成國典。」〔註26〕又云：「及晉國建，文帝又命荀顗因魏代前事，撰爲新禮，參考今古，更其節文，羊祜、任愷、庾峻、應貞並共刊定，成百六十五篇，奏之。」〔註27〕

《晉書》卷二《文帝紀》云：「秋七月，帝奏司空荀顗定禮儀，中護軍賈充正法律，尚書僕射裴秀議官制，太保鄭沖總而裁焉。」〔註28〕

〔註22〕《晉書》，第1507～1516頁。
〔註23〕《全上古三代秦漢三國六朝文·全梁文》卷五十三，中華書局，1958年版，第3256頁下欄。
〔註24〕《晉書·懷帝紀》云：「（永嘉四年）己酉，盜取太廟金匱及策文各四。……太廟吏賈苞盜太廟靈衣及劍，伏誅。」
〔註25〕潘氏任博士時有《釋奠賦》，記錄當時行禮過程。長於文學之禮官，以詩賦記錄行禮，是區別與經學、法學型禮官之特色，可見前章。
〔註26〕《晉書》，第580頁。
〔註27〕《晉書》，第581頁。
〔註28〕《晉書》，第44頁。

《晉書》卷三九《荀顗傳》云：「及蜀平，興復五等，命顗定禮儀。顗上請羊祜、任愷、庾峻、應貞、孔顗共刪改舊文，撰定晉禮。」〔註29〕

按，文帝時群臣所定《新禮》是晉初最重要儀注〔註30〕，主持修撰者荀顗、總裁者鄭沖，諸與修者羊祜、任愷、庾峻、應貞、孔顗，任愷事跡已見於前，其餘分述如下：

《晉書》卷三九《荀顗傳》云：「性至孝，總角知名，博學洽聞，理思周密。魏時以父勳除中郎。宣帝輔政，……擢拜散騎侍郎，累遷侍中。爲魏少帝執經，拜騎都尉，賜爵關內侯。難鍾會《易》無互體，又與扶風王駿論仁孝孰先，見稱於世。……時以《正德》、《大豫》雅頌未合，命顗定樂。事未終，以泰始十年薨。……顗明《三禮》，知朝廷大儀，而無質直之操，唯阿意苟合於荀勖、賈充之間。」〔註31〕

《晉書》卷三三《鄭沖傳》云：「起自寒微，卓爾立操，清恬寡欲，耽玩經史，遂博究儒術及百家之言。有姿望，動必循禮，任眞自守，不要鄉曲之譽，由是州郡久不加禮。及魏文帝爲太子，搜揚側陋，命沖爲文學，累遷尙書郎，出補陳留太守。沖以儒雅爲德，蒞職無干局之譽，簞食縕袍，不營資產，世以此重之。……嘉平三年，拜司空。及高貴鄉公講《尙書》，沖執經親授，與侍中鄭小同俱被賞賜。俄轉司徒。常道鄉公即位，拜太保，位在三司之上，封壽光侯。沖雖位階台輔，而不預世事。時文帝輔政，平蜀之後，命賈充、羊祜等分定禮儀、律令，皆先諮於沖，然後施行。」〔註32〕

按，荀、鄭二人皆禮學通明，然鄭沖爲一恂恂儒者，專於治學而拙於爲政。荀顗依附賈充一黨，後歷官太尉〔註33〕，未知其是否長於政事。

羊祜，《晉書》卷三四《羊祜傳》云：「博學能屬文，身長七尺三寸，美鬚眉，善談論。……及會誅，拜相國從事中郎，與荀勖共掌機密。遷中領軍，悉統宿衛，入直殿中，執兵之要，事兼內外。武帝受禪，以佐命之勳，進號

〔註29〕《晉書》，第1151頁。
〔註30〕據摯虞上表，《新禮》初成後，似乎並未完全付諸實用，前章亦曾指出晉初時多有依據武帝制旨行禮的情況，但《新禮》終爲之後摯虞刪定行用之基礎，其重要性不應太過否定。
〔註31〕《晉書》，第1150～1151頁。
〔註32〕《晉書》，第991～992頁。
〔註33〕《本傳》言其又掌治樂事，然據《樂志》、《荀勖傳》，制樂者爲荀勖、荀藩父子，似有矛盾。當然不能排除荀顗爲監修的可能。

中軍將軍，加散騎常侍，改封郡公，邑三千戶。」〔註34〕

　　按，羊祜爲晉開國元勳，自文帝時便執掌禁軍，參議大政，以地位尊崇而參與制禮事。

　　庾峻，《晉書》卷五〇《庾峻傳》云「峻少好學，有才思。嘗遊京師，聞魏散騎常侍蘇林老疾在家，往候之。……太常鄭袤見峻，大奇之，舉爲博士。時重《莊》《老》而輕經史，駿懼懼雅道陵遲，乃潛心儒典。屬高貴鄉公幸太學，問《尚書》義於峻，峻援引師說，發明經旨，申暢疑滯，對答詳悉。遷秘書丞。長安有大獄，久不決，拜峻侍御史，往斷之，朝野稱允。武帝踐阼，賜爵關中侯，遷司空長史，轉秘書監、御史中丞，拜侍中，加諫議大夫。常侍帝講《詩》，中庶子何劭論《風》《雅》正變之義，峻起難往反，四坐莫能屈之。」〔註35〕

　　按，庾峻爲魏時博士，於兩朝均曾任職憲司，今可考見之議禮事跡雖較少〔註36〕，但其由學官、法官又兼特命禮官的經歷頗值得我們重視。東晉以降，此種類型禮官頗有發展，庾峻、傅咸爲其濫觴。

　　應貞，《晉書》卷九二《文苑·應貞傳》「自漢至魏，世以文章顯，軒冕相襲，爲郡盛族。貞善談論，以才學稱。夏侯玄有盛名，貞詣玄，玄甚重之。舉高第，頻歷顯位。武帝爲撫軍大將軍，以爲參軍。及踐阼，遷給事中。……初置太子中庶子官，貞與護軍長史孔恂俱爲之。後遷散騎常侍，以儒學與太尉荀顗撰定新禮，未施行。泰始五年卒，文集行於世。」〔註37〕

2、晉初修樂呂事者

　　《宋書》卷一九《樂志一》云：「晉武泰始五年，尚書奏使太僕傅玄、中書監荀勗、黃門侍郎張華各造正旦行禮及王公上壽酒食舉樂哥詩。詔又使中書郎成公綏亦作。……九年，荀勗遂典知樂事，使郭瓊、宋識等造《正德》、《大豫》之舞，而勗及傅玄、張華又各造此舞哥詩。勗作新律笛十二枚，散騎常侍阮咸譏新律聲高，高近哀思，不合中和。勗以其異己，出咸爲始平相。」〔註38〕

〔註34〕　《晉書》，第 1013～1014 頁。
〔註35〕　《晉書》，第 1391～1392 頁。
〔註36〕　《傅咸傳》記當時以儒宗而任中丞者庾純與前任中丞傅咸爭論朝堂之位，這類涉及朝儀的禮制正是法官類禮官較多涉及領域，詳後。
〔註37〕　《晉書》，第 2370～2371 頁。
〔註38〕　《宋書》，第 539～540 頁。

　　《晉書》卷三九《荀勗傳》云：「岐嶷夙成，年十餘歲能屬文。……既長，遂博學，達於從政。仕魏，辟大將軍曹爽掾，遷中書通事郎。爽誅，門生故吏無敢往者，勗獨臨赴，眾乃從之。為安陽令，轉驃騎從事中郎。勗有遺愛，安陽生為立祠。遷廷尉正，參文帝大將軍軍事，……武帝受禪，……拜中書監，加侍中，領著作，與賈充共定律令。……當時甚為正直者所疾，而獲佞媚之譏焉。久之，進位光祿大夫。既掌樂事，又修律呂，並行於世。……勗久管機密，有才思，探得人主微旨，不犯顏迕爭，故得始終全其寵祿。」〔註39〕

　　按，以上諸人涉及晉初禮樂制度建設，而除張華、傅玄、庾峻外餘者均未進入禮官序列。而傅、庾又二人均屬法官，庾氏議禮事跡不著，傅玄精通故事之學，與摯虞共修《決疑注》，為東晉禮官遵用。其子傅亮、傅隆在東晉、劉宋均精擅禮學而任禮官、法官，此類家學淵源型的禮法官世家，後文還將詳考。此外，荀勗精通音律而掌樂事，應貞等各以學術制禮作樂，均可歸為非核心型禮官中的特命一類，足見非核心型禮官在禮官系統中之重要地位。

　　此外，尚有一些未參修《新禮》的非核心型禮官，同樣對當時禮制建設貢獻頗多，分述如下：

　　泰始中有裴秀，《晉書》卷三五《裴秀傳》：「秀少好學，有風操，八歲能屬文。……魏咸熙初，釐革憲司。時荀顗定禮儀，賈充正法律，而秀改官制焉。……及帝受禪，加左光祿大夫，封鉅鹿郡公，邑三千戶。……秀儒學洽聞，且留心政事，當禪代之際，總納言之要，其所裁當，禮無違者。……秀創制朝儀，廣陳刑政，朝廷多遵用之，以為故事。在位四載，為當世名公。……初，秀以尚書三十六曹統事準例不明，宜使諸卿任職，未及奏而薨。」〔註40〕

　　之前我們曾指出，泰始年間核心禮官中太常職只有華表一人，華氏亦非以禮學著稱，似乎當時禮官系統頗為單薄。而據以上所引，裴秀制定朝儀〔註41〕，多為故事，前引《張華傳》言其「名重一世，眾所推服，晉史及儀禮憲章並屬於華，多所損益。」亦當為泰始中事，加之前述修《新禮》諸臣，可見當時非核心禮官中其實名家頗多。

〔註39〕 《晉書》，第 1152～1157 頁。
〔註40〕 《晉書》，第 1037～1041 頁。
〔註41〕 前文已指出晉唐間之「朝儀」不僅是朝位的安排，還包括一整套與官制密切相關的儀典，與《周禮》以官制言禮的思路頗有淵源。裴秀改定官制並制朝儀從某種角度可視為一事。此外，泰始二年，裴秀等人議郊祀並圓丘、方澤於南北郊，涉及晉代郊禮改制重要一環，可參看本文第一章第一節。

　　太康中有華嶠，《晉書》卷四四《華嶠傳》云：「才學深博，少有令聞。……泰始初，賜爵關內侯。遷太子中庶子。出爲安平太守。辭親老不行，更拜散騎常侍，典中書著作，領國子博士，遷侍中。太康末，……後以嶠博聞多識，屬書典實，有良史之志，轉秘書監，加散騎常侍，班同中書。寺爲內臺，中書、散騎、著作及治禮音律，天文數術，南省文章，門下撰集，皆典統之。」〔註42〕

　　按，華嶠是又一位來自高唐華氏的禮官，太康中太常任上不乏禮學名家，但如劉氏兄弟及張華、任愷等均在任時間較短，華嶠在太康末掌治禮音律事，又領國子博士。後文將指出，兩晉國子博士雖爲學官但實負有參議典禮之責任，華嶠就是一個典型的例子。其以學官身份與當時負責刪定《新禮》的尙書郎摯虞一起構成太常卿之外的議禮。

　　當時高級文官中，以禮學著名而未在禮官系統中任職者只有王接〔註43〕。

　　以上我們對西晉禮官系統的考察，主要關注太常卿與特命型非核心禮官的互補方面，也部分涉及到禮官系統中祀部、法官與學官，這幾種在後文還將有專門論述，關於太常卿在當時禮官系統中地位，可以得到以下幾點結論：

　　1、學術與政事兼長者，擔任太常的經歷往往是其仕途中的低谷，甚至是遭到政治對手陷害，如張華、任愷。又有爲軍國政事所須故在職不久即離任，如劉寔。這兩種情況都說明太常一職的地位較之直接關乎兵刑錢穀、人事機要的政事官爲低。另一方面，如荀勖、裴秀、杜預等人同樣兼擅學術政事，而仕途較爲順利。拋開如荀勖人品之類問題不論，特命型非核心禮官，雖不在直接關係禮制任上，但同樣可在制禮作樂中發揮作用。

　　2、對不以事功見長而側重學術的學者而言，進入禮官系統而最終擔任太常卿這一職務似乎更多象徵著對禮學名家的某種肯定，因爲通過此前的考察，西晉的太常發揮所長參制禮樂，往往並不在太常任上。如此一來，在禮官系統中，太常的重要性相對於非核心禮官，尤其是特命型禮官，似乎要打上一些折扣。如前所云，這種禮官制度下，長於禮學者不必擔任常規意義上的禮官即可參與到禮制建設當中。而這一現象，筆者覺得可以視爲某種兩漢遺風，如東漢經學昌明，通經入仕爲風氣所尙，故官僚群體中無論何種職務

────────────

〔註42〕　《晉書》，第1263～1264頁。
〔註43〕　《晉書》卷五一《王接傳》，第1434頁。

均可能有禮學名家出任，而不必一定出任禮官、學官〔註44〕。西晉經學家數量雖不及前代，而此風氣猶存。

3、從太康元年以尚書郎接掌《新禮》刪定，摯虞就成為了當時禮官系統中的中心人物。懷帝初，時為太常的摯虞主持了郊祀典禮，這是我們觀察到的少數在任太常全面負責禮制的例子。而摯虞由祀部而太常，在禮官系統中的遷轉也非常完滿。但要指出的是，摯虞以尚書郎接掌《新禮》本身就意味著太常在禮制建設中的地位〔註45〕。而當摯虞完成了制禮任務，升為太常後，我們又會發現這一時期擔任太常的禮學名家數量較之武帝時有明顯下降，這一現象是否與西晉後期八王之亂，政局動盪造成的禮官建制不完備有關呢？

以下將進入對東晉歷任太常的考察，當可解決這個問題：

3、晉元帝時太常

賀循，《晉書》卷六《元帝紀》云：「永嘉初，用王導計，始鎮建鄴，以顧榮為軍司馬，賀循為參佐，王敦、王導、周顗、刁協並為腹心股肱，賓禮名賢，存問風俗，江東歸心焉。」〔註46〕

《晉書》卷六八《賀循傳》云：「其先慶普，漢世傳《禮》，世所謂慶氏學。族高祖純，博學有重名，漢安帝時為侍中，避安帝父諱，改為賀氏。……及愍帝即位，徵為宗正，元帝在鎮，又表為侍中，道險不行。以討華軼功，將封鄉侯，循自以臥疾私門，固讓不受。建武初，為中書令，加散騎常侍，又以老疾固辭。……於是改拜太常，常侍如故。循以九卿舊不加官，今又疾患，不宜兼處此職，惟拜太常而已。……太興二年卒，時年六十。……循少玩篇籍，善屬文，博覽眾書，尤精禮傳。」〔註47〕

華恒，《晉書》卷四四《華表傳附華恒傳》云：「博學以清素為稱。……劉聰逼長安，詔出恆為鎮軍將軍，領潁川太守，以為外援。恆興合義軍，得二千人，未及西赴，而關中陷沒。時群賊方盛，所在州郡相繼奔敗，恆亦欲棄郡東渡，而從兄軼為元帝所誅，以此為疑。先書與驃騎將軍王導，導言於帝。帝曰：『兄弟罪不相及，況群從乎！』即召恆，補光祿勳。……尋拜太常，議立郊祀。尚書刁協、國子祭酒杜夷議，須還洛乃修郊祀。恆議，漢獻

〔註44〕如東漢制禮議禮核心人物匡衡、韋玄成、曹褒等，其禮官經歷均不明顯。
〔註45〕無論當時在任太常是鄭默或劉寔，其學術水平及學術地位似乎都並不下於摯虞，但卻均未能插手《新禮》刪定工作。
〔註46〕《晉書》，第144頁。
〔註47〕《晉書》，第1824～1830頁。

帝居許，即便郊柴，宜於此修立。司徒荀組、驃騎將軍王導同恆議，遂定郊祀。尋以疾求解，詔曰：『太常職主宗廟，烝嘗敬重，而華恆所疾，不堪親奉職事。夫子稱「吾不與祭，如不祭」，況宗伯之任職所司邪！今轉恆爲廷尉。』頃之，加特進。太寧初，遷驃騎將軍，加散騎常侍，督石頭水陸諸軍事。王敦表轉恆爲護軍，疾病不拜。授金紫光祿大夫，又領太子太保。成帝即位，加散騎常侍，領國子祭酒。……復領太常。蘇峻之亂，恆侍帝左右，從至石頭，備履艱危，困悴逾年。……及帝加元服，又將納后。寇難之後，典籍靡遺，婚冠之禮，無所依據。恆推尋舊典，撰定禮儀，並郊廟辟雍朝廷軌則，事並施用。遷左光祿大夫、開府，常侍如故，固讓未拜。會卒，時年六十九。」〔註48〕

荀崧，《晉書》卷七五《荀崧傳》云：「潁川臨潁人，魏太尉彧之玄孫也。……齠齔時，族曾祖顗見而奇之，以爲必興顗門。……元帝踐阼，徵拜尙書僕射，使崧與刁協共定中興禮儀。……轉太常。……敦表以崧爲尙書左僕射。及帝崩，群臣議廟號，王敦遣使謂曰：『豺狼當路，梓宮未反，祖宗之號，宜別思詳。』崧議以爲：『禮，祖有功，宗有德。元皇帝天縱聖哲，光啓中興，德澤侔於太戊，功惠邁於漢宣，臣敢依前典，上號曰中宗。』……初，敦待崧甚厚，欲以爲司空，於此銜之而止。太寧初，加散騎常侍，後領太子太傅。以平王敦功，更封平樂伯。」〔註49〕

按，《晉書》卷九一《儒林傳·序》云：「元帝運鍾百六，光啓中興，賀、荀、刁、杜諸賢並稽古博文，財成禮度。」〔註50〕以上四人中，賀循、荀崧相繼爲太常，刁協、杜夷分別擔任左僕射、國子祭酒，屬於非核心型禮官。此外，高唐華氏的華恒，元、明帝時兩任太常。此諸人議郊廟大禮事跡多見於本文首章。對比西晉之初，修禮人員配置，東晉初的禮官不遑多讓，而太常群體更是名家薈萃，賀、荀、華三人均在位修禮、議禮，再輔以學官及特命重臣，此時的禮官結構可謂相當合理。

此處尙有一疑問，前考西晉後期名家中唯有摯虞以尙書郎升至太常卿，彼時非核心禮官中一流人才亦不多，禮官系統頗不完備。那麼上舉元帝中興時諸名家禮官在西晉時擔任何職？爲什麼沒有進入禮官（甚至是非核心禮官）

〔註48〕 《晉書》，第 1262～1263 頁。
〔註49〕 《晉書》，第 1975～1979 頁。
〔註50〕 《晉書》，第 2346 頁。

系統？以下我們將指出，與其說是八王之亂造成的政局動盪使得當時禮官系統不夠完整，更重要的是亂世之中，各方勢力招睞人才，均優先考慮政事軍事官而非禮學官，所謂「天子失官，學在四夷」，晉末的亂世中，本來在禮官系統中非常重要的特命型非核心禮官，尤其是其中兼長政事者，多被捲入了政事漩渦之中，失去了進入搖搖欲墜的王朝中央核心禮官的機會。而中興之初，禮官系統再度整合，諸禮學名家又紛紛在江左禮官體系中覓得位置。以下結合四人在西晉時事跡加以分析：

賀循，據《本傳》，「刺史嵇喜舉秀才，除陽羨令，以寬惠為本，不求課最。後為武康令，俗多厚葬，及有拘忌迴避歲月，停喪不葬者，循皆禁焉。政教大行，鄰城宗之。然無援於朝，久不進序。」後得同為東吳名士的著作郎陸機舉薦，「久之，召補太子舍人。趙王倫篡位，轉侍御史，辭疾去職。」〔註51〕此時已在太康末年，結合之前的研究，正是劉寔、張華、任愷等太常名家離任或謝世，摯虞以尚書郎刪定《新禮》，此時進入中央任職的賀循，在侍御史任上辭疾去職，此後一系列地方混戰也均未參與，東海王徵為參軍、博士均未起，也由此錯過了進入中央禮官序列的機會。此後「及帝遷鎮東大將軍，以軍司顧榮卒，引循代之。⋯⋯循猶不起。及帝承制，復以為軍諮祭酒。循稱疾，敦逼不得已，乃輿疾至。」〔註52〕終以江南名士加入了元帝集團，後「及愍帝即位，徵為宗正，元帝在鎮，又表為侍中」〔註53〕，要指出的是以賀循之才，如出任以上兩個職位都頗有可能轉為太常，但均託以「道險不行」〔註54〕。最終賀循在建武初任中書令，可見其為元帝所信用，中興制禮，賀循以當時儒宗，很快即改任太常。

縱觀賀循一生，其禮學固為當世名家，任職地方亦頗有能名。政局動盪中主動選擇了屏退鄉里，不問政事，而晉初郊廟大禮，多參用其說，故仍可視為一典型學術型禮官。

華恒，據《本傳》，「尚武帝女榮陽長公主，拜駙馬都尉。元康初，東宮建，恆以選為太子賓友，賜爵關內侯，食邑百戶。辟司徒王渾倉曹掾，屬除散騎侍郎，累遷散騎常侍。」〔註55〕考慮到華嶠就是以散騎常侍、國子博士

〔註51〕 《晉書》，第 1824～1825 頁。
〔註52〕 《晉書》，第 1826～1827 頁。
〔註53〕 《晉書》，第 1828 頁。
〔註54〕 《晉書》，第 2349 頁。
〔註55〕 《晉書》，第 1262 頁。

身份參掌禮樂，家學淵源的華恒此時如進入禮官序列似乎也是很正常的事情。但其接下來的仕途卻頗與其叔、祖不同，惠帝後期，先後出任北軍中候、領軍，及愍帝即位，「劉聰逼長安，詔出恆爲鎮軍將軍，領潁川太守，以爲外援。」這裏要指出的是，西晉禁軍軍職頗爲重要，華恒能任領軍說明主政者對其極爲信任〔註 56〕，而與其爲晉室姻親亦不無關係。此後因其兄華軼爲元帝所殺，本欲渡江而心生疑懼，轉由王導進言，元帝雖示以「兄弟罪不相及」，此後並未長期擔任機要之職。然其兩任太常，所制諸種儀注，尤其爲明帝婚禮制儀，乃爲後來王彪之所遵用，彪之議禮尤好譏前人之失，而於此殊少改定，可見華氏禮學之精。

荀崧，據《本傳》，「泰始中，詔以崧代兄襲父爵，補濮陽王允文學。與王敦、顧榮、陸機等友善，趙王倫引爲相國參軍。倫篡，轉護軍司馬、給事中，稍遷尚書吏部郎、太弟中庶子，累遷侍中、中護軍。」按，八王之亂中禁軍力量一直十分重要，荀崧在司馬倫處似乎頗得信用。又與王敦、顧榮等人交好，元帝建武初，與刁協分任左右僕射，共定禮儀〔註 57〕。

刁協，《晉書》卷六九《刁協傳》云：「協少好經籍，博聞強記，釋褐濮陽王文學，累轉太常博士、本郡大中正。成都王穎請爲平北司馬，後歷趙王倫相國參軍，長沙王乂驃騎司馬。及東嬴公騰鎮臨漳，以協爲長史，轉潁川太守。永嘉初，爲河南尹，未拜，避難渡江。元帝以爲鎮東軍諮祭酒，轉長史。愍帝即位，徵爲御史中丞，例不行。元帝爲丞相，以協爲左長史。中興建，拜尚書左僕射。於時朝廷草創，憲章未立，朝臣無習舊儀者。協久在中朝，諳練舊事，凡所制度，皆稟於協焉，深爲當時所稱許。」〔註 58〕

按，《晉書》卷一九《禮志上》云：「晉始則有荀顗、鄭沖裁成國典，江左則有荀崧、刁協損益朝儀。」〔註 59〕刁協在中原時歷任諸王參佐〔註 60〕，與禮官系統交集不多，前文論東晉廟禮，刁氏所定之制爲其後賀循、華恒、

〔註 56〕 張金龍先生認爲愍帝即位有華恒的支持。參看氏著《魏晉南北朝禁衛武官制度研究》，中華書局 2001 年版，第 556 頁。
〔註 57〕 《元帝紀》：「（大興元年）六月，……以尚書左僕射刁協爲尚書令，平南將軍、曲陵公荀崧爲尚書左僕射。」東晉南朝右僕射往往兼祀部尚書，見《通典·職官》、《宋書·百官志》，後文祀部禮官節亦有詳考。中興定禮事當在建武中，彼時荀崧如在右僕射任上則爲祀部核心禮官制禮。
〔註 58〕 《晉書》，第 1842 頁。
〔註 59〕 《晉書》第 580 頁。此處亦可見晉時所謂國典朝儀與吉凶五禮實可相通。
〔註 60〕 此太常博士當即爲太學博士，見後。

溫嶠等人所駁，行用未久。但作爲元帝倚重對抗琅琊王氏的重臣，刁協在禮制建設中還是發揮了特命型禮官的作用。

杜夷，《晉書》卷九一《儒林・杜夷傳》云：「世以儒學稱，爲郡著姓。……博覽經籍百家之書，算曆圖緯靡不畢究。寓居汝潁之間，十載足不出門。年四十餘，始還鄉里，閉門教授，生徒千人。惠帝時三察孝廉，州命別駕，永嘉初，公車徵拜博士，太傅、東海王越辟，並不就。懷帝詔王公舉賢良方正，刺史王敦以賀循爲賢良，夷爲方正，……元帝爲丞相，教曰：『今大義頹替，禮典無宗，朝廷滯義莫能攷正，宜特立儒林祭酒官，以弘其事。處士杜夷棲情遺遠，確然絕俗，才學精博，道行優備，其以夷爲祭酒。』夷辭疾，未嘗朝會。……又除國子祭酒。……皇太子三至夷第，執經問義。夷雖逼時命，亦未嘗朝謁，國有大政，恆就夷諮訪焉。」〔註61〕

按，懷帝時以賢良方正徵杜夷、賀循，二人俱不行。元帝定鼎江東，又招杜氏，尤不起。後雖任職，而不以政事經懷。其在儒官中近於隱逸一流，比之此後劉宋時雷次宗、南齊之劉瓛，杜夷任祭酒可直接參與制禮事，但東晉時禮官體系中太常、祀部迭興，學官一系相對較爲平淡，其議禮事跡也相對較少。

4、王敦之亂前後歷任太常

熊遠，《晉書》卷七一《熊遠傳》云：「元帝作相，引爲主簿。……轉御史中丞。……累遷侍中，出補會稽內史。時王敦作逆，沈充舉兵應之，加遠將軍，距而不受，不輸軍資於充，保境安眾爲務。敦至石頭，諷朝廷徵遠，乃拜太常卿，加散騎常侍。敦深憚其正而有謀，引爲長史。數月病卒。」〔註62〕

薛兼，《晉書》卷六八《薛兼傳》云：「少與同郡紀瞻、廣陵閔鴻、吳郡顧榮、會稽賀循齊名，號爲『五俊』。初入洛，司空張華見而奇之，曰：『皆南金也。』……中興建，轉尹，加秩中二千石，遷尚書，領太子少傅。自綜至兼，三世傅東宮，談者美之。永昌初，王敦表兼爲太常。明帝即位，加散騎常侍。」〔註63〕

按，熊遠「正而有謀」，王敦引爲長史以便監視，而此前敦方至石頭，即將「待之甚厚」的荀崧由太常改爲左僕射，新徵入朝的熊遠則置之於太常

〔註61〕《晉書》，第 2353～2354 頁。
〔註62〕《晉書》，第 1884～1889 頁。
〔註63〕《晉書》，第 2431 頁。

「散地」，恐怕也並不是出於對其學術推重〔註 64〕。東晉禮官中熊遠也很值得重視，因爲熊氏乃由憲司而任太常，這種經歷爲此前任御史中丞而制禮的傅玄、庾峻所無，而在之後禮官系統中更爲常見。熊氏在中丞任上議禮法事跡頗多〔註 65〕，任太常後則較少。薛兼則爲江南名士，多歷清顯之職，然就學養而言，似不及賀循、華恒等人。《通典》載其曾與王導議當時廟制，見前郊廟禮沿革章。

鄧攸，《晉書》卷九〇《鄧攸傳》云：「爲吳王文學，歷太子洗馬、東海王越參軍。……出爲河東太守。……攸與刁協、周顗素厚，遂至江東。元帝以攸爲太子中庶子。……拜侍中。歲餘，轉吏部尚書。蔬食弊衣，周急振乏。性謙和，善與人交，賓無貴賤，待之若一，而頗敬媚權貴。……永昌中，代周顗爲護軍將軍。太寧二年，王敦反，明帝密謀起兵，乃遷攸爲會稽太守。初，王敦伐都之後，中外兵數每月言之於敦。攸已出在家，不復知護軍事，有惡攸者，誣攸尙白敦兵數。帝聞而未之信，轉攸爲太常。時帝南郊，攸病不能從。車駕過攸問疾，攸力病出拜。有司奏攸不堪行郊而拜道左，坐免。攸每有進退，無喜慍之色。久之，遷尙書右僕射。咸和元年卒。」〔註 66〕

按，鄧攸似不以學術見長，其擔任太常乃因當時明帝欲起兵攻打王敦，鄧攸任護軍將軍時與王敦過從甚密，故帝雖未信當時讒言，仍轉之散地以防萬一。其後又因事而免，鄧攸經歷與張華先爲武帝所疑，任之太常，繼而免官頗有相似之處，可見太常一職人選往往不是單純禮學水平考慮。太常一職的這種功能也影響到了其在禮官系統中作用的發揮。

明帝時太常尙有陸曄，《晉書》卷七七《陸曄傳》云：「元帝初鎮江左，辟爲祭酒，……預討華軼功，封平望亭侯，累遷散騎常侍、本郡大中正。太興元年，遷太子詹事。時帝以侍中皆北士，宜兼用南人，曄以清貞著稱，遂拜侍中，徙尙書，領州大中正。明帝即位，轉光祿勳，遷太常，代紀瞻爲尙書左僕射，領太子少傅，尋加金紫光祿大夫，代卞壺爲領軍將軍。以平錢鳳功，進爵江陵伯。帝不豫，曄與王導、卞壺、庾亮、溫嶠、郗鑒並受顧命。」〔註 67〕

〔註 64〕王敦引兵至石頭，荀崧以太常兼使者迎之，事見《晉書·王敦傳》。
〔註 65〕《刑法志》載其任主簿時議律令事，於當時頗有影響。又《禮志中》記其駁尚書符，議冬至後小會有喪不得作樂，爲太常賀循據武帝詔書所駁。
〔註 66〕《晉書》，第 2338～2340 頁。
〔註 67〕《晉書》，第 2023～2024 頁。

按，陸曄以光祿勳轉太常，議禮事跡較少，估計其在任時間亦較短。

5、成帝時太常

孔愉，《晉書》卷七八《孔愉傳》云：「孔愉，字敬康，……父恬，湘東太守。從兄侃，大司農。俱有名江左。愉年十三而孤，養祖母以孝聞，與同郡張茂字偉康、丁潭字世康齊名，時人號曰『會稽三「康」』。……沈充反，愉棄官還京師，拜御史中丞，遷侍中、太常。及蘇峻反，愉朝服守宗廟。……轉尚書右僕射，領東海王師。尋遷左僕射。……後省左右僕射，以愉為尚書僕射。愉年在懸車，累乞骸骨，不許，轉護軍將軍，加散騎常侍。復徙領軍將軍，加金紫光祿大夫，領國子祭酒。頃之，出為鎮軍將軍、會稽內史，加散騎常侍。」〔註68〕

蔡謨，《晉書》卷七七《蔡謨傳》云：「世為著姓。曾祖睦，魏尚書。……避亂渡江。時明帝為東中郎將，引為參軍。元帝拜丞相，復辟為掾，轉參軍，後為中書侍郎，歷義興太守、大將軍王敦從事中郎、司徒左長史，遷侍中。……轉掌吏部。以平蘇峻勳，賜爵濟陽男，又讓，不許。多蒸，謨領祠部，主者忘設明帝位，與太常張泉俱免，白衣領職。頃之，遷太常，領秘書監，以疾不堪親職，上疏自解，不聽。成帝臨軒，遣使拜太傅、太尉、司空。會將作樂，宿懸於殿庭，門下奏，非祭祀燕饗則無設樂之制。事下太常。謨議臨軒遣使宜有金石之樂，遂從之。臨軒作樂，自此始也。……康帝即位，徵拜左光祿大夫、開府儀同三司，領司徒。代殷浩為揚州刺史。又錄尚書事，領司徒如故。……謨博學，於禮儀宗廟制度多所議定。」〔註69〕

顧和，《晉書》卷八三《顧和傳》云：「咸康初，拜御史中丞，劾奏尚書左丞戴抗髒污百萬，付法議罪，並免尚書傅玩、郎劉傭官，百僚憚之。遷侍中。初，中興東遷，舊章多闕，而冕旒飾以翡翠珊瑚及雜珠等。和奏：『舊冕十有二旒，皆用玉珠，今用雜珠等，非禮。若不能用玉，可用白旋珠。』成帝於是始下太常改之。……轉吏部尚書，頻徙領軍將軍、太常卿、國子祭酒。」〔註70〕

按，孔愉、顧和二人均由御史中丞而任太常〔註71〕，再任國子祭酒。結合上文談到的西晉傅咸、東晉熊遠等人，可見此期間禮官系統中，法官、太

〔註68〕《晉書》，第2051～2053頁。
〔註69〕《晉書》，第2033～2041頁。
〔註70〕《晉書》，第2164頁。
〔註71〕顧和在任時間為成帝末康帝初。

常、及學官的聯繫愈加緊密。而蔡謨爲本文所見首例禮學名家任職尚書祀部〔註72〕，蔡謨議禮事跡遠多於同時之太常張泉，二人因行禮有失而同時免職，然蔡謨不久又遷太常，可見這一階段禮官系統中太常卿位置仍然重於尚書一系禮官。這種情況下，如蔡謨這種禮學名家勢必不會在祀部稽留過久。同時應注意的是，較之東晉之初，這一階段的太常中純學術型的學者數量有所下降，法官出身的禮學家任太常現象開始增多。這也爲此後禮學名家任職趨向較低層禮官的趨勢埋下伏筆。

6、穆帝中

王彪之，《晉書》卷七六《王廙傳附王彪之傳》云：「初除佐著作郎、東海王文學。從伯導謂曰：『選官欲以汝爲尚書郎，汝幸可作諸王佐邪！』彪之曰：『位之多少既不足計，自當任之於時，至於超遷，是所不願。』遂爲郎。鎮軍將軍、武陵王晞以爲司馬，累遷尚書左丞、司徒左長史、御史中丞、侍中、廷尉。……轉吏部尚書。……轉領軍將軍，遷尚書僕射，以疾病，不拜。徙太常，領崇德衛尉。……後以彪之爲鎮軍將軍、會稽內史，加散騎常侍。居郡八年，豪右斂跡，……頃之，復僕爲射。是時溫將廢海西公，百僚震慄，溫亦色動，莫知所爲。彪之既知溫不臣迹已著，理不可奪。乃謂溫曰：『公阿衡皇家，便當倚傍先代耳。』命取《霍光傳》。禮度儀制，定於須臾，曾無懼容。溫歎曰：『作元凱不當如是邪！』時廢立之儀既絕於曠代，朝臣莫有識其故典者。彪之神彩毅然，朝服當階，文武儀準莫不取定，朝廷以此服之。……及孝武帝即位，太皇太后令以帝沖幼，加在諒闇，令溫依周公居攝故事。事已施行，彪之曰：『此異常大事，大司馬必當固讓，使萬機停滯，稽廢山陵，未敢奉令。謹具封還內，請停。』事遂不行。溫遇疾，諷朝廷求九錫，袁宏爲文，以示彪之。彪之視訖，歎其文辭之美，謂宏曰：『卿固大才，安可以此示人！』時謝安見其文，又頻使宏改之，宏遂逡巡其事。既屢引日，乃謀於彪之。彪之曰：『聞彼病日增，亦當不復支久，自可更小遲回。』宏從之，溫亦尋薨。……尋遷尚書令，與安共掌朝政。……以年老，上疏乞骸骨，詔不許。轉拜護軍將軍，加散騎常侍。」〔註73〕

按，王彪之轉領軍將軍，拜僕射事當在永和末年，任太常則在昇平中，《晉書》卷二一《禮志下》云：「穆帝昇平元年，將納皇后何氏。太常王彪之大引

〔註72〕前有摯虞，但不能確定其所任爲祀部郎官。
〔註73〕《晉書》，第 2006～2011 頁。

經傳及諸故事以定其禮。」〔註74〕另據《禮志》，包括婚禮所用六禮版文等均為王氏親定。王彪之在兩晉禮官中地位特殊，其由法官而尚書僕射再轉太常，多有議禮事跡，其任太常的整個生涯中，諸種大禮均由其參議裁決。太和末年，桓溫欲行廢立之事，時任僕射的王彪之為之制定儀注，更是典禮之事參與歷史重大變故中的例子〔註75〕，但卻是王氏制禮生涯中的一個污點。在此大致回顧此前諸多禮官在禮官系統內的遷轉途徑，如摯虞由祠部郎而至太常，其遷轉均在核心禮官範圍之中，王彪之則代表著由法官而擔任太常的另一種類型，而從之前傅咸、熊遠等人事跡已經可以看出，由御史而為禮官者往往帶有某種法官的職業性格，關注的禮制則多以朝儀領域為主。王彪之議禮風格頗為獨斷，與當時禮官系統中博士、祠部諸官集議時，往往直斥他人之非，其又嫻習律令故事，故能在議禮過程中左右逢源，辯說無窮。縱觀兩晉南朝，王氏是法官型禮官中少有的主宰一時禮制者。

御史型禮官在這一時期的興起有著深厚的社會政治背景。東晉後期，士族高門人才凋零，隨之出現的是皇權漸趨加強，這種努力不僅來自皇室，也是當時包括王氏、及謝氏等世家大族的共識。王彪之本人支持土斷、倡言省官並職等等舉措，實質上都是在打擊高級士族，加強中央集權〔註76〕。而這些經濟、政治領域的舉措在禮儀制度方面則表現為法官與核心禮官的結合，這其中隱含著某種對禮法秩序的期望，其矛頭正指向崇尚玄談、任誕無行的士族名流〔註77〕。

陸納，《晉書》卷七七《陸納傳》云：「少有清操，貞厲絕俗。……遷太常，徙吏部尚書，加奉車都尉、衛將軍。……尋遷尚書僕射，轉左僕射，加散騎常侍。俄拜尚書令，常侍如故。恪勤貞固，始終不渝。」〔註78〕

〔註74〕《晉書》，第 666 頁。

〔註75〕按，王彪之本來力阻桓溫篡位，此時卻為之制禮，祝總斌先生、王心揚先生均認為此事與王彪之一貫主張及性格不合。可參看王心揚：《東晉士族的雙重政治性格研究》，上海古籍出版社 2010 年版，第 131～167 頁。

〔註76〕王彪之任豫章內史時推行土斷，豫章郡歷來為高門士族重地，可見王氏打擊大族之決心。

〔註77〕前引《熊遠傳》，熊氏稱當時法吏多用寒人。周一良先生亦曾指出南朝御史中丞不為世人所重，臺郎轉侍御史被時人稱為「南奔」。由此王彪之以高門任御史實為對士族風氣之反動。而這一時期玄風昌熾，儒門冷落，言經禮者被譏為俗儒，禮官與法官結合的趨勢亦更值得關注。

〔註78〕《晉書》，第 2026～2027 頁。

7、穆帝、哀帝之間任太常者

江逌，《晉書》卷八三《江逌傳》云：「升平中，遷吏部郎，長兼侍中。……復領本州大中正。升平末，遷太常，逌累讓，不許。穆帝崩，山陵將用寶器，逌諫曰：『以宣皇顧命終制，山陵不設明器，以貽後則。景帝奉遵遺制。逮文明皇后崩，武皇帝亦承前制，無所施設，惟脯糒之奠，瓦器而已。昔康皇帝玄宮始用寶劍金舄，此蓋太妃罔已之情，實違先旨累世之法。今外欲以為故事，臣請述先旨，停此二物。』書奏，從之。哀帝以天文失度，欲依《尚書》洪祀之制，於太極前殿親執虔肅，冀以免咎，使太常集博士草其制。逌上疏諫曰：『臣尋《史》《漢》舊事，《藝文志》劉向《五行傳》，洪祀出於其中。然自前代以來，莫有用者。又其文惟說為祀，而不載儀注。此蓋久遠不行之事，非常人所參校。』……又上疏曰：『儀法所用，闕略非一。若率文而行，則舉義皆闕；有所施補，則不統其源。漢侍中盧植，時之達學，受法不究，則不敢厝心。誠以五行深遠，神道幽昧，探賾之求難以常思，錯綜之理不可一數。臣非至精，孰能與此！』帝猶敕撰定，逌又陳古義，帝乃止。逌在職多所匡諫。」〔註79〕

按，江氏議禮事跡雖不多，然就《本傳》所載此例，則堪稱稱職。

孝武及安帝間歷任太常：孔汪，《晉書》卷七八《孔愉傳附孔汪傳》云：「好學有志行，孝武帝時位至侍中。時茹千秋以佞媚見幸於會稽王道子，汪屢言之於帝，帝不納。遷尚書太常卿，以不合意，求出。為假節、都督交廣二州諸軍事、征虜將軍、平越中郎將、廣州刺史，甚有政績，為嶺表所稱。太元十七年卒。」〔註80〕

孔安國，《晉書》卷七八《孔愉傳附孔安國傳》云：「群從諸兄並乏才名，以富強自立，唯安國與汪少屬孤貧之操。汪既以直亮稱，安國亦以儒素顯。孝武帝時甚蒙禮遇，仕歷侍中、太常。及帝崩，安國形素羸瘦，服衰絰，涕泗竟日，見者以為真孝，再為會稽內史、領軍將軍。安帝隆安中下詔曰：『領軍將軍孔安國貞慎清正，出內播譽，可以本官領東海王師，必能導達津梁，依仁遊藝。』後歷尚書左右僕射。義熙四年卒，贈左光祿大夫。」〔註81〕

車胤，《晉書》卷八三《車胤傳》云：「恭勤不倦，博學多通。……風姿

〔註79〕　《晉書》，第 2172～2175 頁。
〔註80〕　《晉書》，第 2053 頁。
〔註81〕　《晉書》，第 2054 頁。

美劭，機悟敏速，甚有鄉曲之譽。桓溫在荊州，辟爲從事，以辯識義理深重之。引爲主簿，稍遷別駕、征西長史，遂顯於朝廷。時惟胤與吳隱之以寒素博學知名於世。又善於賞會，當時每有盛坐而胤不在，皆云：『無車公不樂。』謝安遊集之日，輒開筵待之。寧康初，以胤爲中書侍郎、關內侯。孝武帝嘗講《孝經》，僕射謝安侍坐，尚書陸納侍講，侍中卞耽執讀，黃門侍郎謝石、吏部郎袁宏執經，胤與丹陽尹王混擿句，時論榮之。累遷侍中。太元中，增置太學生百人，以胤領國子博士。其後年，議郊廟明堂之事，胤以『明堂之制既甚難詳，且樂主於和，禮主於敬，故質文不同，音器亦殊。既茅茨廣廈不一其度，何必守其形範而不弘本順時乎！九服咸寧，四野無塵，然後明堂辟廱可光而修之。』時從其議。又遷驃騎長史、太常，進爵臨湘侯，以疾去職。俄爲護軍將軍。時王國寶諂於會稽王道子，諷八坐啓以道子爲丞相，加殊禮。胤曰：『此乃成王所以尊周公也。今主上當陽，非成王之地，相王在位，豈得爲周公乎！望實二三，並不宜爾，必大忤上意。』乃稱疾不署其事。疏奏，帝大怒，而甚嘉胤。隆安初，爲吳興太守，秩中二千石，辭疾不拜。加輔國將軍、丹楊尹。頃之，遷吏部尚書。元顯有過，胤與江績密言於道子，將奏之，事泄，元顯逼令自裁。俄而胤卒，朝廷傷之。」〔註82〕

按，孝武帝倚重后族司馬道子等人，從高級士族手中奪回大權。孝武本人重視儒學，亦是其振興皇權在學術上的表現。而當時世家大族當軸人物凋零，先後當政的謝氏、王氏諸人，及覬覦帝位的桓玄等無不重視從低級士族乃至寒族中選拔人才，這一時期的核心禮官系統也出現了由太常到祠部的重心下移。具體表現在如徐邈、徐廣等禮學大家均任祠部郎而參議掌制禮樂，詳見本文下節。

太元中幾位太常，孔汪因得罪權臣而任此職，《禮志》記其太元十二年議宗廟事〔註83〕，當時徐邈爲武帝信用之禮官，郊廟大禮亦多從徐氏之說。孔安國屬學術型太常，但以水平而論，在當時諸禮學家中已難稱一流。安帝義熙中任僕射時與博士、中丞議宗廟禘祫時月〔註84〕，可考見當時不同種禮官議禮時激烈交鋒，見後文。車胤先後爲桓溫、謝安所賞〔註85〕，以學官而任

〔註82〕《晉書》，第 2177～2178 頁。
〔註83〕《晉書》，第 606～607 頁。
〔註84〕《晉書》，第 1245 頁。
〔註85〕寧康初，孝武帝講《孝經》事，具體組織及人員選擇均由謝安、謝石負責。
　　　　參看田餘慶先生著《東晉門閥政治》，中華書局 1989 年版，第 457 頁。

太常，較之東晉中後期以來由法官而禮官者數量漸增，則屬於太常遷轉中一直未曾有重大變化的類型。車胤終因得罪道子、元顯而亡。

孝武帝時，太常、祀部之外特命型非核心禮官有范甯。

范甯，《晉書》卷七五《范汪傳附范甯傳》云：「少篤學，多所通覽。簡文帝為相，將辟之，為桓溫所諷，遂寢不行。故終溫之世，兄弟無在列位者。時以浮虛相扇，儒雅日替，甯以為其源始於王弼、何晏，……始解褐為餘杭令，在縣興學校，養生徒，潔己修禮，志行之士莫不宗之。期年之後，風化大行。自中興已來，崇學敦教，未有如甯者也。在職六年，遷臨淮太守，封陽遂鄉侯。頃之，徵拜中書侍郎。在職多所獻替，有益政道。時更營新廟，博求辟廱、明堂之制，甯據經傳奏上，皆有典證。孝武帝雅好文學，甚被親愛，朝廷疑議，輒諮訪之。甯指斥朝士，直言無諱。」〔註86〕

按，甯父范汪亦精禮學〔註87〕，《晉書》卷七五《范甯傳》云：「既而桓溫北伐，令汪率文武出梁國，以失期，免為庶人。朝廷憚溫不敢執，談者為之歎恨。汪屏居吳郡，從容講肆，不言枉直。後至姑孰，見溫。溫時方起屈滯以傾朝廷，謂汪遠來詣己，傾身引望，謂袁宏曰：『范公來，可作太常邪？』汪既至，才坐，溫謝其遠來意。汪實來造溫，恐以趨時致損，乃曰：『亡兒瘞此，故來視之。』溫殊失望而止。」〔註88〕桓溫謀逆，欲招納人才，以范汪堪為太常，可見太常之職在權臣眼中地位。而范汪終未就任，似乎由此得罪桓氏，而范甯孝武之前未能為官，太元十二年博議郊廟明堂大禮，范甯時任中書侍郎，以經學名家與祀部郎徐邈共參其事，而當時太常卿孔汪，學識似在范、徐二人之下，然二人此後均未出任太常，可見當時禮官系統重心的變化。

此外當時吳隱之亦以學術著稱，與車胤齊名。但未進入禮官系統，亦未見其議禮事跡。

8、安帝時太常

范泰，《宋書》卷六○《范泰傳》云：「父甯，豫章太守。泰初為太學博士，衛將軍謝安、驃騎將軍會稽王道子二府參軍。……義旗建，國子博士。

〔註86〕　《晉書》，第1984～1985頁。
〔註87〕　《世說新語・排調》注引《范汪別傳》云其「長於經學」。范汪議喪禮喪服事，見《通典・禮典》。
〔註88〕　《晉書》，第1984頁。

司馬休之爲冠軍將軍、荊州刺史，以泰爲長史、南郡太守。又除長沙相，散騎常侍，並不拜。入爲黃門郎，御史中丞。坐議殷祠事謬，白衣領職。……高祖加泰振武將軍。明年，遷侍中，尋轉度支尚書。時僕射陳郡謝混，後進知名，高祖嘗從容問混：『泰名輩可以比誰？』對曰：『王元太一流人也。』徙爲太常。……轉大司馬左長史，右衛將軍，加散騎常侍。復爲尚書，常侍如故。兼司空，與右僕射袁湛授宋公九錫，隨軍到洛陽。……高祖甚賞愛之。然拙於爲治，故不得在政事之官。遷護軍將軍，以公事免。高祖受命，拜金紫光祿大夫，加散騎常侍。明年，議建國學，以泰領國子祭酒。……景平初，加位特進。明年致仕，解國子祭酒。」〔註89〕

按，安帝時政不出於己，而實權人物如桓玄、劉裕均在積極搜羅人才。范泰任中丞議殷祠事得罪在安帝義熙二年，謝混爲劉裕所害在義熙八年，則泰任太常當在此期間，至遲至義熙十二年。范泰議禮獲罪，係爲當時僕射孔安國所劾，似乎其學養威望在當時並不甚著，同期祀部郎有臧燾，精《三禮》而與徐邈兄弟齊名。范泰拙於爲政，爲一純粹學術型禮官而得劉裕賞愛，其任太常更多是榮寵之意。此外，范泰由博士而法官而太常，入宋後又任學官，跨越學官、法官、禮官的經歷，值得從禮官系統研究角度重視。

9、劉宋國初時太常

鄭鮮之，《宋書》卷六四《鄭鮮之傳》云：「鮮之下帷讀書，絕交遊之務。初爲桓偉輔國主簿。……入爲員外散騎侍郎，司徒左西屬，大司馬琅邪王錄事參軍，仍遷御史中丞。性剛直，不阿強貴，明憲直繩，甚得司直之體。外甥劉毅，權重當時，朝野莫不歸附，鮮之盡心高祖，獨不屈意於毅，毅甚恨焉。……高祖少事戎旅，不經涉學，及爲宰相，頗慕風流，時或言論，人皆依違之，不敢難也。鮮之難必切至，未嘗寬假，要須高祖辭窮理屈，然後置之。高祖或有時慚惡，變色動容，既而謂人曰：『我本無術學，言義尤淺。比時言論，諸賢多見寬容，唯鄭不爾，獨能盡人之意，甚以此感之。』時人謂爲『格佞』。自中丞轉司徒左長史，太尉諮議參軍，俄而補侍中，復爲太尉諮議。十二年，高祖北伐，以爲右長史。鮮之曾祖墓在開封，相去三百里，乞求拜省，高祖以騎送之。宋國初建，轉奉常。……高祖踐阼，遷太常，都官尚書。……永初二年，出爲丹陽尹，復入爲都官尚書，加散騎常侍。以從征

〔註89〕《宋書》，第 1615～1619 頁。

功，封龍陽縣五等子。出爲豫章太守，秩中二千石。元嘉三年，王弘入爲相，舉鮮之爲尚書右僕射。」〔註90〕

　　臧燾，《宋書》卷五五《臧燾傳》云：「少好學，善《三禮》，貧約自立，操行爲鄉里所稱。晉孝武帝太元中，衛將軍謝安始立國學，徐、兗二州刺史謝玄舉燾爲助教。……義旗建，爲太學博士，參右將軍何無忌軍事，隨府轉鎮南參軍。高祖鎮京口，與燾書曰：『頃學尚廢弛，後進頹業，衡門之內，清風輟響。……今經師不遠，而赴業無聞，非唯志學者鮮，或是勸誘未至邪。想復弘之。』參高祖中軍軍事，入補尚書度支郎，改掌祠部。襲封高陵亭侯。……義熙十四年，除侍中。元熙元年，以腳疾去職。高祖受命，徵拜太常，雖外戚貴顯，而彌自沖約，茅屋蔬餐，不改其舊。所得奉祿，與親戚共之。永初三年，致仕，拜光祿大夫，加金章紫綬。其年卒，時年七十。」〔註91〕

　　褚叔度，《宋書》卷五二《褚叔度傳附褚秀之傳》云：「歷大司馬琅邪王從事中郎，黃門侍郎、高祖鎮西長史。秀之妹，恭帝後也，雖晉氏姻戚，而盡心於高祖。遷侍中，出補大司馬右司馬。恭帝即位，爲祠部尚書、本州大中正。高祖受命，徙爲太常。元嘉元年，卒官。」〔註92〕按，宋太祖劉裕雖不涉學，但在招賢納士方面則不遺餘力〔註93〕，但晉代後期，禮官系統重心出現轉移，名家議禮制禮往往不必再擔任太常卿，太常一職較之西晉也更多體現出優榮學者或酬答功臣的功能。宋初三名太常，鄭鮮之以法官而任禮官，仍是前文提及禮官系統中日漸增多的一種類型。須注意的是，鄭氏本爲劉裕主要對手之一劉毅舅氏，而忠心事於劉裕，恐怕其任宋國奉常、國初太常不僅僅因其學術資望。臧燾爲晉末禮學名家，高祖禮聘，其意與元帝用杜夷，桓溫徵范汪相似，不同點則是此時禮官系統重心在尚書祠部，臧燾由學官至祠部郎，參議宗廟制度，爲當時學者所從，彼時能更充分發揮其禮學之長。而入宋之後，以外戚轉任太常，反而遠離了當時禮制建設中心〔註94〕。褚叔度本爲晉氏外戚，但其盡心於高祖，並參與弑恭帝〔註95〕，則其能任太常恐

〔註90〕《宋書》，第1691～1698頁。
〔註91〕《宋書》，第1543～1546頁。
〔註92〕《宋書》，第1505～1506頁。
〔註93〕劉裕大量任用寒族士人，可參看王心揚：《東晉士族的雙重政治性格研究》，第443頁。
〔註94〕此時議禮制禮核心人物爲何承天、蔡廓，均爲祠部而任法官，詳後文。
〔註95〕見《晉書‧恭帝紀》，第269頁。

非因學術。綜上所述，宋初太祖在位三年，三任太常均無重大制禮議禮事跡，與西晉初張華、任愷先制禮後爲太常頗有不同，更不及東晉初賀循、華恒在太常任上發揮之作用。

10、元嘉中之太常

張茂度，《宋書》卷五三《張茂度傳》云：「高祖西伐劉毅，茂度居守。留州事悉委之。軍還，遷中書侍郎。……茂度與晦素善，議者疑其出軍遲留，時茂度弟邵爲湘州刺史，起兵應大駕，上以邵誠節，故不加罪，被代還京師。（元嘉）七年，起爲廷尉，加奉車都尉，領本州中正。入爲五兵尚書，徙太常。以腳疾出爲義興太守，加秩中二千石。上從容謂茂度曰：『勿復以西蜀介懷。』對曰：『臣若不遭陛下之明，墓木拱矣。』頃之，解職還家。」〔註96〕

傅隆，《宋書》卷五五《傅隆傳》云：「高祖咸，晉司隷校尉。……隆少孤，又無近屬，單貧有學行，不好交遊。義熙初，年四十，始爲孟昶建威參軍，員外散騎侍郎。……歷佐三軍，首尾八年。除給事中。尚書僕射、丹陽尹徐羨之置建威府，以爲錄事參軍，尋轉尚書祠部郎、丹陽丞，入爲尚書左丞。以族弟亮爲僕射，緦服不得相臨，徙太子率更令，廬陵王義眞車騎諮議參軍，出補山陰令。太祖元嘉初，除司徒右長史，遷御史中丞。當官而行，甚得司直之體。轉司徒左長史。……又出爲義興太守，在郡有能名。徵拜左民尚書，坐正直受節假，對人未至，委出，白衣領職。尋轉太常。十四年，太祖以新撰《禮論》付隆使下意。……歸老在家，手不釋卷，博學多通，特精《三禮》。」〔註97〕

按，傅隆以禮學名家任太常，元嘉十四年參議何承天刪定後《禮論》〔註98〕，而《禮論》一書在中古儀注學史上地位極其重要。

郗敬叔，《宋書》卷六六《何尚之傳》云：「二十四年，錄尚書江夏王義恭建議，以一大錢當兩，……吏部尚書庾炳之、侍中太子左衛率蕭思話、中護軍趙伯符、御史中丞何承天、太常郗敬叔並同尚之議。」〔註99〕

按，《宋書》卷一七《禮志二》云：「元嘉二十三年七月，白衣領御史中

〔註96〕《宋書》，第1509頁。
〔註97〕《宋書》，第1550～1552頁。
〔註98〕《本傳》，言其所上五十餘事，與《禮論》篇幅相比，似乎改定處不多，與西晉摯虞刪定《新禮》不同。
〔註99〕《宋書》，第1734～1735頁。

丞何承天奏：……太常臣敬叔位居宗伯，問禮所司，騰述往反，了無研卻，混同茲失，亦宜及咎。……詔敬叔白衣領職。」〔註100〕元嘉禮官系統中，以法官兼禮官的何承天是當時核心人物，郗氏無法與其相比。

顏延之，《宋書》卷七三《顏延之傳》云：「好讀書，無所不覽，文章之美，冠絕當時。……文辭藻麗，爲謝晦、傅亮所賞。宋國建，奉常鄭鮮之舉爲博士，仍遷世子舍人。高祖受命，補太子舍人。雁門人周續之隱居廬山，儒學著稱，永初中，徵詣京師，開館以居之。高祖親幸，朝彥畢至，延之官列猶卑，引升上席。上使問續之三義，續之雅仗辭辯，延之每折以簡要。既連挫續之，上又使還自敷釋，言約理暢，莫不稱善。徙尚書儀曹郎，太子中舍人。時尚書令傅亮自以文義之美，一時莫及，延之負其才辭，不爲之下，亮甚疾焉。廬陵王義眞頗好辭義，待接甚厚；徐羨之等疑延之爲同異，意甚不悅。少帝即位，以爲正員郎，兼中書，尋徙員外常侍，出爲始安太守。……元嘉三年，羨之等誅，徵爲中書侍郎，尋轉太子中庶子。頃之，領步兵校尉，賞遇甚厚。延之好酒疏誕，不能斟酌當世，見劉湛、殷景仁專當要任，意有不平，……劉湛誅，起延之爲始興王浚後軍諮議參軍，御史中丞。在任縱容，無所舉奏。遷國子祭酒、司徒左長史，坐啓買人田，不肯還直。……復爲秘書監，光祿勳，太常。……二十九年，上表自陳曰：『……臣班叨首卿，位尸封典，肅祗朝校，尚恧匪任，而陵廟眾事，有以疾怠，宮府覲慰，轉闕躬親。……乞解所職，隨就藥養。』……不許。明年致事。元兇弒立，以爲光祿大夫。」〔註101〕

王僧達，《宋書》卷七五《王僧達傳》云：「上即位，以爲尚書右僕射，尋出爲使持節、南蠻校尉，加征虜將軍。時南郡王義宣求留江陵，南蠻不解，不成行。仍補護軍將軍。僧達自負才地，謂當時莫及。上初踐阼，即居端右，一二年間，便望宰相。及爲護軍，不得志，乃啓求徐州，……上不許。僧達三啓固陳，上甚不說。以爲征虜將軍、吳郡太守。期歲五遷，僧達彌不得意。……孝建三年，除太常，意尤不悅。頃之，上表解職，……僧達文旨抑揚，詔付門下。侍中何偃以其詞不遜，啓付南臺，又坐免官。」〔註102〕

王玄謨，《宋書》卷七六《王玄謨傳》云：「元兇弒立，玄謨爲冀州刺史。

〔註100〕 《宋書》，第399～401頁。
〔註101〕 《宋書》，第1891～1903頁。
〔註102〕 《宋書》，第1952～1957頁。

孝武伐逆，玄謨遣濟南太守垣護之將兵赴義。……後爲金紫光祿大夫，領太常。及建明堂，以本官領起部尚書，又領北選。」〔註103〕

二、晉宋祠部禮官考

此期間祠部職能主要爲與太常等官配合議定儀注，參與行禮，具體情況則較爲複雜，以下舉例說明：

1、以尚書符形式，符命行禮。但可為其它禮官所駁

《通典》卷五五《禮十五》記晉康帝時，「準禮將改元。尚書下侍御史、太常主者：『殿中屬，應告廟，其勒禮官並太史，擇吉日，撰祝文，及諸應所用備辦。符到奉行。』」〔註104〕按，此當爲尚書符原文。

《晉書》卷二〇《禮志中》云：「尚書八座以爲『設令有人於此，父爲敦煌太守，而子後任於洛，若父娶妻，非徒不見，乃可不知，及其死亡，不得不服。但鞠養己者情哀，而不相見名制，雖戚念之心殊，而爲之服一也。又，兩后匹嫡，自謂違禮，不謂非常之事而以常禮處之也。昔子思哭出母於廟，其門人曰：「庶氏之女死，何爲哭於孔氏之廟！」子思懼，改哭於他室。若昌不制服，不得不告其父祖，掘其前母之尸，徙之他地。若其不徙，昌爲罪人。何則？異族之女不得祔於先姑，藏其墓次故也。且夫婦人牽夫，猶有所尊，趙姬之舉，禮得權通，故先史詳之，不譏其事耳。今昌之二母，各已終亡，尚無並主輕重之事也。昌之前母，宜依叔隗爲比。若亡在昌未生之前者，則昌不應復服。生及母存，自應如禮以名服三年。輒正定爲文，章下太常報枞奉行。』」〔註105〕

《晉書》卷一九《禮志上》：「至武帝咸寧三年、四年，並以正旦合朔卻元會，改魏故事也。元帝太興元年四月，合朔，中書侍郎孔愉奏曰：『《春秋》，日有蝕之，天子伐鼓於社，攻諸陰也；諸侯伐鼓於朝，臣自攻也。案尚書符，若日有變，便擊鼓於諸門，有違舊典。』詔曰：『所陳有正義，輒敕外改之。』」〔註106〕

《宋書》卷一七《禮志四》：「元嘉六年九月，太學博士徐道娛上議曰：『祠

〔註103〕《宋書》，第 1974～1975 頁。
〔註104〕《通典》，第 1542 頁。
〔註105〕《晉書》，第 638 頁。
〔註106〕《晉書》，第 594～595 頁。

部下十月三日殷祠，十二日烝祀。謹按禘祫之禮，三年一，五年再。《公羊》所謂五年再殷祭也。……今隔旬頻享，恐於禮爲煩。自經緯墳誥，都無一月兩獻。先儒舊說，皆云殊朔。晉代相承，未審其原。國事之重，莫大乎祀。愚管膚淺，竊以惟疑。請詳告下議。』寢不報。」〔註107〕

2、與禮官商榷

《晉書》卷二○《禮志中》：「咸寧二年，安平穆王薨，無嗣，以母弟敦上繼獻王後，移太常問應何服。博士張靖答，宜依魯僖服閔三年例。尚書符詰靖：『穆王不臣敦，敦不繼穆，與閔僖不同。』孫毓、宋昌議，以穆王不之國，敦不仕諸侯，不應三年。以義處之，敦宜服本服，一期而除，主穆王喪祭三年畢，乃吉祭獻王。」〔註108〕

3、遇疑難禮制，以尚書符形式問太常

《晉書》卷二○《禮志中》：「升平元年，帝姑廬陵公主未葬，符問太常，冬至小會應作樂不。博士胡訥議云：『君於卿大夫，比卒哭不舉樂。公主有骨肉之親，宜闕樂。』太常王彪之云：『案武帝詔，三朝舉哀，三旬乃舉樂；其一朝舉哀者，三日則舉樂。泰始十年春，長樂長公主薨，太康七年秋，扶風王駿薨，武帝並舉哀三日而已。中興已後，更參論不改此制。今小會宜作樂。』二議竟不知所取。」〔註109〕

《晉書》卷二一《禮志下》：「升平八年，臺符問『迎皇后大駕應作鼓吹不』。博士胡訥議：『臨軒《儀注》闕，無施安鼓吹處所，又無舉麾鳴鐘之條。』太常王彪之以爲：『婚禮不樂。鼓吹亦樂之總名。《儀注》所以無者，依婚禮。今宜備設而不作。』時用此議。」〔註110〕

又有只稱有司問者，則推測仍以祀部爲多。

《宋書》卷一五《禮志二》：「宋孝武帝孝建三年八月戊子，有司奏：『云杜國解稱國子檀和之所生親王，求除太夫人。檢無國子除太夫人先例，法又無科。下禮官議正。』太學博士孫豁之議：『《春秋》，「母以子貴」。王雖爲妾，是和之所生。案五等之例，鄭伯許男同號夫人，國子體例，王合如國所生。』太常丞庾蔚之議：『「母以子貴」，雖《春秋》明義，古今異制，因革不同。自

〔註107〕《晉書》，第462～463頁。
〔註108〕《晉書》，第627頁。
〔註109〕《晉書》，第630頁。
〔註110〕《晉書》，第668頁。

頃代以來，所生蒙榮，唯有諸王。既是王者之嬪御，故宜見尊於蕃國。若功高勳重，列爲公侯，亦有拜太夫人之禮。凡此皆朝恩曲降，非國之所求。子男妾母，未有前比。』祠部郎中朱膺之議以爲：『子不得爵父母，而《春秋》有「母以子貴」。當謂傳國君母，本先公嬪媵，所因藉有由故也。始封之身，所不得同。若殊績重勳，恩所特錫，時或有之，不由司存。』所議參議，以蔚之爲允。詔可」。〔註111〕

4、駁回太常之議

《晉書》卷二〇《禮志中》：「咸寧二年，安平穆王薨，無嗣，以母弟敦上繼獻王後，移太常問應何服。博士張靖答，宜依魯僖服閔三年例。尚書符詰靖：『穆王不臣敦，敦不繼穆，與閔僖不同。』」《晉書》卷一九《禮志上》：「江左元帝將修耕藉，尚書符問『籍田至尊應躬祠先農不？』賀循答：『漢儀無，至尊應躬祭之文。然則《周禮》王者祭四望則毳冕，祭社稷五祀則絺冕，以此不爲無親祭之義也。宜立兩儀注。』賀循等所上儀注又未詳允，事竟不行。後哀帝復欲行其典，亦不能遂。」〔註112〕

駁議後又有再轉太常之例：

《晉書》卷二〇《禮志中》：「元帝姨廣昌鄉君喪，未葬，中丞熊遠表云：『案《禮》「君於卿大夫，比葬不食肉，比卒哭不舉樂」，惻隱之心未忍行吉事故也。被尚書符，冬至後二日小會。臣以爲廣昌鄉君喪殯日，聖恩垂悼。禮，大夫死，廢一時之祭。祭猶可廢，而況餘事。冬至唯可群下奉賀而已，未便小會。』詔以遠表示賀循，又曰：『咸寧二年武皇帝故事云「王公大臣薨，三朝發哀，逾月舉樂，其一朝發哀，三日不舉樂」，此舊事明文。』賀循答曰：『……咸寧詔書雖不會經典，然隨時立宜，以爲定制，誠非群下所得稱論。』」〔註113〕

5、亦有少數幾例全由尚書系統議禮事：

《晉書》卷二〇《禮志中》：「隆安四年，孝武太皇太后李氏崩，疑所服。尚書左僕射何澄、右僕射王雅、尚書車胤、孔安國、祠部郎徐廣議：『太皇太后名位允正，體同皇極，理制備盡，情禮彌申。《陽秋》之義，母以子貴，既稱夫人，禮服從正。故成風顯夫人之號，文公服三年之喪。子於父之所生，

〔註111〕《晉書》，第409頁。
〔註112〕《晉書》，第589頁。
〔註113〕《晉書》，第630頁。

體尊義重。且禮，祖不厭孫，固宜遂服無屈，而緣情立制。若嫌明文不存，則疑斯從重，謂應同於爲祖母后齊衰期。永安皇后無服，但一舉哀，百官亦一期。』詔可。」〔註114〕

西晉尚書禮官最重要爲朱整、摯虞：

朱整，《晉書》卷一九《禮志上》云：「及晉國建，文帝又命荀顗因魏代前事，撰爲新禮，參考今古，更其節文，羊祜、任愷、庾峻、應貞並共刊定，成百六十五篇，奏之。太康初，尚書僕射朱整奏付尚書郎摯虞討論之。……虞討論新禮訖，以元康元年上之。」〔註115〕

《晉書》卷三《武帝紀》云：「（太康）九年……二月，尚書右僕射、陽夏侯胡奮卒，以尚書朱整爲尚書右僕射。」〔註116〕

按，據《武帝紀》，朱整任尚書右僕射在太康九年，則《禮志》云其太康初爲僕射當是以元康元年書成時任官而言。又，《晉書》卷五〇《庾純傳附庾旉傳》言武帝欲遣齊王司馬攸之國，「下禮官議崇錫之物」，太學博士庾旉、太叔廣、劉暾、繆蔚、郭頤、秦秀、傅珍等上表諫，時表文由庾旉草議，「先以呈父純，純不禁。太常鄭默、博士祭酒曹志並過其事。武帝以博士不答所問，答所不問，大怒，事下有司。尚書朱整、褚契等奏：『旉等侵官離局，迷罔朝廷，崇飾惡言，假託無諱，請收旉等八人付廷尉科罪。』旉父純詣廷尉自首：『旉以議草見示，愚淺聽之。』詔免純罪。廷尉劉頌又奏旉等大不敬，棄市論，求平議。尚書又奏請報聽廷尉行刑。尚書夏侯駿謂朱整曰：『國家乃欲誅諫臣！官立八座，正爲此時，卿可共駁正之。』整不從，駿怒起，曰：『非所望也！』乃獨爲駁議。」〔註117〕按，朱整幾次出現均與議禮事有關，推測其所任尚書可能即爲祀部，在舉薦曹郎摯虞刪改《新禮》後，又升任右僕射，此時則當仍兼祀部尚書。朱整在此次議禮事件中明顯迎合武帝之意，暫且不論，其禮學水平似乎並不甚高。

東晉最初可見有蔡謨，事跡已見於前。孝武帝後徐邈、徐廣兄弟爲當時禮官系統中核心人物：

徐邈，《晉書》卷九一《儒林・徐邈傳》云：「邈姿性端雅，勤行勵學，

〔註114〕《晉書》，第 624 頁。
〔註115〕《晉書》，第 581～582 頁。
〔註116〕《晉書》，第 78 頁。
〔註117〕《晉書》，第 1403 頁。

博涉多聞，以愼密自居。少與鄉人臧壽齊名，下帷讀書，不游城邑。及孝武帝始覽典籍，招延儒學之士，邈既東州儒素，太傅謝安舉以應選。年四十四，始補中書舍人，在西省侍帝。雖不口傳章句，然開釋文義，標明指趣，撰正五經音訓，學者宗之。遷散騎常侍，猶處西省，前後十年，每被顧問，輒有獻替，多所匡益，甚見寵待。……及謝安薨，論者或有異同，邈固勸中書令王獻之奏加殊禮，仍崇進謝石爲尙書令，玄爲徐州。邈轉祠部郎，上南北郊宗廟迭毀禮，皆有證據。……遷中書侍郎，專掌綸詔，帝甚親昵之。初，范甯與邈皆爲帝所任使，共補朝廷之闕。……帝嘉其謹密，方之於金霍，有託重之意，將進顯位，未及行而帝暴崩。安帝即位，拜驍騎將軍。隆安元年，遭父憂。邈先疾患，因哀毀增篤，不踰年而卒，年五十四。」〔註118〕

按，徐邈爲孝武中第一流禮學家〔註119〕，《晉書》卷一九《禮志上》云：「孝武帝太元十二年五月壬戌，詔曰：『昔建太廟，每事從儉，太祖虛位，明堂未建。郊祀國之大事，而稽古之制闕然，便可詳議。』」〔註120〕，徐邈由極爲「清貴」的西省郎轉任祠部，不可謂之升，而頗有特命議禮之意，《本傳》又言其「蒞官簡惠，達於從政，論議精密，當時多諮稟之，觸類辯釋，問則有對。」此外，徐邈門第並不甚高，與范甯均以儒學爲孝武帝信用，以振興皇權，《本傳》言其「以孤宦易危，而無敢排強族，乃爲自安之計。會帝頗疏會稽王道子，邈欲和協之」，後道子欲用爲吏部郎，徐邈則以「波競成俗，非己所能節制，苦辭乃止。」〔註121〕可見其雖有一定的政務能力，但仍是一較爲純粹的學術型禮官。

徐廣，《晉書》卷八二《徐廣傳》：「侍中邈之弟也。世好學，至廣尤爲精純，百家數術無不研覽。謝玄爲兗州，辟從事。譙王恬爲鎭北，補參軍。孝武世，除秘書郎，典校秘書省。增置省職，轉員外散騎侍郎，仍領校書。尙書令王珣深相欽重，舉爲祠部郎，會稽世子元顯時錄尙書，欲使百僚致敬，內外順之，使廣爲議，廣常以爲愧焉。元顯引爲中軍參軍，遷領軍長史。桓玄輔政，以爲大將軍文學祭酒，義熙初，奉詔撰車服儀注，除鎭軍諮議，領

〔註118〕《晉書》，第 2356～2358 頁。
〔註119〕《本傳》所言與之齊名的鄉人臧壽，疑當做「臧燾」，二人同爲廣東人，燾家莞，亦精《三禮》，任祠部郎、太常，事跡見前文。史籍中未見與徐邈同時之著名學者臧壽。
〔註120〕《晉書》，第 606 頁。
〔註121〕《本傳》詳《晉書》，第 2357～2358 頁。

記室，封樂成侯，轉員外散騎常侍，領著作。……性好讀書，老猶不倦。年七十四，卒於家。廣《答禮問》行於世。」〔註122〕

徐廣任祠部已在安帝初年，此後祠部中亦頗多優秀學者：

裴松之，《宋書》卷六四《裴松之傳》云：「松之年八歲，學通《論語》、《毛詩》。博覽墳籍，立身簡素。年二十，拜殿中將軍。此官直衛左右，晉孝武太元中革選名家以參顧問，始用琅邪王茂之、會稽謝輶，皆南北之望。……義熙初，爲吳興故鄣令，在縣有績。入爲尚書祠部郎。松之以世立私碑，有乖事實，上表陳之曰：『碑銘之作，以明示後昆，自非殊功異德，無以允應茲典。大者道勳光遠，世所宗推；其次節行高妙，遺烈可紀。若乃亮采登庸，績用顯著，敷化所蒞，惠訓融遠，述詠所寄，有賴鐫勒，非斯族也，則幾乎僭黷矣。俗敝僞興，華煩已久，是以孔悝之銘，行是人非；蔡邕制文，每有愧色。而自時厥後，其流彌多，預有臣吏，必爲建立，勒銘寡取信之實，刊石成虛僞之常，眞假相蒙，殆使合美者不貴，但論其功費，又不可稱。不加禁裁，其敝無已。』以爲『諸欲立碑者，宜悉令言上，爲朝議所許，然後聽之。庶可以防遏無徵，顯彰茂實，使百世之下，知其不虛，則義信於仰止，道孚於來葉。』由是並斷。高祖北伐，領司州刺史，以松之爲州主簿，轉治中從事史。既克洛陽，〔松之居州行事。宋國初建，毛德祖使洛陽。〕高祖敕之曰：『裴松之廊廟之才，不宜久尸邊務，今召爲世子洗馬，與殷景仁同，可令知之。』於時議立五廟樂，松之以妃臧氏廟樂亦宜與四廟同。除零陵內史，徵爲國子博士。……十四年致仕，拜中散大夫，尋領國子博士。進太中大夫，博士如故。」〔註123〕

劉穆之，《宋書》卷四二《劉穆之傳》云：「少好《書》、《傳》，博覽多通，爲濟陽江敳所知。……從平京邑，高祖始至，諸大處分，皆倉卒立定，並穆之所建也。遂委以腹心之任，動止咨焉；穆之亦竭節盡誠，無所遺隱。時晉綱寬弛，威禁不行，盛族豪右，負勢陵縱，小民窮蹙，自立無所。重以司馬元顯政令違舛，桓玄科條繁密。穆之斟酌時宜，隨方矯正，不盈旬日，風俗頓改。遷尚書祠部郎，復爲府主簿，記室錄事參軍，領堂邑太守。以平桓玄功，封西華縣五等子。義熙三年，揚州刺史王謐薨。高祖次應入輔，……穆之內總朝政，外供軍旅，決斷如流，事無擁滯。賓客輻輳，求訴百端，內外

〔註122〕《晉書》，第 2158～2159 頁。
〔註123〕《宋書》，第 1698～1701 頁。

咨稟，盈階滿室，目覽辭訟，手答箋書，耳行聽受，口並酬應，不相參涉，皆悉贍舉。又數客昵賓，言談賞笑，引日互時，未嘗倦苦。裁有閒暇，自手寫書，尋覽篇章，校定墳籍。」〔註124〕

王准之，《宋書》卷六○《王准之傳》云：「高祖彬，尚書僕射。曾祖彪之，尚書令。祖臨之，父訥之，並御史中丞。彪之博聞多識，練悉朝儀，自是家世相傳，並諳江左舊事，緘之青箱，世人謂之『王氏青箱學』。准之兼明《禮傳》，贍於文辭。起家為本國右常侍，桓玄大將軍行參軍。玄篡位，以為尚書祠部郎。義熙初，又為尚書中兵郎，遷參高祖車騎中軍軍事，丹陽丞，中軍太尉主簿，出為山陰令，有能名。預討盧循功，封都亭侯。又為高祖鎮西、平北、太尉參軍，尚書左丞，本郡大中正。宋臺建，除御史中丞，為僚友所憚。准之父訥之、祖臨之、曾祖彪之至准之，四世居此職。准之嘗作五言，范泰嘲之曰：『卿唯解彈事耳。』准之正色答：『猶差卿世載雄狐。』坐世子右衛率謝靈運殺人不舉，免官。高祖受命，拜黃門侍郎。永初二年，奏曰：『鄭玄注《禮》，三年之喪，二十七月而吉，古今學者多謂得禮之宜。晉初用王肅議，祥覃共月，故二十五月而除，遂以為制。江左以來，唯晉朝施用；縉紳之士，多遵玄義。夫先王制禮，以大順群心。喪也寧戚，著自前訓。今大宋開泰，品物遂理。愚謂宜同即物情，以玄義為制，朝野一禮，則家無殊俗。』從之。」〔註125〕

臧燾，《宋書》卷一六《禮志三》：「安帝義熙九年四月，將殷祭，詔博議遷毀之禮。大司馬琅邪王司馬德文議：『泰始之初，虛太祖之位，而緣情流遠，上及征西，故世盡則宜毀，而宣皇帝正太祖之位。又漢光武帝移十一帝主於洛邑，則毀主不沒，理可推矣。宜從范宣之言，築別室以居四府君之主，永藏而不祀也。』大司農徐廣議：『四府君嘗處廟室之首，歆率土之祭。若埋之幽壤，於情理未必咸盡。謂可遷藏西儲，以為遠祧，而禘饗永絕也。』太尉諮議參軍袁豹議：『仍舊無革。殷祠猶及四府君，情理為允。』祠部郎臧燾議：『四府君之主，享祀禮廢，則亦神所不依。宜同虞主之瘞埋矣。』時高祖輔晉，與大司馬議同。須後殷祀行事改制。」〔註126〕

王韶之，《宋書》卷六○《王韶之傳》云：「好史籍，博涉多聞。初為衛

〔註124〕《宋書》，第 1303～1306 頁。
〔註125〕《宋書》，第 1623～1624 頁。
〔註126〕《宋書》，第 451～452 頁。

將軍謝琰行參軍。偉之少有志尚，當世詔命表奏，輒自書寫。泰元、隆安時事，小大悉撰錄之，詔之因此私撰《晉安帝陽秋》。既成，時人謂宜居史職，即除著作佐郎，使續後事，訖義熙九年。善敘事，辭論可觀，爲後代佳史。遷尚書祠部郎。晉帝自孝武以來，常居內殿，武官主書於中通呈，以省官一人管司詔誥，任在西省，因謂之西省郎。傅亮、羊徽相代，〔義熙十一年，宋武帝以詔之博學有文辭，補通直郎，〕領西省事。轉中書侍郎。安帝之崩也，高祖使詔之與帝左右密加鴆毒。恭帝即位，遷黃門侍郎，領著作郎，西省如故。凡諸詔黃，皆其辭也。高祖受禪，加驍騎將軍、本郡中正，黃門如故，西省職解，復掌宋書。……景平元年，出爲吳興太守。……十年，徵爲祠部尚書，加給事中。坐去郡長取送故，免官。十二年，又出爲吳興太守。其年卒，時年五十六。七廟歌辭，詔之制也。」〔註127〕

　　荀伯子，《宋書》卷六〇《荀伯子傳》云：「伯子少好學，博覽經傳，而通率好爲雜戲，遨遊閭里，故以此失清塗。……著作郎徐廣重其才學，舉伯子及王詔之並爲佐郎，助撰晉史及著桓玄等傳。遷尚書祠部郎。義熙九年，……伯子爲世子征虜功曹，國子博士。妻弟謝晦薦達之，入爲尚書左丞，出補臨川內史。……遷太子僕，御史中丞，蒞職勤恪，有匪躬之稱；立朝正色，外內憚之。凡所奏劾，莫不深相謗毀，或延及祖禰，示其切直；又頗雜嘲戲，故世人以此非之。出補司徒左長史，東陽太守。元嘉十五年，卒官，時年六十一。」〔註128〕

第二節　北魏禮官結構：平衡與發展

　　南朝自劉宋後期，禮官系統中特命型諸官制禮職能已獲得充分發展。齊梁兩代，以修五禮學士爲代表的特命修禮官逐漸成爲禮制建設之核心力量。相比而言，北魏一代諸種禮官地位始終較爲均衡，並未出現如梁初五禮學士總掌制禮、議禮事之局面。魏代禮官系統此種特質與南朝迥然有異，卻與兩晉頗爲近似。而北朝自魏孝文帝後期，史籍中太常博士參與制禮、議禮事記載漸多，則是當時禮官系統發展又一新動態，並直接促成了唐代居諸禮官核心的太常博士地位之形成。

〔註127〕《宋書》，第 1625～1626 頁。
〔註128〕《宋書》，第 1628～1629 頁。

以下先述世祖太武帝至顯祖獻文帝間的重要禮官：

崔浩，《魏書》卷三五《崔浩傳》云：「少好文學，博覽經史。玄象陰陽，百家之言，無不關綜，研精義理，時人莫及。弱冠爲直郎。天興中，給事祕書，轉著作郎。太祖以其工書，常置左右。……太宗初，拜博士祭酒，賜爵武城子，常授太宗經書。每至郊祠，父子並乘軒軺，時人榮之。太宗好陰陽術數，聞浩說《易》及《洪範》五行，善之，因命浩筮吉凶，參觀天文，考定疑惑。浩綜覈天人之際，舉其綱紀，諸所處決，多有應驗。恆與軍國大謀，甚爲寵密。……襲爵白馬公。朝廷禮儀、優文策詔、軍國書記，盡關於浩。浩能爲雜說，不長屬文，而留心於制度、科律及經術之言，作家祭法，次序五宗，蒸嘗之禮，豐儉之節，義理可觀。性不好《老》、《莊》之書，每讀不過數十行，輒棄之，曰：『此矯誣之說，不近人情，必非老子所作。老聃習禮，仲尼所師，豈設敗法之書，以亂先王之教。袁生所謂家人筐篋中物，不可揚於王庭也。』……世祖即位，左右忌浩正直，共排毀之。世祖雖知其能，不免群議，故出浩，以公歸第。及有疑議，召而問焉。……始光中，進爵東郡公，拜太常卿。」〔註129〕

袁式，《魏書》卷三八《袁式傳》云：「式在南，歷武陵王遵諮議參軍。與司馬文思等歸姚興。泰常二年歸國，爲上客，賜爵陽夏子。與司徒崔浩一面，便盡國士之交。是時，朝儀典章，悉出於浩。浩以式博於古事，每所草創，恆顧訪之。性長者，雖羈旅飄泊，而清貧守度，不失士節，時人甚敬重之，皆呼曰袁諮議。」〔註130〕

按，崔浩博學多能，是道武一朝推行漢化政策最爲倚重的漢族高官，這一時期儘管郊廟制度的發展並未充分吸收漢家古禮，但就禮官結構而言，已經頗顯露出北魏在中古時期承上啓下的特點。後世學者論魏朝重用南方禮學名家，往往以王肅爲最初者，其實據前引材料，袁式以崔浩門客身份已參與此時期典章制度建設。〔註131〕

李鱓，《魏書》卷四六《李鱓傳》云：「曾祖產，產子績，二世知名於慕

〔註129〕《魏書》，第807～815頁。

〔註130〕《魏書》，第880頁。

〔註131〕同書卷一八云：「八月，劉裕滅姚泓。九月癸酉，司馬德宗平西將軍、荊州刺史司馬休之，息譙王文思，章武王子司馬國璠、司馬道賜，輔國將軍溫楷，竟陵內史魯軌，荊州治中韓延之、殷約，平西參軍桓謐、桓璲及桓溫孫道子，勃海刁雍，陳郡袁式等數百人來降。姚泓匈奴鎮將姚成都與弟和都舉鎮來降。」

容氏。父崇，馮跋吏部尙書、石城太守。延和初，車駕至和龍，崇率十餘郡歸降。世祖甚禮之，呼曰『李公』，……高宗即位，鱓以舊恩親寵，遷儀曹尙書，領中秘書，……鱓既寵於顯祖，參決軍國大議，兼典選舉，權傾內外，百僚莫不曲節以事之。」〔註132〕

　　高允，《魏書》卷四八《高允傳》云：「性好文學，擔笈負書，千里就業。博通經史天文術數，尤好《春秋公羊》。郡召功曹。……還家教授，受業者千餘人。四年，與盧玄等俱被徵，拜中書博士。遷侍郎，……後詔允與司徒崔浩述成《國記》，以本官領著作郎。……尋以本官爲秦王翰傅。後敕以經授恭宗，甚見禮待。又詔允與侍郎公孫質、李虛、胡方回共定律令。……初與允同徵游雅等多至通官封侯，及允部下吏百數十人亦至刺史二千石，而允爲郎二十七年不徙官。……轉太常卿，本官如故。……復以本官領秘書監，解太常卿，……高宗崩，顯祖居諒暗，乙渾專擅朝命，謀危社稷。文明太后誅之，引允禁中，參決大政。……皇興中，詔允兼太常，至兗州祭孔子廟，謂允曰：『此簡德而行，勿有辭也。』……又遷中書監，加散騎常侍。雖久典史事，然而不能專勤屬述，時與校書郎劉模有所緝綴，大較續崔浩故事，準《春秋》之體，而時有刊正。自高宗迄於顯祖，軍國書檄，多允文也。末年乃薦高閭以自代。……明年，詔允議定律令。雖年漸期頤，而志識無損，猶心存舊職，披考史書。……又詔允曰：『自頃以來，庠序不建，爲日久矣。道肆陵遲，學業遂廢，子衿之歎，復見於今。朕既纂統大業，八表晏寧，稽之舊典，欲置學官於郡國，使進修之業，有所津寄。卿儒宗元老，朝望舊德，宜與中、秘二省參議以聞。』」〔註133〕

　　按，較之南朝，北魏禮官結構呈現出的一個重要特點是來自秘書省以及有史官背景的學者大量增加。秘書省官參與議禮的例子前文所舉頗多，要指出的是這一現象在南朝所見極少，例如齊梁《五禮儀注》修撰過程中，較爲主要的與修學者中，竟無一例有秘書省官背景，即使將視野擴展到唐代，類似現象也只在唐初可以看到，似乎仍可以認爲是對北朝傳統的繼承。〔註134〕

〔註132〕《魏書》，第 1039～1040 頁。

〔註133〕《魏書》，第 1067～1078 頁。

〔註134〕秘書郎在南朝、唐代均是極爲清貴之官，任官者或以門第，或以文學，少以經禮之學見長者。唐代秘書郎爲清官之門戶，任職者優遊文學，於校讎、訪書之事亦不措意，執經議禮更爲稀見。關於唐代秘書郎職掌，可參看《中層文官》，第一章，第 57 頁。相對而言，北朝秘書郎（包括秘書中散）則相對

此外，前章討論過史學與故事之學間的密切關係，兩晉、南朝禮官中如何承天、臧燾等均以通曉史事故事著稱，然與北魏史官參與議禮之規模、程度相比，則尚有不及。〔註135〕

鄧淵，《魏書》卷二四《鄧淵傳》云：「言行可復，博覽經書，長於《易》筮。太祖定中原，擢爲著作郎。出爲薄丘令，誅翦姦猾，盜賊肅清。入爲尚書吏部郎。淵明解制度，多識舊事，與尚書崔玄伯參定朝儀、律令、音樂，及軍國文記詔策，多淵所爲。從征平陽，以功賜爵漢昌子，改下博子，加中壘將軍。太祖詔淵撰國記，淵造十餘卷，惟次年月起居行事而已，未有體例。」〔註136〕

崔玄伯，《魏書》卷二四《崔玄伯傳》云：「祖悅，仕石虎，官至司徒左長史、關內侯。父潛，仕慕容暐，爲黃門侍郎。並有才學之稱。玄伯少有雋才，號曰冀州神童。……太祖征慕容寶，次於常山。玄伯棄郡，東走海濱。太祖素聞其名，遣騎追求。執送於軍門，引見與語，悅之。以爲黃門侍郎，與張袞對總機要，草創制度。……太祖幸鄴，歷問故事於玄伯，應對若流，太祖善之。……遷吏部尚書。命有司制官爵，撰朝儀，協音樂，定律令，申科禁，玄伯總而裁之，以爲永式。及置八部大夫以擬八坐，玄伯通署三十六曹，如令僕統事，深爲太祖所任。勢傾朝廷。……太祖常引問古今舊事，王者制度，治世之則。玄伯陳古人製作之體，及明君賢臣，往代廢興之由，甚合上意。未嘗騫諤忤旨，亦不詔諛苟容。」〔註137〕

按，這一時期的非核心型禮官與兩晉、南朝情況較爲類似，均以政事官中通曉故事之學者爲主。崔玄伯裁定官職，猶與晉初之裴秀相類似。

以下論孝文、宣武時禮官之概況：

李韶，《魏書》卷三九《李寶傳附李韶傳》云：「延興中，補中書學生。襲爵姑臧侯，除儀曹令。時修改車服及羽儀制度，皆令韶典焉。遷給事黃門侍郎。後例降侯爲伯。兼大鴻臚卿，黃門如故。……世宗初，徵拜侍中，……

普通，反而多有經學大儒出任，如孫惠蔚等，且在議禮程序上，與中書省儒官負有同樣職責，詳後文。
〔註135〕李彪任秘書監議郊祀事，稱「臣掌司典籍，與議禮事不可不言」。孫惠蔚爲著作郎，參議禘祫事，云「所司舊史，議禮有位」，均可見秘書、著作等職掌典籍之官固然有參議典禮之責任。
〔註136〕《魏書》，第624頁。
〔註137〕《魏書》，第620～622頁。

久之，起兼將作大匠，敕參定朝儀、律令。……肅宗初，入爲殿中尚書，行雍州事。後除中軍大將軍、吏部尚書，加散騎常侍。詔在選曹，不能平心守正，通容而已，議者貶之。」〔註138〕

　　卷六九《袁翻傳》云：「翻少以才學擅美一時。初爲奉朝請。景明初，李彪在東觀，翻爲徐紇所薦，彪引兼著作佐郎，以參史事。及紇被徙，尋解。後遷司徒祭酒、揚烈將軍、尚書殿中郎。正始初，詔尚書門下於金墉中書外省考論律令，翻與門下錄事常景、孫紹，廷尉監張虎，律博士侯堅固，治書侍御史高綽，前軍將軍邢苗，奉車都尉程靈虯，羽林監王元龜，尚書郎祖瑩、宋世景，員外郎李琰之，太樂令公孫崇等並在議限。又詔太師、彭城王勰，司州牧、高陽王雍，中書監、京兆王愉，前青州刺史劉芳，左衛將軍元麗，兼將作大匠李韶，國子祭酒鄭道昭，廷尉少卿王顯等入預其事。」〔註139〕

　　按，袁、李二人爲此階段初期較爲著名之禮官，其中袁翻參與考論律令，是北魏典章制度建設之大事，參與者並多與議禮，見後文。

　　李彥，《魏書》卷三九《李寶傳附李彥傳》云：「高祖初，舉司州秀才，除中書博士。轉諫議大夫。後因考課，降爲元士。尋行主客曹事，徙郊廟下大夫。時朝儀典章咸未周備，彥留心考定，號爲稱職。」〔註140〕

　　劉昶，《魏書》卷五九《劉昶傳》云：「太和初，轉內都坐大官。及蕭道成殺劉準，時遣諸將南伐，……乃以本將軍與諸將同行。……又加儀同三司，領儀曹尚書。於時改革朝儀，詔昶與蔣少游專主其事。昶條上舊事，略不遺忘。」〔註141〕

　　按，劉昶與蔣少游共制朝儀，其中劉氏所上舊事當爲南朝典禮，前文已有考論。

　　游明根，《魏書》卷五五《游明根傳》云：「世祖擢爲中書學生。性貞愼寡欲，綜習經典。及恭宗監國，與公孫叡俱爲主書。……高祖初，入爲給事中，遷儀曹長，加散騎常侍。清約恭謹，號爲稱職。後王師南討，詔假安南將軍、儀曹尚書、廣平公，與梁郡王嘉參謀軍計。後兗州民叛，詔明根慰喻。敕南征沔西、仇城、連口三道諸軍，稟明根節度。還都，正尚書，仍加散騎

〔註138〕　《魏書》，第 886～887 頁。
〔註139〕　《魏書》，第 1536 頁。
〔註140〕　《魏書》，第 888 頁。
〔註141〕　《魏書》，第 1308～1312 頁。

常侍。……文明太后崩，群臣固請公除，高祖與明根往復。事在《禮志》。遷大鴻臚卿、河南王幹師，尚書如故。隨例降侯爲伯。又參定律令，屢進讜言。……高祖初，明根與高閭以儒老學業，特被禮遇，公私出入，每相追隨，而閭以才筆時侮明根，世號高、游焉。子肇，襲爵。」〔註142〕

裴修，《魏書》卷四五《裴駿傳附裴修傳》云：「清辯好學。年十三，補中書學生，遷秘書中散，轉主客令。……高祖嘉之，徵爲中部令。轉中大夫，兼祠部曹事，職主禮樂，每有疑議，修斟酌故實，咸有條貫。太和十六年卒，時年五十一。」〔註143〕

蔣少游，《魏書》卷九一《術藝・蔣少游傳》云：「慕容白曜之平東陽，見俘入於平城，充平齊戶，後配雲中爲兵。……後被召爲中書寫書生，與高聰俱依高允。允愛其文用，遂並薦之，與聰俱補中書博士。……或謂少游本非人士，又少游微因工藝自達，是以公私人望不至相重。唯高允、高沖曲爲體練，由少游舅氏崔光與李沖從叔衍對門婚姻也。及詔尚書李沖與馮誕、游明根、高閭等議定衣冠于禁中，少游巧思，令主其事，亦訪於劉昶。二意相乖，時致諍競，積六載乃成，始班賜百官。冠服之成，少游有效焉。後於平城將營太廟。太極殿，遣少游乘傳詣洛，量準魏晉基趾。後爲散騎侍郎，副李彪使江南。高祖修船乘，以其多有思力，除都水使者，遷前將軍、兼將作大匠，仍領水池湖泛戲舟楫之具。及華林殿、沼修舊增新，改作金墉門樓，皆所措意，號爲妍美。雖有文藻，而不得伸其才用，恆以剖劂繩尺，碎劇匆匆，徙倚園湖城殿之側，識者爲之歎慨。而乃坦爾爲己任，不告疲恥。又兼太常少卿，都水如故。」〔註144〕

李沖，《魏書》卷五三《李沖傳》云：「顯祖末，爲中書學生。沖善交遊，不妄戲雜，流輩重之。高祖初，以例遷秘書中散，典禁中文事，以修整敏惠，漸見寵待。遷內秘書令、南部給事中。……遷中書令，加散騎常侍，給事中如故。尋轉南部尚書，賜爵順陽侯。沖爲文明太后所幸，恩寵日盛，……文明太后崩後，高祖居喪引見，待接有加。及議禮儀律令，潤飾辭旨，刊定輕重，高祖雖自下筆，無不訪決焉。……高祖亦深相仗信，親敬彌甚，君臣之間，情義莫二。及改置百司，開建五等，以沖參定典式，封滎陽郡開國侯，

〔註142〕《魏書》，第 1213～1214 頁。
〔註143〕《魏書》，第 1020 頁。
〔註144〕《魏書》，第 1970 頁。

食邑八百戶，拜廷尉卿。尋遷侍中、吏部尚書、咸陽王師。東宮既建，拜太子少傅。高祖初依《周禮》，置夫、嬪之列，以沖女爲夫人。……沖機敏有巧思。北京明堂、圓丘、太廟，及洛都初基，安處郊兆，新起堂寢，皆資於沖。勤志強力，孜孜無怠，且理文簿，兼營匠制，几案盈積，剖劂在手，終不勞厭也。」〔註145〕

　　按，以上四人爲高祖初年禮官系統中最爲重要者，考四人仕履，除李沖外，所任禮官主要爲祀部系統。四人又均參與當時律令修訂活動，正是北魏禮官又一重要特點。

　　劉芳，《魏書》卷五五《劉芳傳》云：「慕容白曜南討青齊，梁鄒降，芳北徙爲平齊民，時年十六。……尋拜中書博士。後與崔光、宋弁、邢產等俱爲中書侍郎。俄而詔芳與產入授皇太子經，遷太子庶子、兼員外散騎常侍。從駕洛陽，自在路及旋京師，恆侍坐講讀。芳才思深敏，特精經義，博聞強記，兼覽《蒼》、《雅》，尤長音訓，辨析無疑。於是禮遇日隆，賞賚豐渥，正除員外散騎常侍。俄兼通直常侍，從駕南巡，撰述行事，尋而除正。……高祖遷洛，路由朝歌，見殷比干墓，愴然悼懷，爲文以弔之。芳爲注解，表上之。詔曰：『覽卿注，殊爲富博。但文非屈宋，理慚張賈。既有雅致，便可付之集書。』詔以芳經學精洽，超遷國子祭酒。以母憂去官。……高祖優之，以芳爲散騎常侍、國子祭酒、徐州大中正，行徐州事。後兼侍中，從征馬圈。高祖崩於行宮。及世宗即位，芳手加袞冕。高祖自襲斂暨於啓祖、山陵、練除，始末喪事，皆芳撰定。咸陽王禧等奉申遺旨，令芳入授世宗經。及南徐州刺史沈陵外叛，徐州大水，遣芳撫慰賑恤之。尋正侍中，祭酒、中正並如故。……遷中書令，祭酒如故。出除安東將軍、青州刺史。爲政儒緩，不能禁止奸盜，廉清寡欲，無犯公私。還朝，議定律令。芳斟酌古今，爲大議之主，其中損益，多芳意也。世宗以朝儀多闕，其一切諸議，悉委芳修正。於是朝廷吉凶大事皆就諮訪焉。轉太常卿。……先是，高祖於代都詔中書監高閭、太常少卿陸琇、并公孫崇等十餘人修理金石及八音之器。後崇爲太樂令，乃上請尚書僕射高肇，更共營理。世宗詔芳共主之。芳表以禮樂事大，不容輒決，自非博延公卿，廣集儒彥，討論得失，研窮是非，則無以垂之萬葉，爲不朽之式。被報聽許，數旬之間，頻煩三議。於時，朝士頗以崇專綜既久，不應乖謬，各嘿然無發論者。芳乃探引經誥，搜括舊文，共相難質，皆有明

據，以爲盈縮有差，不合典式。崇雖示相酬答，而不會問意，卒無以自通。尚書述奏，仍詔委芳別更考制，於是學者彌歸宗焉。……芳沈雅方正，概尙甚高，經傳多通，高祖尤器敬之，動相顧訪。……崔光於芳有中表之敬，每事詢仰。」〔註146〕

劉懋，《魏書》卷五五《劉芳附劉懋傳》云：「懋聰敏好學，博綜經史，善草隸書，多識奇字。世宗初，入朝，拜員外郎。遷尙書外兵郎中，加輕車將軍。芳甚重之，凡所撰制朝廷軌儀，皆與參量。尙書博議，懋與殿中郎袁翻常爲議主。達於從政，臺中疑事，咸所訪決。受詔參議新令。性沈雅厚重，善與人交，器宇淵曠，風流甚美，時論高之。尙書李平，與之結莫逆之友。遷步兵校尉，領郎中，兼東宮中舍人。轉員外常侍、鎭遠將軍，領考功郎中，立考課之科，明黜陟之法，甚有條貫。肅宗初，大軍攻硤石。懋爲李平行臺郎中，城拔，懋頗有功。太傅、清河王懌愛其風雅，常目而送之曰：『劉生堂堂，搢紳領袖，若天假之年，必爲魏朝宰輔。』詔懋與諸才學之士，撰成儀令。懌爲宰相積年，禮懋尤重，令諸子師之。遷太尉司馬。熙平二年冬，暴病卒。」〔註147〕

按，劉芳爲崔浩之後一代大儒，其所歷禮官，則是較爲典型的由學官而爲太常。劉氏在太常卿任上，幾乎主宰當時議禮集議，而這一時期，學官議禮事跡見於史籍者尤多，之前筆者曾推測，北魏與兩晉、南朝國子博士定員不同，至遲在宣武帝時，已形成四名國子博士參與議禮的通例。而唐代國子博士設置及職掌雖與南朝傳統較爲接近，但其四名太常博士職掌禮儀的制度則與北朝國子博士頗爲類似，上節論「禮官博士」議禮時已言及，太學、國學博士以學官參議典禮，往往局限在修訂儀注、及疑禮辯難，於日常實際行禮則參與較少，這固然是其本身學官身份所致。而南朝太常博士地位較低，幾乎沒有名儒出任的記錄，變禮疑議亦少參與，這也正間接印證之前本文推測的，太常博士所掌當爲較爲瑣碎的日常實際行禮。後文將論及，唐代太常博士實際上融合了南、北朝傳統，其人員設置及參議典禮中地位類似北魏學官，而就負責實際行禮活動而言，仍與南朝太常博士相同。

崔景俊，《魏書》卷五六《崔辯傳附崔景俊傳》云：「以經明行修，徵拜中書博士。歷侍御史、主文中散。受敕接蕭賾使蕭琛、范雲，高祖賜名爲逸。

〔註146〕《魏書》，第 1219～1227 頁。
〔註147〕《魏書》，第 1229～1230 頁。

後爲員外散騎侍郎，與著作郎韓興宗參定朝儀。雅爲高祖所知重，遷國子博士，每有公事，逸常被詔獨進。博士特命，自逸始。轉通直散騎常侍、廷尉少卿。」〔註148〕

韓興宗，《魏書》卷六〇《韓麒麟傳附韓興宗傳》云：「好學有文才。年十五，受道太學。後司空高允奏爲秘書郎，參著作事。中山王叡貴寵當世。□爲文。遷秘書中散。太和十四年冬，卒。」〔註149〕

高閭，《魏書》卷五四《高閭傳》云：「博綜經史，文才俊偉，下筆成章。……眞君九年，徵拜中書博士。和平末，遷中書侍郎。高宗崩，乙渾擅權，內外危懼。文明太后臨朝，誅渾，引閭與中書令高允入于禁內，參決大政，……高允以閭文章富逸，舉以自代，遂爲顯祖所知，數見引接，參論政治。命造《鹿苑頌》、《北伐碑》，顯祖善之。永明初，爲中書令，加給事中，委以機密。文明太后甚重閭，詔令書檄，碑銘讚頌皆其文也。……遷尙書、中書監。……後詔閭與太常採雅樂以營金石，又領廣陵王師。出除鎮南將軍、相州刺史。以參定律令之勤，賜布帛千匹、粟一千斛、牛馬各三。閭上疏陳伐吳之策，高祖納之。遷都洛陽，閭表諫，言遷有十損，必不獲已，請遷於鄴。高祖頗嫌之。……閭每請本州以自效，詔曰：『閭以懸車之年，方求衣錦。知進忘退，有塵謙德，可降號平北將軍。朝之老成，宜遂情願，徙授幽州刺史，令存勸兩修，恩法並舉。』閭以諸州罷從事，依府置參軍，於治體不便，表宜復舊。高祖不悅。歲餘，表求致仕，優答不許。徵爲太常卿。頻表陳遜，不聽。又車駕南討漢陽，閭上表諫求回師，高祖不納。漢陽平，賜閭璽書，閭上表陳謝。」〔註150〕

按，崔、韓二人以秘書郎、國子博士掌制朝儀，此兩種職官於禮官系統中之位置已見前文，此處不備述。高氏才學與游明根並稱，《本傳》又云其「初在中書，好詈辱諸博士，博士、學生百有餘人，有所干求者，無不受其財貨。……及車駕至鄴，高祖頻幸其州館。詔曰：『閭昔在中禁，有定禮正樂之勳；作籓於州，有廉清公幹之美。自大軍停軫，庶事咸豐，可謂國之老成，善始令終者也。每惟厥德，朕甚嘉焉。』」〔註151〕所謂「定禮正樂」，

〔註148〕《魏書》，第1251頁。
〔註149〕《魏書》，第1333～1334頁。
〔註150〕《魏書》，第1196～1209頁。
〔註151〕《魏書》，第1206頁。

乃指其與劉芳等人參議律令並制雅樂事，分見各人《本傳》，及前章論北魏
集議程序第四例。

孫惠蔚，《魏書》卷八四《儒林·孫惠蔚傳》云：「惠蔚年十三，粗通《詩》、
《書》及《孝經》、《論語》；十八，師董道季講《易》；十九，師程玄讀《禮
經》及《春秋》三《傳》。周流儒肆，有名於冀方。……太和初，郡舉孝廉，
對策於中書省。時中書監高閭宿聞惠蔚，稱其英辯，因相談，薦為中書博士。
轉皇宗博士。閭被敕理定雅樂，惠蔚參其事。及樂成，閭上疏請集朝貴於太
樂，共研是非。秘書令李彪自以才辯，立難於其間，閭命惠蔚與彪抗論，彪
不能屈。黃門侍郎張彝常與遊處，每表疏論事，多參訪焉。十七年，高祖南
征，上議告類之禮。及太師馮熙薨，惠蔚監其喪禮，上書令熙未冠之子皆服
成人之服。惠蔚與李彪以儒學相知，及彪位至尚書，惠蔚仍太廟令。高祖曾
從容言曰：『道固既登龍門而孫蔚猶沈涓澮，朕常以為負矣。』雖久滯小官，
深體通塞，無孜孜之望，儒者以是尚焉。……及高祖崩，祔神主於廟，時侍
中崔光兼太常卿，以太祖既改，昭穆以次而易。兼御史中尉、黃門侍郎邢巒
以為太祖雖改，昭穆仍不應易，乃立彈草欲按奏光。光謂惠蔚曰：『此乃禮也，
而執法欲見彈劾，思獲助於碩學。』惠蔚曰：『此深得禮變。』尋為書以與光，
贊明其事。光以惠蔚書呈宰輔，乃召惠蔚與巒庭議得失，尚書令王肅又助巒，
而巒理終屈，彈事遂寢。世宗即位之後，仍在左右敷訓經典，自冗從僕射遷
秘書丞、武邑郡中正。……又兼黃門侍郎，遷中散大夫，仍兼黃門。久之，
正黃門侍郎，代崔光為著作郎，才非文史，無所撰著，唯自披其傳注數行而
已。遷國子祭酒、秘書監，仍知史事。延昌二年，追賞侍講之勞，封棗強縣
開國男，食邑二百戶。肅宗初，出為平東將軍、濟州刺史。還京，除光祿大
夫。魏初已來，儒生寒官，惠蔚最為顯達。」〔註152〕

邢虯，《魏書》卷六五《邢巒傳附邢虯傳》：「明經有文思。舉秀才上第，
為中書議郎、尚書殿中郎。高祖因公事與語，問朝覲宴饗之禮，虯以經對，
大合上旨。轉司徒屬、國子博士。高祖崩，尚書令王肅多用新儀，虯往往折
以《五經》正禮。轉尚書右丞，徙左丞，多所糾正，臺閣肅然。」〔註153〕

崔休，《北史》卷二四《崔逞傳附崔休傳》云：「舉秀才，入京師，與宋
弁、邢巒雅相知友。尚書王嶷欽其人望，為長子娉休姊，贍以財貨，由是少

〔註152〕《魏書》，第1852～1854頁。
〔註153〕《魏書》，第1450頁。

振。孝文納休妹爲嬪。頻遷兼給事黃門侍郎。休勤學，公事軍旅之隙，手不釋卷。禮遇亞於宋弁、郭祚。孝文南伐，以北海王詳爲尙書僕射，統留臺事，以休爲尙書左丞。詔以北海年少，百揆務殷，便以委休。轉長史，兼給事黃門侍郎，參定禮儀。」〔註154〕

　　按，孫氏爲高祖朝後期最爲重要禮官，其任官多在學官、史官序列。太和中禘祫禮大集議中並未記錄孫氏的意見，應該是因爲其當時擔任太廟令一職，主要負責主持日常禮事，而在北魏有禮官博士、中秘群儒構成的兩層集議程序中處在較爲邊緣化地位的結果。而在宣帝朝，惠蔚轉任秘書省官，其議禮之論益爲執政者所重，最終依其所論刊定禘祫之事，見前文。〔註155〕

以下總論北魏後期非核心禮官系統：

　　封軌，《魏書》卷三二《封懿傳附封軌傳》云：「沈謹好學，博通經傳。與光祿大夫武邑孫惠蔚同志友善，惠蔚每推軌曰：『封生之於經義，非但章句可奇，其標明綱格，統括大歸，吾所弗如者多矣。』善自修潔，儀容甚偉。或曰：『學士不事修飾，此賢何獨如此？』軌聞，笑曰：『君子整其衣冠，尊其瞻視，何必蓬頭垢面，然後爲賢？』言者慚退。太和中，拜著作佐郎，稍遷尙書儀曹郎中，兼員外散騎常侍。銜命高麗，……軌在臺中，稱爲儒雅。奏請遣四門博士明經學者，檢試諸州學生。詔從之。尋除國子博士，加揚武將軍。」〔註156〕

　　封偉伯，《魏書》卷三二《封懿傳附封偉伯傳》云：「博學有才思，弱冠除太學博士，每朝廷大議，偉伯皆預焉。雅爲太保崔光、僕射游肇所知賞。太尉、清河王懌辟參軍事，懌親爲《孝經解詁》，命偉伯爲《難例》九條，皆發起隱漏。偉伯又討論《禮》、《傳》、《詩》、《易》疑事數十條，儒者咸稱之。尋將經始明堂，廣集儒學，議其制度。九五之論，久而不定。偉伯乃搜檢經緯，上《明堂圖說》六卷。」〔註157〕

　　崔光，《魏書》卷六七《崔光傳》云：「祖曠，從慕容德南渡河，居青州之時水。慕容氏滅，仕劉義隆爲樂陵太守。父靈延，劉駿龍驤將軍、長廣太

〔註154〕《北史》，第 870 頁。

〔註155〕《孫惠蔚傳》中尤當注意者爲高祖喪禮中出現的兼職禮官現象，其時崔光兼太常，此任喪禮後又有延續，而邢氏兼任中尉一職，則只局限在喪禮階段，類似的現象在兩晉、南朝所見較少，而爲唐代禮官任用之通例，詳後文。

〔註156〕《魏書》，第 764 頁。

〔註157〕《魏書》，第 766～768 頁。

守，……慕容白曜之平三齊，光年十七，隨父徙代。家貧好學，晝耕夜誦，傭書以養父母。太和六年，拜中書博士，轉著作郎，與秘書丞李彪參撰國書。遷中書侍郎、給事黃門侍郎，甚為高祖所知待。常曰：『孝伯之才，浩浩如黃河東注，固今日之文宗也。』……拜散騎常侍，黃門、著作如故，又兼太子少傅。……雖處機近，曾不留心文案，唯從容論議，參贊大政而已。高祖每對群臣曰：『以崔光之高才大量，若無意外咎譴，二十年後當作司空。』其見重如是。又從駕破陳顯達。世宗即位，正除侍中。初，光與李彪共撰國書。太和之末，彪解著作，專以史事任光。彪尋以罪廢。世宗居諒暗，彪上表求成《魏書》，詔許之，彪遂以白衣於秘書省著述。光雖領史官，以彪意在專功，表解侍中、著作以讓彪，世宗不許。遷太常卿，領齊州大中正。……四年秋，除中書令，進號鎮東將軍。……延昌元年春，遷中書監，侍中如故。……四年正月，世宗夜崩。光與侍中、領軍將軍于忠迎肅宗於東宮，安撫內外，光有力焉。……初，永平四年，以黃門郎孫惠蔚代光領著作。惠蔚首尾五載，無所厝意。至是三月，尚書令、任城王澄表光宜還史任，於是詔光還領著作。四月，遷特進。五月，以奉迎肅宗之功，封光博平縣開國公，食邑二千戶。七月，領國子祭酒。八月，詔光乘步挽於雲龍門出入。尋遷車騎大將軍、儀同三司。靈太后臨朝之後，光累表遜位。于忠擅權，光依附之。……二年春，肅宗親釋奠國學，光執經南面，百僚陪列。司徒、京兆王繼頻上表以位讓光。夏四月，以光為司徒、侍中、國子祭酒，領著作如故。光表固辭歷年，終不肯受。……詔召光與安豐王延明議定服章。三年六月，詔光乘步挽至東西上閣。九月，進位太保，光又固辭。光年耆多務，疾病稍增，而自強不已，常在著作，疾篤不歸。」〔註158〕

　又云：「光初為黃門，則讓宋弁；為中書監，讓汝南王悅；為太常，讓劉芳；為少傅，讓元暉、穆紹、甄琛；為國子祭酒，讓清河王懌、任城王澄；為車騎、儀同，讓江陽王繼，又讓靈太后父胡國珍。皆顧望時情，議者以為矯飾。」〔註159〕

　按，北魏以學官、史官參議典禮者以以上三人較為典型，其中崔光尤號為一時儒宗，然考當時禮官系統，前有孫惠蔚以秘書省官議禮，後有常景任門下省官而兼修儀注，而崔氏本人議禮事跡亦並不甚多，可見禮官系統重心

〔註158〕《魏書》，第 1487～1498 頁。
〔註159〕《魏書》，第 1499 頁。

轉移對任職者禮學發揮的影響。

以下總論北魏後期重要禮官：

崔鴻，《魏書》卷五五《崔光傳附崔鴻傳》云：「少好讀書，博綜經史。太和二十年，拜彭城王國左常侍。景明三年，遷員外郎、兼尚書虞曹郎中。敕撰《起居注》。遷給事中，兼祠部郎，轉尚書都兵郎中。詔太師、彭城王勰以下公卿朝士儒學才明者三十人，議定律令於尚書上省，鴻與光俱在其中，時論榮之。」〔註160〕

崔亮，《魏書》卷六六《崔亮傳》云：「父元孫，劉駿尚書郎。……及慕容白曜之平三齊，內徙桑乾，為平齊民。……時隴西李沖當朝任事，亮從兄光往依之，……沖薦之為中書博士。轉議郎，尋遷尚書二千石郎。……高祖在洛，欲創革舊制，選置百官。謂群臣曰：『與朕舉一吏部郎，必使才望兼允者，給卿三日假。』又一日，高祖曰：『朕已得之，不煩卿輩也。』馳驛徵亮兼吏部郎。俄為太子中舍人，遷中書侍郎，兼尚書左丞。……世宗親政，遷給事黃門侍郎，仍兼吏部郎，領青州大中正。亮自參選事，垂將十年，廉慎明決，為尚書郭祚所委，每云：『非崔郎中，選事不辦。』尋除散騎常侍，仍為黃門。遷度支尚書，領御史中尉。自遷都之後，經略四方，又營洛邑，費用甚廣。亮在度支，別立條格，歲省億計。……亮性公清，敏於斷決，所在並號稱職，三輔服其德政。世宗嘉之，詔賜衣馬被褥。後納其女為九嬪。徵為太常卿，攝吏部事。……尋除殿中尚書，遷吏部尚書。時羽林新害張彝之後，靈太后令武官得依資入選。官員既少，應選者多，前尚書李韶循常擢人，百姓大為嗟怨。亮乃奏為格制，不問士之賢愚，專以停解日月為斷。……轉侍中、太常卿，尋遷左光祿大夫、尚書右僕射。時劉騰擅權，亮託妻劉氏，傾身事之，故頻年之中名位隆赫，有識者譏之。轉尚書僕射，加散騎常侍。」〔註161〕

裴延俊，《魏書》卷六九《裴延俊傳》云：「涉獵墳史，頗有才筆。舉秀才，射策高第，除著作佐郎。遷尚書儀曹郎，轉殿中郎、太子洗馬，又領本邑中正及太子友。……世宗初，為散騎侍郎，尋除雍州平西府長史，加建威將軍，入為中書侍郎。……後除司州別駕，加鎮遠將軍。及詔立明堂，群官博議，延俊獨著一堂之論。太傅、清河王懌時典眾議，讀而笑曰：『子故欲遠

〔註160〕《魏書》，第1501頁。
〔註161〕《魏書》，第1476～1480頁。

符僕射也。』兼太子中庶子，尋即正，別駕如故，加冠軍將軍。肅宗初，遷散騎常侍，監起居注，加前將軍，又加平西將軍，除廷尉卿。」〔註162〕

賈思伯，《魏書》卷七二《賈思伯傳》云：「思伯釋褐奉朝請，太子步兵校尉、中書舍人，轉中書侍郎。頗爲高祖所知，常從征伐。……肅宗時，徵爲給事黃門侍郎。因請拜掃，還鄉里。未拜，以風聞免。尋除右將軍、涼州刺史。思伯以州邊遠，不樂外出，辭以男女未婚。靈太后不許，舍人徐紇言之，得改授太尉長史。又除安東將軍、廷尉卿。思伯自以儒素爲業，不好法律，希言事。俄轉衛尉卿。……又遷太常卿，兼度支尙書，轉正都官。時太保崔光疾甚，表薦思伯爲侍講，中書舍人馮元興爲侍讀。思伯遂入授肅宗《杜氏春秋》。思伯少雖明經，從官廢業，至是更延儒生夜講晝授。」〔註163〕

按，北魏後期禮官中太常、祀部、學官、法官諸系統相對地位變動不大，而任職者在禮官序列中之延續性則較前期有所下降，如賈思伯等幾任太常均在位不久，且非由其它禮官遷轉而致。相對應的是，此時期非核心制禮、修訂儀注的現象出現頗爲頻繁，詳後文。

房景先，《魏書》卷四三《房法壽傳附房景先傳》云：「顯祖時，三齊平，隨例內徙，爲平齊民。……太和中，例得還鄉，郡辟功曹。州舉秀才，值州將卒，不得對策。解褐太學博士。時太常劉芳、侍中崔光富世儒宗，歎其精博，光遂奏兼著作佐郎，修國史。尋除司徒祭酒、員外郎。侍中穆紹又啓景先撰《世宗起居注》。累遷步兵校尉，領尙書郎，齊州中正，所歷皆有當官之稱。……先作《五經疑問》百餘篇，其言該典，今行於時。」〔註164〕

李琰之，《魏書》卷八二《李琰之傳》云：「弱冠舉秀才，不行。曾遊河內北山，便欲有隱遁意。會彭城王勰辟爲行臺參軍，苦相敦引。尋爲侍中李彪啓兼著作郎，修撰國史。稍遷國子博士，領尙書儀曹郎中，轉中書侍郎、司農少卿、黃門郎，修國史。遷國子祭酒，轉秘書監、兼七兵尙書。遷太常卿。孝莊初，太尉元天穆北討葛榮，以琰之兼御史中尉，爲北道軍司。還，除征東將軍，仍兼太常。……琰之少機警，善談，經史百家無所不覽，朝廷疑事多所訪質。每云：『崔博而不精，劉精而不博；我既精且博，學兼二子。』謂崔光、劉芳也。論者許其博，未許其精。當時物議，咸共宗之，又自誇文章，從姨兄常景

〔註162〕《魏書》，第 1528 頁。
〔註163〕《魏書》，第 1612〜1615 頁。
〔註164〕《魏書》，第 978 頁。

笑而不許。每休閒之際，恆閉門讀書，不交人事。嘗謂人曰：『吾所以好讀書，不求身後之名，但異見異聞，心之所願，是以孜孜搜討，欲罷不能。豈爲聲名勞七尺也？此乃天性，非爲力強。』前後再居史職，無所編緝。安豐王延明，博聞多識，每有疑滯，恆就琰之辨析，自以爲不及也。」〔註 165〕

宋世景，《魏書》卷八八《良吏・宋世景傳》云：「博覽群言，尤精經義。族兄弁甚重之。舉秀才，對策上第，拜國子助教，遷彭城王勰開府法曹行參軍。勰愛其才學，雅相器敬。高祖亦嘉之。遷司徒法曹行參軍。世景明刑理，著律令，裁決疑獄，剖判如流。轉尙書祠部郎。彭城王勰每稱之曰：『宋世景精識，尙書僕射才也。』臺中疑事，右僕射高肇常以委之。世景既才長從政，加之夙勤不怠，兼領數曹，深著稱績。……尙書令、廣陽王嘉，右僕射高肇，吏部尙書、中山王英共薦世景爲國子博士，尋薦爲尙書右丞。王顯與宋弁有隙，毀之於世宗，故事寢不報。」〔註 166〕

按，房景先所任尙書郎當爲儀曹，見前引《魏書・禮志》景初二年議籍田事，當時房氏已有儒宗之稱，駁太學諸博士之議，直至時任國子祭酒的孫惠蔚再度擬定儀注，方可其奏，而行禮。可見其時自兩晉沿用的祀部主審定、學官主草儀的分工並未有大的變動，以房氏之學，自行定禮未必不可，然限於議禮故事，仍需學官中名儒執筆。

常景，《魏書》卷八二《常景傳》云：「景少聰敏，初讀《論語》、《毛詩》，一受便覽。及長，有才思，雅好文章。廷尉公孫良舉爲律博士，高祖親得其名，既而用之。後爲門下錄事、太常博士。正始初，詔尙書、門下於金墉中書外省考論律令，敕景參議。……世宗季舅護軍將軍高顯卒，其兄右僕射肇私託景及尙書邢巒、并州刺史高聰、通直郎徐紇各作碑銘，並以呈御，世宗悉付侍中崔光簡之，光以景所造爲最，乃奏曰：『常景名位乃處諸人之下，文出諸人之上。』遂以景文刊石。……景淹滯門下，積歲不至顯官，……景在樞密十有餘年，爲侍中崔光、盧昶、游肇、元暉尤所知賞。累遷積射將軍、給事中。延昌初，東宮建，兼太子屯騎校尉，錄事皆如故。其年受敕撰門下詔書，凡四十卷。……先是，太常劉芳與景等撰朝令，未及班行。別典儀注，多所草創。未成，芳卒，景纂成其事。及世宗崩，召景赴京，還修儀注。拜謁者僕射，加寧遠將軍。又以本官兼中書舍人。後授步兵校尉，仍舍人。又

〔註 165〕《魏書》，第 1797～1798 頁。
〔註 166〕《魏書》，第 1901～1902 頁。

敕撰太和之後朝儀已施行者，凡五十餘卷。時靈太后詔依漢世陰鄧二后故事，親奉廟祀，與帝交獻。景乃據正，以定儀注，朝廷是之。正光初，除龍驤將軍、中散大夫，舍人如故。時肅宗行講學之禮於國子寺，司徒崔光執經，敕景與董紹、張徹、馮元興、王延業、鄭伯猷等俱為錄義。事畢，又行釋奠之禮，並詔百官作釋奠詩，時以景作為美。是年九月，蠕蠕主阿那瓌歸闕，朝廷疑其位次。高陽王雍訪景，景曰：『昔咸寧中，南單于來朝，晉世處之王公、特進之下。今日為班，宜在蕃王、儀同三司之間。』雍從之。朝廷典章，疑而不決，則時訪景而行。……侍中崔光、安豐王延明受詔議定服章，敕景參修其事。尋進號冠軍將軍。……永安初，詔復本官，兼黃門侍郎，又攝著作，固辭不就。二年，除中軍將軍、正黃門。……莊帝還宮，解黃門。普泰初，除車騎將軍、右光祿大夫、秘書監。以預詔命之勤，封濮陽縣子。後以例追。永熙二年，監議事。景自少及老，恆居事任。清儉自守，不營產業，至於衣食，取濟而已。耽好經史，愛玩文詞，若遇新異之書，殷勤求訪，或復質買，不問價之貴賤，必以得為期。友人刁整每謂曰：『卿清德自居，不事家業，雖儉約可尚，將何以自濟也？吾恐摯太常方餒於柏谷耳。』」〔註167〕

按，刁整將常景比之於西晉著名禮官摯虞，雖為戲言，其時二者頗有相類之處。常景歷經三帝，三修儀注，又兩次參與朝儀討論，見前文與齊梁五禮學士比較部分所論。靈太后據崔光之說，欲用漢儀行亞獻之事，筆者已指出此為故事學與儀注結合的顯例。常景據正者，當為其所編纂魏代行用儀注，則為以行用故事改定儀注之例證。而北魏一代史籍明言典掌儀注者，唯劉芳與常景二人，其中劉氏時任太常，而常景則多任著作等非核心型禮官，亦可見當時禮官系統重心的轉移趨勢。〔註168〕

邢昕，《魏書》卷八五《文苑·邢昕傳》云：「蕭寶夤以車騎大將軍開府討關中，以子明為東閤祭酒，委以文翰。在軍解褐湯寇將軍，累遷太尉記室參軍。吏部尚書李神儁奏昕修起居注。太昌初，除中書侍郎，加平東將軍、光祿大夫。時言冒竊官級，為中尉所劾，免官，乃為《述躬賦》。未幾，受詔與秘書監常景典儀注事。出帝行釋奠禮，昕與校書郎裴伯茂等俱為《錄》義。

〔註167〕《魏書》，第 1800～1806 頁。
〔註168〕梁代經侯景亂後，五禮學士之制不復存，專掌禮儀者亦多為非核心型禮官，這一趨勢一直延續至唐代開始設立專職禮儀使。

永熙末，昕入爲侍讀，與溫子升、魏收參掌文詔。……天平初，與侍中從叔子才、魏季景、魏收同徵赴都。尋還鄉里。既而復徵，時蕭衍使兼散騎常侍劉孝儀等來朝貢，詔昕兼正員郎迎於境上。司徒孫騰引爲中郎。尋除通直常侍，加中軍將軍。既有才藻，兼長几案。」〔註169〕

李神俊，《魏書》卷三九《李寶傳附李神俊傳》云：「少以才學知名，爲太常劉芳所賞。釋褐奉朝請，轉司徒祭酒、從事中郎。頃之，拜驍騎將軍、中書侍郎、太常少卿。出爲前將軍、荊州刺史。……莊帝纂統，以神俊外戚之望，拜散騎常侍、殿中尚書。追論固守荊州之功，封千乘縣開國侯，邑一千戶。轉中書監、吏部尚書。……神俊風韻秀舉，博學多聞，朝廷舊章及人倫氏族，多所諳記。篤好文雅，老而不輟，凡所交遊，皆一時名士。汲引後生，爲其光價，四方才子，咸宗附之。」〔註170〕

游肇，《魏書》卷五五《游明根傳附游肇傳》云：「幼爲中書學生，博通經史及《蒼》、《雅》、《林》說。高祖初，爲內秘書侍御中散。司州初建，爲都官從事，轉通直郎、秘閣令，遷散騎侍郎、典命中大夫。車駕南伐，肇上表諫止，高祖不納。尋遷太子中庶子。……景明末，徵爲廷尉少卿，固辭，乃授黃門侍郎。遷散騎常侍，黃門如故。兼侍中，爲畿內大使，黜陟善惡，賞罰分明。轉太府卿，徙廷尉卿，兼御史中尉，黃門如故。肇，儒者，動存名教，直繩所舉，莫非傷風敗俗。持法仁平，斷獄務於矜恕。……肅宗即位，遷中書令、光祿大夫，加金章紫綬，相州大中正。出爲使持節，加散騎常侍、鎮東將軍、相州刺史，有惠政。徵爲太常卿，遷尚書右僕射，固辭，詔不許。肇於吏事，斷決不速。主者諮呈，反覆論敘，有時不曉，至於再三，必窮其理，然後下筆；雖寵勢干請，終無回撓。方正之操，時人服之。……肇外寬柔，內剛直，耽好經傳，手不釋書。治《周易》、《毛詩》，尤精《三禮》。爲《易集解》，撰《冠婚儀》、《白珪論》，詩賦表啓凡七十五篇，皆傳於世。」〔註171〕

高恭之，《魏書》卷《高恭之傳》云：「學涉經史，非名流俊士，不與交結。……御史中尉元匡高選御史，……遂引爲御史。其所糾摘，不避權豪，臺中事物，多爲匡所顧問。……莊帝即位，徵爲尚書三公郎中，加寧朔將軍。

〔註169〕《魏書》，第 1874 頁。
〔註170〕《魏書》，第 895 頁。
〔註171〕《魏書》，第 1215～1218 頁。

尋兼吏部郎中，……及莊帝反政，……除征南將軍、金紫光祿大夫、兼御史中尉。尋即眞，仍兼黃門。道穆外秉直繩，內參機密，凡是益國利民之事，必以奏聞。諫諍極言，無所顧憚。選用御史，皆當世名輩，李希宗、李繪、陽休之、陽斐、封君義、邢子明、蘇淑、宋世良等四十人。……僕射尒朱世隆當朝權盛，因內見衣冠失儀，道穆便即彈糾。帝姊壽陽公主行犯清路，執赤棒卒呵之不止，道穆令卒棒破其車。公主深以爲恨，泣以訴帝。帝謂公主曰：『高中尉清直之人，彼所行者公事，豈可私恨責之也？』道穆后見帝，帝曰：『一日家姊行路相犯，極以爲愧。』道穆免冠謝曰：『臣蒙陛下恩，守陛下法，不敢獨於公主虧朝廷典章，以此負陛下。』帝曰：『朕以愧卿，卿反謝朕。』尋敕監儀注。又詔曰：『秘書圖籍所在，內典□書，又加繕寫，緗素委積，蓋有年載。出內繁蕪，多致零落，可令御史中尉、兼給事黃門侍郎道穆總集帳目，並牒儒學之士，編比次第。』」〔註172〕

按，以上四禮官均有受命兼典儀注事，而邢昕更爲常景之助手。然魏氏之禮儀建設，自常景之後殊少名家大儒，史籍中所見集議典禮之事日益稀少，不復游明根、劉芳父子時之盛況。如僅就禮官結構而論，此時期法官型禮官數量較之高祖、宣武時有所增加，至於唐代御史普遍負有監禮、議禮責任，是否與北魏傳統有淵源，因材料較少，尙難定論。

此時期非核心禮官中尚有：

王遵業，《魏書》卷三八《王慧龍傳附王遵業傳》云：「風儀清秀，涉歷經史。位著作佐郎，與司徒左長史崔鴻同撰《起居注》。遷右軍將軍，兼散騎常侍，慰勞蠕蠕。乃詣代京，採拾遺文，以補《起居》所缺。與崔光，安豐王延明等參定服章。及光爲肅宗講《孝經》，遵業預講，延業錄義，並應詔作《釋奠侍宴詩》。時人語曰：『英英濟濟，王家兄弟。』轉司徒左長史、黃門郎，監典儀注。遵業有譽當時，與中書令陳郡袁翻，尙書琅邪王誦並領黃門郎，號曰三哲。時政歸門下，世謂侍中、黃門爲小宰相。」〔註173〕

按，北魏侍中、黃門非宰相，祝總斌先生已有精彩論述，堪爲定論。然王遵業之仕途顯達，亦與常景等人不同。肅宗時先後有常景、王遵業等四任黃門郎兼典儀注事，與這個時期太常卿任上名家較少恰可對照，此處再次可以觀察到王朝禮官系統中諸種禮官的發展呈現爲某種動態平衡。盡

〔註172〕《魏書》，第 1713〜1718 頁。
〔註173〕《魏書》，第 878〜879 頁。

管材料所限，本文沒有就之後北齊、北周、隋代諸種主要禮官做窮盡式研究，〔註174〕但就兩晉、南朝及北魏禮官系統變動情況看，幾種主要核心、非核心禮官地位的消長已經漸趨平衡，無論禮學名家還是普通禮學者，禮官系統對其任職情況的影響力亦呈減小之趨勢，而這也為唐代禮官系統新變動埋下了伏筆。

第三節　唐代太常博士：中古禮官系統的最終完善

關於唐代禮官、禮司，序章中已舉出吳麗娛先生相關研究，其中對唐代兩種禮儀使以及太常博士基本職能的探討均已相當充分。而太常卿、祠部尚書兩種重要禮官，郁賢皓、嚴耕望兩位先生分別有窮舉式的考察。更重要的是，就中古禮官系統演進而言，祠部與太常官在唐代並未出現重大變化。按照本文之前所擬定詳於前而略於後的寫作模式，本章將集中探討唐代禮官系統中處於核心地位，且與兩晉、南北朝有了很大不同的一種禮官，即太常博士。在唐王朝漫長的歷史中，太常博士最初與傳統的學官博士共掌議禮、制禮，約在安史之亂後，尤其德宗、憲宗朝，逐漸取代了國子、太學博士在禮官系統中的地位，更融合了魏晉太常博士實際行禮與始於北魏的國子博士某些議禮的職能特徵，最終成為了有別於前代的新型禮官。

以下先以唐代名相李吉甫的任職經歷為例，略述中唐太常博士概況：

《忠州刺史謝上表》云：「臣往歲曲臺掌禮，已蒙訪對之榮；南宮起草，猶兼奉葄之任，陛下展事宮廟，臣實職導乘輿。接星仗於鈎陳，趨日馭於黃道。奉璋薦鬯，左右天威。增秩進階，沾濡慶渥。臣業以儒進，才匪時須，書生之幸，亦已過分。」〔註175〕

《舊唐書》卷一四八《李吉甫傳》云：「年二十七，為太常博士，該洽多聞，尤精國朝故實，沿革折衷，時多稱之。」〔註176〕

《新唐書》卷一四六《李棲筠傳附李吉甫傳》云：「貞元初，為太常博士，年尚少，明練典故。昭德皇后崩，自天寶後中宮虛，恤禮廢缺。吉甫草具其儀，德宗稱善。李泌、竇參器其才，厚遇之。」〔註177〕

〔註174〕北齊、北周及隋代歷次重大制定儀注事可參看本文第三章。
〔註175〕《全唐文》，卷五五四。
〔註176〕《舊唐書》，第3992頁。
〔註177〕《新唐書》，第4738頁。

　　按，李吉甫貞元初年任太常博士時年僅二十七歲，在唐代極爲罕見。〔註178〕《謝表》中「曲臺掌禮，已蒙訪對之榮」即指其作爲太常博士參議典禮，《新唐書・本傳》又記其爲昭德皇后喪禮擬定儀注，類似禮事唐代以前屬太學博士、太常卿所掌，至此則已爲太常博士之基本職責。《謝表》又稱「陛下展事宮廟，臣實職導乘輿。接星仗於鉤陳，趨日馭於黃道。奉璋薦瓚，左右天威。」其中位列鹵簿、贊導乘輿以及郊廟禮中奉璋玉、酒瓚以進均爲實際行禮過程中之職事，與魏晉、南北朝太常博士所掌相同。〔註179〕《謝表》又自云「南宮起草，猶兼奉蕝之任」，此則涉及唐代太常博士任職特點，即博士遷轉之後往往仍以他官兼領舊職，「南宮起草」當爲尚書郎知制誥，「奉蕝」者，茅蕝爲望表之屬，標示朝位所用，知其升任尚書郎後仍兼禮官。〔註180〕

　　綜上所述，唐代太常博士負有制定儀注及實際行禮兩種職責，而其中尤以具體儀注之擬定爲要務。究其原因，則在於中古禮制建設中，行儀前所定之儀注較大型禮書之規定實則更爲重要。試舉數例以明之：

　　《崇豐二陵集禮後序》云：「自開元制禮，大臣諱避，去《國恤》章，而山陵之禮遂無所執。世之不學者，乃妄取預凶事之說，而大典闕焉。由是累聖山陵，皆摭拾殘缺，附比倫類，已乃斥去，其後莫能征。」〔註181〕

　　按，《開元禮》無喪禮山陵之制，乃其一大缺失，如付諸實際行禮，禮官則無文可據。故歷任禮官均臨時草定儀注，行禮後亦不保存，可見實際行禮儀注之重要。

　　《舊唐書》卷一〇八《杜鴻漸傳》云：「及至靈武，鴻漸與裴冕等勸即皇帝位，以歸中外之望，五上表，乃從。鴻漸素習帝王陳布之儀，君臣朝見之禮，遂採摭舊儀，綿蕝其事。城南設壇壝，先一日具儀注草奏。肅宗曰：『聖君在遠，寇逆未平，宜罷壇場。』餘可其奏。」〔註182〕

〔註178〕據賴瑞和先生考證，唐代士人出任左右拾遺、補闕兩種職官時年齡多在四十左右，而這兩種諫官與太常博士經常互轉，故其任官時年歲當相去不遠。《中層文官》，第127頁。如同爲貞元中禮學名家，權德輿所欽服之仲子陵，其任博士已在五十七歲。

〔註179〕前考兩晉太常博士贊導皇帝車駕，但未見有參與奉獻酒、奠玉的記載。《大唐開元禮》、《郊祀錄》中所載儀注，掌此二事者又有諸太祝、侍從官，不專爲太常博士之事。見《開元禮》卷一一二、《郊祀錄》卷一九、卷二〇。

〔註180〕《全唐詩人名考》卷二〇二李吉甫條以奉蕝爲「秉筆」之義，殊誤。

〔註181〕《柳宗元集》，中華書局，1979年版，第572～573頁。

〔註182〕《舊唐書》，第3283頁。

　　按，皇帝告天、即位或南郊之禮爲典禮重中之重。與喪禮有關不同，《貞觀》、《顯慶》至《開元禮》均當有明文，然行事前仍需草定儀注，並呈皇帝親覽方可。雖修儀注者並非太常博士，此仍爲具體儀注重要性之體現。

　　《舊唐書》卷一六二《陸亙傳》云：「自京兆府兵曹參軍拜太常博士。寺有禮生孟眞，久於其事，凡吉凶大儀，禮官不能達，率訪眞。眞亦賴是須要姑息。元和七年，冊皇太子，將撰儀注，眞亦欲參預；亙笞之，由是禮儀不專於胥吏。」〔註183〕

　　按，前引《太常博士舉人條例》所須精熟者有《三禮》及歷代《禮論》，均爲經學範疇，然唐代禮制建設所依據之典籍材料卻並非只有經禮、注疏，如禮院小吏因多與修儀注，並親歷行事，故其於典禮之事反較一般禮官更爲精通。

　　至於禮官中以禮學名家著稱者，往往精於將《開元禮》等大型禮書化爲實際所用具體儀注，以下舉三例以證：

　　殷亮《顏魯公行狀》云：「今上諒暗之際，詔公爲禮儀使。先自元宗以來，此禮儀注廢闕，臨事徐創，實資博古練達古今之旨。所以朝廷篤於訕疾者，不乏於班列，多是非公之爲。公不介情，惟搜《禮經》，執直道而行已。今上察而委之，山陵畢，授光祿大夫，遷太子少師，依前爲禮儀使，前後所制儀注，令門生左輔元編爲《禮儀》十卷，今存焉。三年八月，遷太子太師。」〔註184〕

　　《光祿大夫太子太師上柱國魯郡開國公顏眞卿墓誌銘》云：「代宗晏駕，朝廷以公鴻儒，詳練典故，舉充禮儀使。祇護陵寢，率禮無違，加光祿大地太子少師，使如故。著《禮儀集》十卷。上方倚以爲相，爲權臣所忌，遷太子太師，外示崇高，實以散地處之也。」〔註185〕

　　按，顏眞卿在出任禮儀使，考定宗廟禘祫之祭，已見前文。其所定《山陵儀注》較之杜佑更早，別無依傍，頗見其禮學功力之深厚。

　　《責降宗正少卿李子鴻等敕》云：「宗廟之禮，嚴肅居先，薦告之詞，精審爲切。方將升祔，安可九室皆同？既已祧遷，豈宜四昭咸在。宗正少卿李子鴻，實司祠事，誤進祝文，罪有根源，理難降減，宜停見任。博士既失於

〔註183〕《舊唐書》，第4252頁。
〔註184〕《全唐文》，卷四四七。
〔註185〕《全唐文》，卷四九二。

詳定，御史又曠其監臨，若不薄懲，恐乖至敬。王彥威宜罰兩月俸料，削一階；崔鄲宜罰一季俸料，削兩階。其後禮合變文，事宜中節者，太常博士不得更稱舊制，致有差殊。」〔註186〕

按，此處所記博士罰俸事又見前引《舊唐書・王彥威傳》，中云：「博士既失於詳定，御史又曠其監臨」，則正是太常博士與監察御史兩種禮官典禮中之責任，而所謂「禮合變文」，「不得更稱舊制」云云，尤可見博士之具體職責即在於根據具體需要改定儀注。至於何者當為「變文」，可參看下例。

《舊唐書》卷一四九《柳登傳附柳冕傳》云：「六年十一月，上親行郊享。上重慎祀典，每事依禮。時冕為吏部郎中，攝太常博士，與司封郎中徐岱、倉部郎中陸質、工部郎中張薦，皆攝禮官，同修郊祀儀注，以備顧問。初，詔以皇太子亞獻終獻，當受誓戒否，冕對曰：『準《開元禮》有之，然誓詞云「不供其職，國有常刑」，今太子受誓，請改云「各揚其職，肅奉常儀」。』上又問升郊廟去劍履，及象劍尺寸之度，祝文輕重之宜，冕據禮經沿革聞奏，上甚嘉之。」〔註187〕

按，亞獻、終獻官受誓戒，為中古郊祀禮通例，《開元禮》固有明文。然貞元中德宗欲以太子為亞獻，則誓文頗有不和，故訪於博士，此即前引李吉甫《謝表》所謂「曲臺掌禮」而蒙「訪對」之義。

通觀中古禮官系統之演進，唐代太常博士在擬定儀注方面已經很大程度上取代了兩晉、南朝太學博士的職能。由此也出現了在面對變禮疑議時，徵選禮學名家為太常博士參與集議的例子。權德輿《謝太常卿表》云：「又獻懿二祖，於興聖皇帝為曾為元，猶周人於先公之祧也，此亦亡於禮之禮者也。明尊祖之道，正大祭之儀，禮文祀典，莫重於是。凡議同者七狀，百有餘人，其中名儒禮官，講貫詳熟。臣於貞元八年，蒙聖恩以博士徵至京師，屬當會議時，與崔儆、劉執經同狀。十一年臣官備近侍，不在議中，乃今累叨睿獎，獲貳宗伯，職業所守，典禮是司。」〔註188〕按，貞元七年，禘祫禮廟序之爭已見本文第二章，當時參議者不下百人，而權氏以太常博士見徵，與劉宋時議宗廟禮徵禮學名家為太學博士恰可對照。

以上所論為太常博士在儀注修撰方面之職能，與前代國學、太學博士修

〔註186〕《唐會要》卷四一，第278頁。
〔註187〕《舊唐書》，第4032頁。
〔註188〕《權德輿文集》卷六，第168頁。

禮並無本質不同。然唐代博士又負有參與並主持典禮之責任，與其掌修撰儀注事相配合，使這一時期太常博士兼具前代學官、太常兩種博士之功能，成為唐代乃至後世禮官系統重心所在。以下據獨孤及任博士事跡加以論述：

崔祐甫《故常州刺史獨孤公神道碑銘》云：「今上即位，下詔收俊茂，舉淹滯，政之大者，以公為左拾遺。凡所諫諍，直而不訐，婉而不撓，削槁詭辭，不傳於外，遷太常博士。時新平大長公主之子裴放尚永清公主，初以太子少傅裴遵慶為婚主，將行五禮，公實相焉。中使口宣詔旨，易以大長公主後夫姜慶初。常州曰：『婚姻之禮，王化之階，以異姓之人主之，不可甚矣！某不奉詔。』中書令汾陽王時為五禮使，從焉。又百官薨卒定諡之際，綜考名實，皆居其當。」〔註189〕

梁肅《朝散大夫使持節常州諸軍事守常州刺史賜紫金魚袋獨孤公行狀》云：「時大盜之後，百度草創，而太常典故，尤所壞缺。公為博士，祗考古道，酌沿革之中，凡有損益，莫不悉當。新平公主之子裴放，尚永清公主，公實相禮。初以裴僕射遵慶主婚，中詔長主後夫姜慶代焉。公奏曰：『婚姻人道之大。使異姓主之，非禮也，且無以示天下。臣不敢奉詔。』上從之。又議定諡法，公以為諡者，蓋迹其事業邪正而褒貶之，舉一字可使賢不肖皆勸，故其議盧弈、郭知運等諡，皆參用典禮，約夫子之旨。其事核，其文高，學者傳示以為式。時有上議謂景皇帝未升尊位，不宜為太祖。詔下百僚，公按《禮經》，以為王者禘其祖之所自出，而以其祖配之，故三代皆以受命始封之君配昊天上帝。唯漢氏崛起豐沛，豐公太公皆無位無功德，不可為祖宗，故以高帝為太祖。若景帝肇啓王業，建封於唐，高祖因之，遂以有天下之號，天所命也，宜百代不遷。因具故事條奏，從之。於是郊廟之禮遂定。」〔註190〕

劉禹錫《唐故相國贈司空令狐公集序》云：「元和初，憲宗聞其名，徵拜右拾遺，歷太常博士，入尚書為禮部員外郎。性至孝，既孤，以善居喪聞。中月除刑部員外。時帝女下嫁，相禮闕官，公以本官攝博士。當問名之答，上親臨帳幄簾內以窺之，禮容甚偉，聲氣朗徹。上目送良久，謂左右曰：『是官可用，記其姓名。』未幾，改職方，知制誥。」〔註191〕

〔註189〕《全唐文》，卷四一七。
〔註190〕《全唐文》，卷五一七。
〔註191〕《劉禹錫集箋證》，第 246 頁。

　　按，據上引材料，所涉及獨孤及任博士期間重要事跡有三，分別爲：裴仿尙公主，以博士贊相其禮，議異姓不得爲主婚，見《碑銘》、《行狀》。而《集序》言其時爲禮部員外郎，「以本官攝博士」，又主問名之事，知當時皇室婚禮實際主持者爲博士，或有他官邃於禮學，亦須命爲兼博士方可執禮。且博士於婚禮儀注施行則有相當之權力，如《碑銘》所記當時任「五禮使」汾陽王，以職銜而論，雖然較高，然有變禮疑議處，仍需徵詢博士意見。此外，梁肅所作《行狀》中又言其議郊廟以景帝爲始祖、又爲群臣定諡之事，則皆爲太常博士最爲基本之職掌，唐代始祖之爭，自顏眞卿至權德輿，歷朝禮學名家多有辯駁，已見前文。議定諡號事，雖爲博士之任，然中古歷代由禮官系統中他官參議的情況頗多，〔註192〕故史籍所載較爲複雜的議諡活動中，來自太常博士的意見反而少見。獨孤及因定諡號允當而爲朝野所稱，是筆者所見爲數不多的幾個例子。〔註193〕

　　太常博士既集儀注修撰、主持行禮職能於一身，其任用方式亦與前代學官博士有所不同。唐代太常博士遷轉後，如逢國家吉凶大禮，往往以兼博士參掌禮事，前文已多有見者，以下再舉數例以明之：

　　《舊唐書》卷一二八《段秀實傳》記太和三年秀實祔廟，文帝詔云：「仍令所司供少牢，並給鹵簿人夫，兼太常博士一人檢校。」〔註194〕

　　按，段秀實一代忠良，故文帝特命禮官爲主祔廟之禮。用兼太常博士，知類似禮事本屬博士所掌範圍。

　　《舊唐書》卷一五七《辛秘傳》云：「貞元年中，累登《五經》、《開元禮》科，選授華原尉，判入高等，調補長安尉。高郢爲太常卿，嘉其禮學，奏授太常博士。遷祠部、兵部員外郎，仍兼博士。山陵及郊丘二禮儀使，皆署爲判官。當時推其達禮。」〔註195〕

　　《舊唐書》卷一七五《惠昭太子傳》云：「元和六年十二月薨，年十九，廢朝十三日。時敕國子司業裴茝攝太常博士，西內勾當。茝通習古今禮儀，

〔註192〕可參看本章首節，晉初太學博士秦秀等人議諡事跡。

〔註193〕按，《全唐文》卷三八六載獨孤及《太常停諡隴右節度使郭知運議》，據禮經及歷代故事論已葬不可追諡之誤，其說極精，文長不錄。權德輿爲作《諡議》，贊其「奉常易名之論，爲不刊之論」，所云即爲此事，見《權德輿文集》，第271頁。

〔註194〕《舊唐書》，第3589頁。

〔註195〕《舊唐書》，第4150頁。

嘗爲太常博士。及官至郎中，每兼其職，至改司業，方罷兼領。國典無皇太子薨禮，故又命莅領之。」〔註196〕

　　按，辛、裴二人在中唐太常博士中俱以禮學通明著稱。辛秘官至員外郎，仍兼領博士，後連任禮儀使判官，其仕履與權德輿頗爲相似。裴莅改國子司業，本已罷所兼禮職，因當時喪禮無儀注可據，又再領博士。可以看到當時禮官任用方式頗爲靈活。太常博士集制儀、執禮職能於一身，既須禮學修養，又必得經實際參掌典禮經歷之陶冶，人才難得。博士雖屬清官之列，然終不如政事官、侍從官顯達，故在博士任上獲譽者，往往較快遷轉別處，此與兩晉南朝學官博士任職後多久次不遷，形成鮮明對照。王朝禮事頻繁，兼官之制，在很大程度上使已離開禮官序列的禮學名家得以繼續參掌典禮，這可以說是唐朝禮官系統優於前代之處。

〔註196〕《舊唐書》，第 2120 頁。

參考文獻

第一部分：古代典籍

經類

1. 《十三經注疏》（附校勘記），北京：中華書局，1980 年版。
2. （清）孫治讓撰，王文錦點校：《周禮正義》，北京：中華書局，1987 年版。
3. （宋）李如圭：《儀禮集釋》，北京：中華書局，1985 年版。
4. （清）張爾歧：《儀禮鄭注句讀》，上海：學海出版社，1997 年版。
5. （清）胡培翬：《儀禮正義》，南京：江蘇古籍出版社，1993 年版。
6. （清）孔廣森：《大戴禮記補注》，清乾隆嘉慶間曲阜孔氏刻《顨軒孔氏所著書》本。
7. （清）孫希旦撰，沈嘯寰、王星賢點校：《禮記集解》，北京：中華書局，1989 年版。
8. （清）秦蕙田：《五禮通考》，《文淵閣四庫全書》本，第 142 冊。
9. （清）金榜：《禮箋》，上海古籍出版社，1996 年版。
10. （清）金鶚：《求古錄禮說》，濟南：山東友誼出版社，1992 年版。
11. （清）凌廷堪撰，彭林點校：《禮經釋例》，臺灣文津出版社，2002 年版。
12. （清）王念孫：《讀書雜誌》，南京：江蘇古籍出版社，2000 年 9 月影印本。
13. （清）王引之：《經義述聞》，南京：江蘇古籍出版社，2000 年 9 月影印本。

14.（清）雷學淇：《介庵經說》，上海書局，《叢書集成初編》本。

15.（清）黃以周：《禮書通故》，北京：中華書局，2007 年版。

16.（清）皮錫瑞：《經學通論》，北京：中華書局，1954 年版。

17.（清）皮錫瑞：《經學歷史》，北京：中華書局，1959 年版。

18.（清）曹元弼：《禮經學》，上海：上海古籍出版社 1996 年影印本。

史類

1.（漢）司馬遷：《史記》，北京：中華書局，1959 年版。

2.（漢）班固：《漢書》，北京：中華書局，1962 年版。

3.（晉）陳壽：《三國志》，北京：中華書局，1971 年版。

4.（南朝宋）范曄：《後漢書》，北京：中華書局，1965 年版。

5.（唐）房玄齡等：《晉書》，北京：中華書局，1974 年版。

6.（梁）沈約：《宋書》，北京：中華書局，1974 年版。

7.（梁）蕭子顯：《南齊書》，北京：中華書局，1972 年版。

8.（唐）姚思廉：《梁書》，北京：中華書局，1973 年版。

9.（唐）姚思廉：《陳書》，北京：中華書局，1972 年版。

10.（北齊）魏收：《魏書》，北京：中華書局，1974 年版。

11.（唐）李百藥：《北齊書》，北京：中華書局，1972 年版。

12.（唐）令狐德棻：《周書》，北京：中華書局，1971 年版。

13.（唐）李延壽：《北史》，北京：中華書局，1974 年版。

14.（唐）李延壽：《南史》，北京：中華書局，1975 年版。

15.（唐）魏徵：《隋書》，北京：中華書局，1973 年版。

16.（後晉）劉昫：《舊唐書》，北京：中華書局，1975 年版。

17.（宋）歐陽修、宋祁：《新唐書》，北京：中華書局，1975 年版。

18.（元）脫脫：《宋史》，北京：中華書局，1977 年版。

19.（明）宋濂：《元史》，北京：中華書局，1976 年版。

20.（清）王先謙：《漢書補注》，北京：中華書局，1983 年影印本。

21.（清）盧弼：《三國志集解》，《二十五史補編》本，北京：中華書局，1955 年版。

22. 汪兆鏞：《稿本晉會要》，北京：書目文獻出版社，1988 年版。

23.（唐）李林甫等：《唐六典》，北京：中華書局，1992 年版。

24.（唐）蕭嵩等：《大唐開元禮》，北京：民族出版社，2000 年版。

25.（唐）王涇：《大唐郊祀錄》，上海書店，《叢書集成續編》本，1994 年

版。

26. （唐）杜佑：《通典》，北京：中華書局，1988 年版。

27. （宋）王溥：《唐會要》，北京：中華書局，1955 年版。

28. （宋）宋敏求：《唐大詔令集》，北京：商務印書館，1959 年版。

29. 劉俊文：《唐律疏議箋解》，北京：中華書局，1983 年版。

30. （宋）司馬光：《資治通鑒》，北京：中華書局，1956 年版。

31. （清）朱彝尊：《經義考》，北京：中華書局，1998 年版。

32. （清）永瑢、紀昀等：《四庫全書總目提要》，北京：中華書局，1965 年版。

33. （清）姚振宗：《隋書經籍志考證》，《師石山房叢書》本，上海開明書店，1936 年版。

了部類

1. （魏）王弼注：《老子道德經注校釋》，北京：中華書局，《新編諸子集成》本。

2. （清）劉寶楠：《論語正義》，北京：中華書局，1990 年版。

3. 程樹德：《論語集釋》，北京：中華書局，1990 年版。

4. （清）焦循：《孟子正義》，北京：中華書局，1987 年版。

5. 郭慶藩：《莊子集釋》，上海書店，《諸子集成》本。

6. （清）孫詒讓：《墨子間話》，北京：中華書局，2001 年版。

7. （清）王先謙：《荀子集解》，北京：中華書局，1988 年版，。

8. 蔣禮鴻：《商君書錐指》，北京：中華書局，1986 年。

9. （魏）王肅注：《孔子家語》，鄭州：中州古籍出版社，1991 年版。

10. 余嘉錫：《世說新語箋疏》，北京：中華書局，1983 年版。

11. 王利器：《顏氏家訓集解》，上海古籍出版社，1980 年版。

12. （宋）朱熹：《四書章句集注》，北京：中華書局，1983 年版。

13. （宋）朱熹撰，黎靖德編：《朱子語類》，北京：中華書局，1986 年版。

14. （唐）徐堅：《初學記》，北京：中華書局，1962 年版。

15. （唐）歐陽詢：《藝文類聚》，上海古籍出版社，1982 年版。

16. （宋）李昉等：《太平廣記》，北京：中華書局，1961 年版。

17. （宋）李昉等：《太平御覽》，北京：中華書局，1960 年版。

18. （宋）王欽若等：《冊府元龜》，南京：鳳凰出版社，2006 年版。

19. （元）馬端臨：《文獻通考》，北京：中華書局，1986 年版。

20. （宋）洪邁：《容齋隨筆》，北京：中華書局，2007 年版。

21.（清）顧炎武撰，黃汝成集釋：《日知錄集釋》，長沙：嶽麓書社，1994年版。

22.（清）錢大昕：《十駕齋養新錄》，南京：江蘇古籍出版社，2000年版。

集部類

1.（清）嚴可均校輯：《全上古三代秦漢三國六朝文》，北京：中華書局，1958年版。

2.（梁）蕭統撰，李善等注：《文選》，北京：中華書局，1977年版。

3.（清）彭定求：《全唐詩》，北京：中華書局，1960年版。

4.（清）董浩：《全唐文》，北京：中華書局，1983年版。

5. 陳尚君輯校：《全唐文補編》，北京：中華書局，2005年版。

6. 趙超：《漢魏南北朝墓誌彙編》，天津古籍出版社，1992年版。

7. 趙萬里：《漢魏南北朝墓誌集釋》，北京：科學出版社，1955年版。

8. 周紹良：《唐代墓誌彙編》及《續集》，上海古籍出版社，1992年版。

9.（唐）權德輿撰，霍旭東校點：《權德輿文集》，蘭州：甘肅人民出版社，1999年版。

10.（唐）權德輿撰，霍旭東校點：《權德輿詩集》，蘭州：甘肅人民出版社，1994年版。

11.（唐）劉禹錫撰，瞿蛻園箋證：《劉禹錫集箋證》，上海古籍出版社，1989年版。

12.（唐）柳宗元：《柳宗元集》，北京：中華書局，1979年版。

13.（唐）元稹：《元稹集》，北京：中華書局，1982年版。

14.（唐）李翱：《李文公集》，上海：上海古籍出版社，1993年版（與《歐陽文公集》合刊）。

15.（清）黃宗羲：《黃宗羲全集》，杭州：浙江古籍出版社，1992年版。

第二部分：近人論著

專著

B

1.（日）白川靜撰，加地伸行等譯：《中國古代文化》，臺北：臺灣文津出版社，1983年版。

C

1. 陳顧遠：《中國法制史概要》，北京：商務印書館，2011年版。

2. 陳來：《有無之境——王陽明哲學的精神》，北京：社會科學出版社，1999年版。

3. 陳來：《古代思想文化的世界：春秋時代的宗教、倫理與社會思想》，北京：三聯書店，2009年版。

4. 陳其泰等編：《二十世紀中國禮學研究論集》，北京：學苑出版社，1998年版。

5. 陳啓雲：《漢晉六朝文化·社會·制度：中華中古前期史研究》，臺北，新文豐出版公司，1997年版。

6. 陳爽：《世家大族和北朝政治》，北京：中國社會科學出版社，1999年版。

7. 陳戍國：《中國禮制史·隋唐五代卷》，長沙：湖南教育出版社，1998年版。

8. 陳戍國：《中國禮制史·魏晉南北朝卷》，長沙：湖南教育出版社，2001年版。

9. 陳戍國：《中國禮制史·先秦卷》，長沙：湖南教育出版社，2002年版。

10. 陳戍國：《中國禮制史·秦漢卷》，長沙：湖南教育出版社，2002年版。

11. 陳寅恪撰，萬繩楠整理：《魏晉南北朝講演錄》，合肥：黃山書社，1987年版。

12. 陳寅恪：《隋唐政治制度淵源略論稿》，北京：三聯書店，2001年版。

13. 程樹德：《九朝律考》，北京：中華書局，1963年版。

D

1. 丁鼎：《〈儀禮·喪服〉考論》，北京：社會科學文獻出版社，2003年版。

2. （日）渡邊信一郎：《中國古代的王權與天下秩序》，北京：中華書局，2007年版。

F

1. （加）弗萊：《批評的解剖》，天津：百花文藝出版社，2006年版。

2. （英）弗雷澤撰，徐育新等譯：《金枝——巫術與宗教之研究》，北京：中國民間文藝出版社，1987年版。

G

1. （法）葛蘭言：《中國人的宗教信仰》，貴陽：貴州人民出版社，2010年版。

2. 葛兆光：《中國思想史》，上海：復旦大學出版社，2009年版。

3. 葛兆光：《古代中國社會與文化十講》，北京：清華大學出版社，2002年版。

H

1. （美）郝大維、安樂哲：《孔子哲學思微》，南京：江蘇人民出版社，1996年。

2. 韓國磐：《魏晉南北朝史綱》，北京：人民出版社，1983年版。

3. 何茲全：《魏晉南北朝史略》，上海人民出版社，1958年版。

4. 黃侃：《黃侃論學雜著》，上海古籍出版社，1980年版。

J

1. 焦桂美：《南北朝經學史》，上海古籍出版社，2011年版。

2. （日）金子修一：《古代中國と皇帝祭祀》，汲古書院，2001年版。

3. 姜伯勤：《敦煌藝術宗教與禮樂文明》，北京：中國社會科學出版社，1996年版。

4. 蔣寅：《大曆詩人研究》，北京：中華書局，1995年版。

5. 吉林大學古籍研究所編：《吉林大學古籍整理研究所建所十五週年紀念文集》，長春：吉林大學出版社，1998年版。

6. 吉林大學古籍研究所編：《吉林大學古籍研究所建所二十週年紀念文集》，長春：吉林文史出版社，2003年版。

L

1. 雷聞：《郊廟之外‧隋唐國家祭祀與宗教》，北京：三聯書店，2009年版。

2. 梁滿倉：《漢唐間政治與文化探索》，貴陽，貴州人民出版社，2000年版。

3. 梁滿倉：《魏晉南北朝五禮制度考論》，北京：社會科學文獻出版社，2009年。

4. 梁冶平：《尋求自然秩序中的和諧》，北京：中國政法大學出版社，2002年版。

5. 劉俊文主編：《日本學者研究中國史論著選譯》，北京：中華書局，1992～1993年版。

6. 劉俊文主編：《日本中青年學者論中國史》（第二卷），上海古籍出版社，1995年版。

7. 劉汝霖：《漢晉學術編年》，北京：中華書局，1987年版。

8. 劉源：《商周祭祖禮研究》，北京：商務印書館，2004年版。

9. 陸侃如：《中古文學系年》，北京：人民文學出版社，1998年版。

10. 呂思勉：《經子解題》，上海：商務印書館，1925年版。

11. 呂思勉：《兩晉南北朝史》，上海古籍出版社，1983年版。

12. 呂思勉：《中國制度史》，上海教育出版社，1985年版。

M

1. （意）馬里奧‧佩爾尼奧拉撰，呂捷譯：《儀式思維》，北京：商務印書館，2006 年版。
2. 毛漢光：《中國中古政治史論》，上海書店出版社，2002 年版。
3. 毛漢光：《中國中古社會史論》，上海書店出版社，2002 年版。
4. （美）麥金太爾撰，宋繼傑譯：《追尋美德》，南京：鳳凰出版集團，2006 年版。
5. 蒙文通：《古學甄微》，成都：巴蜀書社，1987 年版。
6. 牟復禮：《中國思想之淵源》，北京大學出版社，2009 年版。

P

1. 皮錫瑞：《經學通論》，北京：中華書局，1954 年版。
2. 皮錫瑞：《經學歷史》，北京：中華書局，1959 年版。

Q

1. 錢穆：《中國近三百年學術史》，北京：中華書局，1986 年版。
2. 錢穆：《國史大綱》，北京：商務印書館，1994 年版。
3. 錢玄：《三禮通論》，南京師大出版社，1996 年版。
4. 錢玄、錢興奇：《三禮辭典》，南京：江蘇古籍出版社，1998 年版。

S

1. 孫國棟：《唐宋史論叢》，上海古籍出版社，2010 年。
2. 沈文倬：《宗周禮樂文明考論》，浙江大學出版社，1999 年版。

T

1. 田餘慶：《東晉門閥政治》，北京大學出版社，1989 年版。
2. 田餘慶：《秦漢魏晉史探微》，北京：中華書局，1993 年版。

W

1. 王鍔：《禮記成書考》，北京：中華書局，2007 年版。
2. 王愕：《三禮論著研究提要》，蘭州：甘肅教育出版社，2001 年版。
3. 王國維：《老清華講義‧古史新證》，長沙：湖南人民出版社，2010 年版。
4. 王國維撰，彭林點校：《觀堂集林》，石家莊：河北教育出版社，2001 年版。
5. 王國維撰，趙利棟輯校：《王國維學術隨筆》，北京：社會科學文獻出版社，2002 年版。

6. 王利器：《鄭康成年譜》，濟南：齊魯書社，1983 年版。

7. 王心揚：《東晉士族的雙重政治性格研究》，上海古籍出版社，2010 年版。

8. 汪征魯：《魏晉南北朝選官體制研究》，福州：福建人民出版社，1995 年版。

9. 王仲犖：《魏晉南北朝史》，上海人民出版社，1979 年版。

10. （美）魏侯瑋：《玉帛之奠・唐王朝正統化過程中的儀禮和象徵》，Yale University Press，1985 年版。

11. 吳麗娛：《唐禮扼遺——中古書儀研究》，北京：商務印書館，2002 年版。

12. 吳麗娛：《禮制變革與中晚唐社會政治》，北京：中國社會科學出版社，2006 年版。

X

1. 徐復觀：《兩漢思想史》，上海：華東師大出版社，2001 年版。

2. 許紀霖：《二十世紀中國思想史論》（上），上海：東方出版中心，2006 年版。

Y

1. 閻步克：《士大夫政治演生史稿》，北京大學出版社，1996 年版。

2. 閻步克：《察舉制度變遷史稿》，瀋陽：遼寧大學出版社，1997 年版。

3. 閻步克：《閻步克自選集》，桂林：廣西師範大學出版社，1997 年。

4. 閻步克：《服周之冕》，北京：中華書局，2005 年版。

5. 楊寬：《古史新探》，北京：中華書局，1965 年版。

6. 楊念群：《中層理論：東西方思想會通下的中國史研究》，南昌：江西教育出版社，2001 年版。

7. 楊向奎：《宗周社會與禮樂文明》，北京：人民出版社，1997 年版。

8. 楊志剛：《中國禮儀制度研究》，上海：華東師大出版社，2001 年版。

9. 余英時：《士與中國文化・道統與正統之間》，上海人民出版社，2003 年版。

Z

1. 鄒昌林：《中國禮文化》，北京：社會科學出版社，2001 年版。

2. 詹鄞鑫：《神靈與祭祀》，南京：江蘇古籍出版社，1992 年版。

3. 章太炎：《國學講演錄》，上海：華東師大出版社，1995 年版。

4. 章太炎：《國學概論》，成都：巴蜀書社，1987 年版。

5. 章太炎：《國故論衡》，上海古籍出版社，2003 年版。

6. 張金龍：《魏晉南北朝禁衛武官制度研究》，北京：中華書局，2004 年版。

7. 張金鑒：《中國法制史概要》，北京：法律出版社，1995 年版。

8. 趙超：《新唐書宰相世系表集校》，北京：中華書局，1998 年版。

9. 周一良：《魏晉南北朝史論集》，北京：中華書局，1963 年版。

10. 周一良：《魏晉南北朝史箚記》，北京：中華書局，1985 年版。

11. 周一良：《魏晉南北朝史論集續編》，北京大學出版社，1991 年版。

12. 朱大渭等：《魏晉南北朝社會生活史》，北京：中國社會科學出版社，1998 年版。

13. 祝總斌：《兩漢魏晉南北朝宰相制度研究》，北京：中國社會科學出版社，1998 年版。

論文

1. 陳群：《劉宋建立和士族文人的分化》，《中國史研究》，2002 年第 3 期。

2. 甘懷眞：《中國中古時期制禮觀念初探》，《史學：傳承與變遷學術研討會論文集》，臺北，臺大歷史系，1998 年版。

3. （日）谷川道雄：《魏晉南北朝及隋唐的社會和國家》，《中國史研究》，1986 年第 3 期。

4. 梁滿倉：《論魏晉南北朝時期的五禮制度化》，《中國史研究》，2001 年第 4 期。

5. 林明：《論魏晉南北朝時期儒家思想的地位及其法律化表現》，《山東社會科學》，1999 年第 2 期。

6. 林家驪：《竟陵王西邸學士及其活動考略》，《文史》，1998 年第 3 期，總第 45 輯。

7. 劉安志：《關於開元禮的性質及行用問題》，《中國史研究》，2005 年第 3 期。

8. 劉靜夫：《魏晉南朝士大夫精神生活述論》，《中國史研究》，1994 年第 3 期。

9. 劉嘯：《魏晉南北朝九卿研究》，華東師範大學，2010 年博士學位論文。

10. 寧映霞：《試論齊梁重文史之材》，《北大史學》，第 6 輯，1999 年 12 月。

11. 龐駿：《東晉士族與兵權》，《中國史研究》，2001 年第 2 期。

12. 王曉衛：《北朝鮮卑婚俗考述》，《中國史研究》，1988 年第 3 期。

13. 任爽：《唐代禮制論略》，《史學集刊》，1998 年第 4 期。

14. 田小梅：《南北朝法律的歷史思考》，《政法論壇》，1996 年第 3 期。

15. 烏廷玉：《兩晉南北朝士族門閥的特徵》，《史學集刊》，1995 年第 1 期。

16. 吳麗娛：《營造盛典：大唐開元禮的撰作緣起》，《中國史研究》，2005 年

第 3 期。

17. 吳羽：《今佚唐〈開元禮義鑒〉的學術源流與影響》，《魏晉南北朝隋唐史資料》，2010 年第 26 輯。

18. 楊英：《魏晉郊祀和祭祖禮考》，《北大史學》，第 9 輯，2003 年 1 月。

19. 楊華：《論〈開元禮〉對鄭玄和王肅禮學的擇從》，《中國史研究》，2003 年第 1 期。

20. 于俊利：《唐代禮官與文學研究》，陝西師範大學，2009 年博士學位論文。

21. 張鶴泉：《東漢宗族組織試探》，《中國史研究》，1993 年第 1 期。

22. 朱溢：《隋唐禮制史研究的回顧與思考》，《史林》，2011 年第 05 期。

致　謝

　　大學畢業至今，我曾兩次參加工作，只是追求學術的熱情一直未有減退，三年前進入山東大學跟隨導師杜澤遜教授治學，如今畢業論文即將寫就，其間經歷了些許波折，幸有杜老師及身邊眾師友的幫忙，深表感激。

　　自入學始，杜老師給予了我很多關懷與幫助。在《清人著述總目》編輯部一年多的時間裏，與杜師朝夕相處，深深爲其治學精神、爲人之道所折服。我生性頗有些內斂，平日又訥於言，杜師最善因材施教，往往是主動關懷，積極給予建設性指導意見，本文能夠完成當首先感謝杜師。

　　起初，由於時間安排問題，論文進度有些滯後，時師母程遠芬教授善意提醒，從而加快了撰寫速度，程老師的循循善誘確有醍醐灌頂之效。

　　感謝鄭傑文、徐傳武、王承略、何朝暉等老師在論文開題、預答辯過程中提出的寶貴意見和建議，使我能夠更好的完成畢業論文的撰寫。

　　感謝巴金文書記、李鵬程老師、紀紅老師平常爲我們所做的工作，感謝三年以來諸同窗好友對我生活以及學業上的幫助。

　　到濟南求學，遠離了父母，心中時常有些牽掛，感謝我的父母家人長期以來對我的關愛、諒解與支持。

　　最後，感謝百忙之中參加我的論文評審及答辯的諸位老師，只因資質愚鈍，學術積纍不足，論文尚有諸多舛陋之處，懇請各位先生批評指正。

閻寧　謹識

2012 年 4 月 16 日